19世紀の聖人
ハドソン・テーラーとその時代

Hudson Taylor

八木哲郎

キリスト新聞社

19世紀の聖人　ハドソン・テーラーとその時代

目次

第*1*章　メソジスト派のテーラー一家

一九世紀後半に中国におけるキリスト教プロテスタント派最大の伝道団体である内地会（チャイナ・インランド・ミッション）を創り上げたハドソン・テーラーという男は、極めて稀な、このような人物は歴史において二度と現れないであろうような、不思議な人物であった。

神は赤子のような純真無垢な従順を求めるという。神にひたすらすがり、なつき、身を捧げていった聖書の中に出てくるような男であるといったらいいであろうか。

この男はイギリス中部のヨークシャー州バーンズリーという小さな町で一八三二年に生まれた。

この辺りはリバプール、マンチェスター、シェフィールドなどという大きな都市を含んだ産業革命の中心地である。バーンズリーは鉄鋼と炭鉱の町シェフィールドの後背地で貧しい炭鉱夫がいっぱい住んでいた。

この町にジェームス・テーラーという石工が住んでいた。好き放題の日を過ごしてきた放埓な男であったが、なにか物にとりつかれるようなところがあり、自分の結婚式の日の朝、自分の人生の新しい門出にあたって、ヨシュア記の一節を思い出し、自分もどの神を選ぶのかをじっくり考え込んだ。そうしたら時間が経つのを忘れてしまい、あわてて式場に駆けつけたときには結婚式は終わっていた。さんざん花嫁や家族からしぼられたという愉快な人物である。

このような性格の男が、この町に巡回してきたメソジスト派の創始者ジョン・ウエスレーの説教を聞いたとたんに火をつけられてしまった。ウエスレーの名説教は華麗な美辞を繰り広げるウイットフォーゲルと並んでロンドンの宗教界を二分したといわれるが、背の低いウエスレーは高いところに上がって大きく両腕を振り回し、いきなり大声をあげたかと思うと、聴衆たちの顔を一人一人覗き込むようにして、「あんたがたはそれで本当にいいのかい」と、ドスンと一発肺腑にこたえるような言葉の弾丸を放つやり方だった。これまでの国教会の神父の眠ってしまうような説教を聞きなれてきた聴衆にとってはまったくの驚きだった。こんな説教があったのかと。しかも、弟のチャールズがオルガンをかき鳴らしてにぎやかに賛美歌を歌わせ、いったい教会なのかお祭り広場なのかわからないにぎやかさを醸し出した。あまりにも騒々しすぎるという苦情でロンドンの教会はこうした新興宗派に会場を貸さなくなったので、メソジスト派は公園や野外に移り、やがて地方巡業に出かけるようになった。

ところがジェームスはこのやり方にぞっこんほれこんでしまった。「面白い、これぞほんものの宗教だ。これからわしのところをメソジスト派のステーションにして何回も来てくれませんか」と、一回会っただけでウエスレーに申し込んだ。以来、テーラー家はバーンズリーにおけるメソジスト派の拠点となり、ウエスレー一行が巡回してくるたびに、ジェームスは近村一帯を駆け巡って教会に入りきれないほどの人間を集めたのでウエスレーの信任を得た。ウエスレーはバーンズリーを二〇回訪れ、テーラー家に三回宿泊し、それがジェームスの勲章になった。

ヨーロッパ人は昔から上から下までキリスト教徒だと日本人はなんとなく思っているが、実はそうではない。ウエスレーがどうしてこんな田舎町までドブ板巡回にやってきたかという説明のためには、イギリスにおける宗教改革のことをちょっと述べなければならない。

イギリスの宗教改革はローマのカトリック総本山から分離したというものの、ドイツのように下からの改革ではなく、いわばイギリスの教会がカトリックの財産を奪い取って切り離し、イギリス国教会と名を変えただけのようなものであったので、カトリックの体質を色濃く残し、信徒は上層階級に限られ、中間層や下層の人たちは無信仰者だった。そこでイギリス国教会以外の新興宗教団体が雨後の筍のように発生し、無信仰者である中間層や下層の人たちの取り込み競争にかかった。その中でもいちばん積極的だったのがウエスレーのメソジスト派であった。

メソジスト派はロンドンなどの大都市における中下層民への布教活動からさらに田舎、すなわち全英の布教に乗り出した。それで国教会と非国教派との対立、抗争が激しくなった。

ウエスレー派はイギリス中部で労働者の争議などを応援したので、ジェームス家は国教会や資本家側から罵詈雑言を浴びせられ、家にしょっちゅう石などを投げられて被害を受けた。しかし、ジェームスの反撃はまことに勇敢で堂々としていたので、次第におさまり、地域のメソジスト派の中心的な存在になった。ジェームスが四七歳で死ぬと、息子のジョンは親の運動を継いで、メソジスト派の集会や奉仕を熱心に行い、日曜学校を開いて未就学児を教育するなど篤実な生涯を送った。

ジョンは八人の子をもうけた。三人の息子のうち、長男は牧師になり、三男は株式仲買人になった。ジョンは頭のよい二男のジェームスに薬学を学ばせ、徒弟奉公に出した後に、結婚させてバーンズリーの目抜きの場所に三階建ての薬店を建ててやった。

翌年、長男が生まれ、ハドソンと名付けた。ここでようやくこの小説の主人公にたどりつくことになる。当時の薬店はいわば簡単なメディカル・ケアもやり、三代目ジェームスは客を診察して病いに合う薬を調合して売っていた。薬店の診察室の後ろはダイニングルームになっていた。地下室はキッチンと薬剤室だった。二階が居間と夫婦の寝室、三階が子ども部屋と使用人の部屋だった。

この店は薬局以外にメソジスト教会の出張所も兼ねていて、周辺の田舎から町に出てくる活動家や信徒がかならず立ち寄るたまり場になっていた。週末になると、ダイニングルームはメソジスト仲間でいっぱいになった。

仲間たちはジェームスの薬店に集まった後、炭鉱夫が住んでいる町はずれの長屋を訪問して、布教活動を行った。ジェームス家は家族ぐるみで加わり、小さなハドソンも母に手を引かれて労働者たちにトラクト（宗教のことを案内したちらし）を配った。

母アメリアは牧師の娘で、気品と清潔を絵に描いたような人であった。いつもアイロンをぴっちりかけた洗いざらしの服を着、エプロンにはかわいらしい刺繍が施してあった。

ハドソンと妹アメリアは両親から徹底したメソジストの家庭教育を受けた。食事時間はきっちり守り、一分でも遅れると待たせている人たちから時間を奪うのよ、と叱られた。食事のはじめにお祈りをした。贅沢な食事は祝日以外はしなかった。しかし、栄養がたっぷりの献立だった。

ジョンの時代までウエスレーが寝たベッドが大事に保存されていた。ジェームスはジョンが子どものころ家に泊まったウエスレーから言われた言葉を何度も聞かされて育った。それが代々の家訓になった。

「子どもたちはどんな小さなことでもきちんと効率良く行いなさい。お金は一ペニーでも労働の報酬としてもらいなさい」

したがって、子どもたちは何らかのお手伝いをしないと小遣いをもらえなかった。母アメリアはお手伝いさせることがないときは、子どもたちを数分間姿勢を正しく椅子にかけさせて教会の牧師の説教をじっと聞けるようにする訓練をした。それができるとご褒美に一ペニーを与えた。子どもたちはそれを陶器製の貯金箱に入れ、一一ペニーたまると、ジェームスは一ペニーを追加してやった。すると一二ペニーはきらきらとした一シリング貨に変身し、子どもたちはそれを見て何かすばらしい得をしたように感じた。

春になると一家は野外にピクニックに出かけて行った。野には花が咲き乱れ、蝶が舞っていた。子どもたちはリスや野ウサギ、もぐらなどを観察した。昆虫は捕まえたら、採集箱に穴をあけて呼吸できるようにし、標本をつくるときはクロロフォルムで安楽死させる方法をジェームスから教わった。昆虫は一匹捕まえたらよしとし、無駄な死をつくらないことが正義にかない、他人に対する愛の気持ちを養うためにも必要だと教えられた。

兄妹は毎日かならず聖書を読み、ある聖句を覚えたらそれを両親の前で正確にそらんじてみせることが夕食時の日課になった。よくできると、両親はすごく喜び、すこしまちがえると、「明日はきっときちんと言えるわね」と母にやさしく約束させられた。


テーラー一家はこのように、規律を重んじるメソジスト派の絵に描いたような典型だった。目抜き通りの立派な店をもち、家庭は円満で、事業も順調であり、申し分のない生活を送っていた。一家は週末になると決まったように常連の活動家たちと貧民区に行って宗教活動をした。トラクトを配り、相手の話をにこやかに聞き、福音を伝えた。

この活動を終えると、テーラー家は楽しい団欒の場になった。女性たちは応接間でアメリアの弾くピアノに合わせて賛美歌の練習をしたり、ダンスをしたり、おしゃべりに興じた。男たちはダイニングルームで酒を飲みながらおきまりの議論で盛り上がった。そのとき、父ジェームスの興奮した甲高い声がハドソンのいる子ども部屋まで聞こえてきた。

「ロバート・モリソンの遺志を継ぐ者がなぜイギリスに出ないのか。このままでは中国はブリッジマンの独壇場ではないか」

「中国には三億人のキリストを知らない民がいる。南京条約でいよいよ五港の開港が決まったというのに、いまだにメソジスト会は宣教師を出そうとしない。バプテストは早々と出したというのに何ということだ」

ジェームスは香港から送られてくる月遅れのチャイニーズ・レポジトリーを熱心に読んでいた。これはアメリカ宣教教会の宣教師ブリッジマンがマカオで発行しているニューズレターで、アヘン戦争後の中国事情を「耳で聞いたこと、目で見たこと」も含めて詳しく伝えていた。これを見るたびにジェームスは自分が現地に行けないでいることの無念さがこみあげてくるのだった。

彼がなぜこれほど無念がるのかというと、かつて自分も十代の初め、第二次福音運動がピークに達してメソジスト教会でも海外宣教師を募ったときに応募したかったが、年齢が足りないので断念せざるを得なかったからだ。そのとき、行く先はアフリカやインドでなく中国だと決めて、中国に関する本などを買っていたのは、ロバート・モリソンから受けた影響だった。

モリソンはイギリスが最初に中国に派遣した宣教師だった。一九世紀になって、国内の無宗教の労働者や下層民に対する宣教活動がさらに発展すると、国外にいる異教徒にも福音を伝えるべきだという声が澎湃《ほうはい》として起こった。キリスト教各派で寄付を募って平信徒の宣教師を海外に派遣する運動が燃え広がった。小さな宗派はなかなかそれが難しかったが、イギリス政府と国教会がつくった海外宣教師派遣組織であるロンドン・ミッションは真っ先にインド、アフリカ、カナダなどに宣教師を送りだした。

しかし、中国に派遣しなかったのは、中国は禁教しているので無理だというのが表向きの理由であったが、布教のための中国語の習得はまず至難だというのが躊躇の原因だった。ほとんどの志望者が断り、適任者を見つけることができなかった。

その中で貧しい木型製造工の息子だったモリソンが大英博物館で一生懸命、聖書の中国訳文を筆写している姿をモズレーという神父が発見して、拾い上げた。

ロンドン・ミッションがモリソンに期待したことは、中国が将来有望な布教地になることを見越して、後続の宣教師養成のための漢英字典をつくること、マーシュマンによって一部訳された残りの新約聖書を中国語に翻訳することであった。中国は宣教師の入国を禁じていたので、モリソンを広州の東インド会社の通訳という立場で行かせることにした。

二五歳のモリソンは正式な宣教師の認可を受け、一八〇七年に広州に到着し、以来、マカオで中国文の漢字一字一字の意味を探り出して英語に置き換えるという気の遠くなるような作業を繰り返し、室外に出る時間もないほどだった。途中、若手のミルンの協力などもあって、一六年を費やしてとうとう新約聖書だけでなく旧約聖書まで訳了した。漢英字典の編纂も約束通り完成した。

モリソンは期待以上の功を上げたので、イギリス王ジョージ四世から勲章を授けられ、年俸一万三千ポンドの副領事兼通訳官に引きたてられた。昨日まで暗い地下室でごそごそと翻訳の仕事をしていた目立たない男がいきなり上級外交官服を着て現れたので、居留民はすっかり驚いてしまった。

時はアヘン戦争前夜である。東インド会社のアジア貿易独占権が解除され、イギリス国家を代表する正式の商務監督官ネーピアが広州に着任した。ネーピアはモリソンを通訳に起用し、ヨーロッパ諸国の貿易慣例に基づいた国交を中国側に申し入れたが、拒否された。ネーピアは猛ってイギリス軍艦を出して威嚇したが、中国側はネーピアをイギリス館内に軟禁し、ネーピアはここでマラリアにかかり死んでしまった。モリソンはおろおろしながら、ネーピア救出のために八方手を尽くしたが、心労と過労がたたってとうとうネーピアの後を追って世を去ってしまった。

モリソンは宣教師としてはほとんど布教の成果を上げなかったが、語学の上で大きな貢献をなし、その後の中国布教に大きな道ならしをした。

アヘン戦争の結果、イギリスの香港領有、中国沿岸五港の開港が決まり、租界内および周辺の布教が解禁された。しかしモリソン死後も、期待された若手のミルンは死に、続くイギリス人宣教師は現れなかった。代わりにモリソンがつくったアメリカン・ボードから派遣されたブリッジマンが現地英字紙の編集長となって大活躍し、アメリカの眼科医の宣教師ピーター・パーカーらがイギリスのお株を奪ってしまった。だから、いつもはおとなしいジェームスが大声を上げるのは、市井の薬店主として円満な家庭を築いた今では、いかに中国布教の環境が開けたといっても、自分が現地に馳せ参じることは夢のまた夢、くやしさが噴き出てくるからであった。

一〇歳になったハドソンは父の議論をいつも聞いていたので、「僕は大きくなったら、かならず宣教師になって中国に行くんだ」と大人たちに言った。

「そうだな、坊やが大きくなったらパパに代わって中国に行って福音を告げたらいいね」と大人たちは唇がやけに赤い貧相な体つきのハドソンの頭をなでた。

就学年齢がきてハドソンは小学校に通うようになった。無菌室のような中流家庭で濃厚な宗教教育を受けてきた子どもがいきなり世俗の子どもたちの間に入ると、当然起こるべきことが起きた。いじめっ子たちは、ハドソンの前に行ってかしづいてみせ、「神父様、今日、僕は算数の宿題を忘れました。罪をお許しください。アーメン」とちゃかした。ハドソンを後ろから突き飛ばして尻もちをつかせた子が、「イエス様をころばせてお尻をつかせてしまいました。罪をお許しください。アーメン」とお祈りのしぐさをしてみせた。ハドソンが怒ってなぐりかかると、「あ、イエス様が人をなぐっていいの」と大勢の子がはやし立てた。

それで、ハドソンは学校に行くのが嫌になった。だんだん無口になり、家庭での宗教教育を嫌うようになった。学校に行きたくなくなると病気になって学校を休んだ。家で中国の絵本を読んだり、象形文字の漢字をなぞって書いたりして遊んだ。それでもクラスを首席で卒業した。

ハドソンは背が低く、肉が薄く、長い巻毛の金髪、皮膚は白く、目は藍灰色で鼻梁高く、真っ赤で厚ぼったい唇をし、顎のとがった典型的なイギリスのやさ男の少年に育った。声はソプラノのようにかん高かった。

一五歳になったとき、父のジェームスは彼を銀行の見習い行員に出した。ゆくゆくはこの子は銀行員が格好の職だと思っていた。中国行きの宣教師にする気などはまったくなかった。ハドソンは算数が得意だったので帳簿づけはよくできた。しかし暗いガス灯の下でこまかい数字を相手にするので、近視になり、目に炎症ができたので、ジェームスは九カ月で辞めさせ、家で薬の調合などを手伝わせることにした。ハドソンは客あしらいがよく、「おりこうなのね、あなたに薬の調合をしてもらうととっても気持ちがいいの」と客から褒められた。

しかし銀行づとめの間にすっかり世俗の塵を浴びて信仰から遠ざかっていた。銀行の仲間たちから賭け事や飲酒にさそわれ、性欲が抑えきれなくなると酒を飲み、酒におぼれるとみだらなことが頭に浮かんで煩悶した。

ハドソンは週末の奉仕活動を嫌がり、親の言うことを聞かなくなった。中国に宣教師になって行くなどということは子ども時代の過ぎ去った夢だった。かつて口にすることもなかった野卑な言葉を平気で言うようになったので、妹のアメリアから「お兄ちゃんはどうなってしまったの」と激しい非難を受けた。

ジェームスは叱りつけたが、ハドソンは言うことを聞かない。しかし、薬局の仕事だけはきちんとするので、それ以上は言わなくなった。母アメリアはハドソンがどんどん信仰から遠ざかっていく姿を見て涙ぐんだ。彼女はひたすら息子が元に戻ることを神に祈った。

最初の回心

このままだったらハドソンはこの物語の主人公にはならなかったであろう。しかし、不思議なことが起こった。

ある日、父の書棚から持ち出したパンフレットを裏の穀物倉庫の中で寝そべって読んでいると、その表題が気になった。そこには「キリストは罪の償いを終えた」と書いてあった。なぜこの文章の著者は、「罪の償いを終えた」と過去形にしたのだろうかと疑問に思った。

ハドソンは自分が親の期待に背いていることを知っていたので、ひそかに親に悪いと思っていた。しかし、どうしても家の宗教教育がうるさくてたまらず、そこから逃れたいと思っていた。だが、親の期待に背く生き方にも忸怩《じくじ》とした思いがつきまとい、それが煩悶の種になっていた。

自らのいやしい部分を恥じ、それを償おうとしてもそれはなかなか難しい。そういうことにさして悩まない人もいるが、深刻に悩む人がいる。そういう人は悩み出したらきりがないほど自分を責め続ける。たとえば、殺人の罪を犯した人がまじめに服役して一〇年ほどで出所したら、自分の罪は贖われたと思ってケロッとしてしまう人もいるが、死ぬまで罪の重荷を背負って悩み続ける人が一方でいる。こういう人はどうしたら救われるのだろうか。

ハドソンはこういう部類に入る人間だった。そういう人間を神は嘉《よみ》したまう。キリストは「もう自分を責めるな」と言った。「お前の罪は贖われている」。こういう言葉は有徳の人が言ったとしてもさして響かないが、この世のものでないある存在から届いたように感じたとしたら心に響くものがある。そういう天啓が落ちてきた瞬間、悩みは消しゴムで消したように跡形もなく消えるのである。

キリスト教はそういう神秘体験があることを教えている。ハドソンにそういう天啓のようなものが落ちてきた同じ時刻に、八〇マイルも離れた場所で母のアメリアは息子の心の迷いを解いてくださるよう神に祈っていた。そのとき「お前の息子は救われた」という神の声をたしかに聞いたように感じた。それで急いで帰ってくると、晴れ晴れとした息子の顔に出会った。

「お母さん、僕は立ち直った。主の声がたしかに聞こえた。全身がぶるぶる震えた。お前は中国に行くがよい、とおっしゃった。恐ろしくてすぐには立ち上がれなかった」。この不思議な一致に母子は心が震えた。

ハドソンは翌日から人間が変わったようになった。

しかし、ハドソンは中国行きを神に命じられたといっても、どのようにしてそれを実現するのかが一向にわからなかった。また中国という国がいったいどんな国なのかもわからなかった。

地球の果ての〝暗黒の国、邪悪と危険に満ち満ちているその国〟には数億の民が住んでいる。彼らは福音を知らずに毎年何百万人と死んでゆく、というのが中国のイメージだった。僕は絶対にそこに行って彼らに福音を伝えよう。それは神のご命令だからかならず実現する。

「神よ！　どうか僕を宣教師に選んでください！」

と、ハドソンは毎日神に祈りをささげた。

息子が突然神がかりのようになったのを見て、ジェームスはすっかりとまどってしまった。いったい彼の執心をとめてもよいものかどうかまったく混乱したが、結論がでなかった。

妹のアメリアが寄宿学校にあがるために家庭を離れた後、従弟がやってきた。ハドソンから見たら、この従弟ときたら霊性もへったくれもない俗物だったので、彼との相部屋生活はハドソンのいらいらを増した。

ハドソンはウェスレリアン・マガジンの論文を読んだり、教会の集会に熱心に出るようになった。ついに二度目の神秘体験をした。ハドソンは興奮して直ちに妹アメリアに手紙を書いた。

「僕は一生忘れない。聖霊が再び降りてきたんだ。そのときのことは言葉では言い表せない。僕は神の前に立たされたのだ。そして全能の方と契約した。この瞬間、僕はこわくなって中国行きの約束をひっこめようとさえ思った。だが、もうできなかった。ある存在がはっきり言うのが聞こえた。『お前の願いは聞きとどけられた。お前の条件は承知した』と。このとき僕はかならず中国に遣わされることを確信した。神は僕とともにいる。この喜びはもう書き表すことができない」

ハドソンはその日から中国行きがもはや既定の方針であるかのように、憑かれたように準備を始めた。アヘン戦争の結果、南京条約によって五つの港市がイギリスに開かれた。イギリス人は租界のことをセッツルメントというが、その管区内と日の出から日没までの間に近郊に出て布教することが認められた。しかし、それは中国大陸のほんの一かけらにすぎず、ロンドン・ミッションでさえもほんの数人の宣教師を送り込んだという情報しかなかった。

バーンズリーに増幅されて伝わってくる中国のイメージは野蛮、残酷、無知蒙昧の暗黒大陸というアフリカなみのものであった。

このバーンズリーの少年には、ウエスレーに心酔した曾祖父の血が流れていたのか、港市の安全な保護区域内で同国人や身の回りの中国人のみを相手にする教会の牧師は嫌だった。中国の奥地に入って「見捨てられた」数億の民に福音を伝えることこそが、神によって与えられた自分の使命であると信じていた。ウイットウオースという日曜学校の神父がハドソンに最初のとっかかりを与えてくれた。彼はルカ伝の中国語訳の写しをくれた上、プレステビリアン教会の図書館にメドハーストの『チャイナ』という本があるよ、と教えてくれた。

メドハーストはモリソンよりすこし遅れて、ロンドン・ミッションがマラッカに設立したプリンティング・センターに派遣した印刷の専門工であった。彼は以来ジャワを拠点にして東南アジアに布教したつわものの宣教師になった。

ウイットウォースはハドソンがあまりにも中国布教に熱心さを示すのを不思議に思って、「どうしてそんなに中国に関心があるのか」と聞いた。

「主は私に中国に行ってそこでミッションの仕事に一生を捧げよとお命じになられました」

「いったいどうやってそこに行くつもりなのかね」

「それはわかりません。でも十二使徒と七〇人の弟子がしたように、一シリングの金も旅券もなくても、主がお命じになるままに身をまかせて行けばよいだけです」

神父は少年の肩に手を置いて言った。

「君の望みは立派だ。しかし、もうすこし大きくなったら物事がわかるようになるよ。いったいどんな道がいちばんキリストの道にかなうことなのかね」

しかし、この少年は一向に物分かりがよくならず、ピーター・パーレイの『チャイナ』のページをすりきれるほど読んだ後に、同じ題名のメドハーストの『チャイナ』を読んで医療宣教師がもっとも有用であることを知った。

「やはりそうだ。キリストも病人をお癒しになった。からだの病いを治してあげられたら、心の病いも治してあげられるんだ」

ハドソンは父の手伝いをして多少ともこの方面の知識があることに感謝した。

「僕がこの道に進むことを神はすでにお導きくださっているのだ。もっと真剣に医術を学ぼう。そして医療宣教師になれば、中国に行ける道が開ける」

ハドソンの狂信に両親はとまどった。ジェームスは病弱なこの息子がそんな大それたことができるわけがないと思って、アメリアに「どうせ子どものことだから、そのうちに気が変わるだろうよ」と言った。しかし、息子はベッドから羽根布団を取り払って、固い板の上に薄いシーツを敷いて寝るようになった。冬は薄着をして野外で体操を始めた。

「将来僕は中国の過酷な環境の中で宣教活動をするのだから、自分が耐えられるように今から心身を鍛えておくのさ」と寒中水泳まで始めた。

週末に休暇から帰ってきた妹のアメリアは兄の変わりように目を見張った。褒めてよいのやら、いさめたほうがよいのやらまったくわからなかった。

「お兄ちゃんはどうなっちゃったの。お母さん、止めないでいいの。心配だわ」

と言うと、母も言葉に窮していた。

ハドソンが自分から言い出して日曜学校に行って子どもたちに教えたり、炭鉱夫のスラムに行って奉仕を始めたので、ジェームスは、この子は俺の身代りなのかもしれないという思いが頭をかすめる瞬間があった。

だが、何といっても中国語の勉強がいちばんの難関であった。ウイットウオースからもらったルカ伝の中国訳には妙チキリンで複雑きわまる象形文字が並んでいた。いったいどの字が何を意味しているのかさっぱりわからなかった。辞書もなく教師もいないので、英文と中国文を広げ、頻繁に出てくる言葉をカルタとりのようにして、これとこれは同じ意味の言葉だろうと紙切れの上に書いて単語帖をつくった。図形のような漢字はいったいどのような書き順で書いたらいいのかわからなかったが、まねて書いているうちにだんだんうまくなった。同室の従弟も面白がって参加し、二人でとうとう五百字近い手製の英漢辞典をこしらえるまでになった。

ハドソンは毎朝五時に起きて勉強し、さらに仕事を終えてから夜遅くまでラテン語、ギリシア語、ヘブライ語の勉強も始めた。

ギュツラフの講演

この頃、香港から宣教師のギュツラフが帰ってきて、ロンドンで帰朝報告会が開かれるというニュースが入った。

ギュツラフはドイツを中心にヨーロッパの主要都市で歓迎され、何千人もの聴衆を集めていた。ベルリンでは国王夫妻が列席し、キリスト教各派の要人がつめかけ、凱旋将軍の扱いであった。ハドソンは早速ロンドンまで汽車に乗って聞きに行った。会場は人であふれかえり、やっと後ろの方の離れた席を取ることができた。

演壇のバックに大きな中国の地図が垂れ下がっていた。その両脇に大きな漢字を書いた提灯や万里の長城の上空に巨大な竜が飛翔している絵などが飾られていた。

　貧しいプロシャポラメニア地方の仕立屋の息子だったギュツラフが、中国行きの宣教師の資格を得た伝説が語られている。一四歳でステッテン市のベルト工場の徒弟をしていた時、市にフレデリック大王が行幸してきた。ギュツラフは大王の馬車が通る道に友人と二人で待ち受けていて、大王の馬車がくるといきなり飛び出して大王を讃える詩を朗読した。そのときたまたま機嫌がよかった大王は馬車をとめて詩を聞いてやった。感心して侍従にあの二人の子に望む道をとらせよ、と命じた。こうしてギュツラフは一九歳の時に、王室の奨学金をもらって、三年間、宗教教育と簡単な医術を叩き込まれた後に、オランダ海外宣教協会からジャワのバタビアに派遣された。

　当時、バタビアはゴア、マラッカ、マカオ、マニラ、平戸とともにヨーロッパやアメリカからやってくる各国宣教師の溜まり場であり、何番目かの飛び石であった。ギュツラフはオランダの宣教会のやり方に不服であったので、ロンドン・ミッションのメドハーストのところに入り浸るようになった。

「メドハーストさん。僕はまがりなりにも宣教師になってここまでやってきたのですよ。それが中国人やイスラム教徒には伝道するな、といわれているんです。伝道は地元の土人だけに限れ、と。こんな馬鹿なことがありますか。僕はオランダ人の教会で儀式をやるチャプレンになるために来たわけではないんです」

　これを聞いてメドハーストは答えた。

「オランダ政府は現地の商売が大事だから、宣教師に余計な摩擦を起こすようなことをしてもらいたくないんだよ。わが国の領事でもそういうことを言う奴がいる。しかし焦るな、きっとチャンスがある」

　メドハーストは、ギュツラフが語学が天才的にうまいことを知ったので、ビンタン島で伝道をさせてみたところ、驚くほど成績を上げたので、ロンドン・ミッションに鞍替えさせることにした。ギュツラフはマラッカの英華学校で中国語を学んでいる時、スーパーバイザーをしていたニューエル女史と結婚し、メドハーストの指示に従ってバンコックで布教することになった。しかし一年後に夫人が地方病で死に、残った子どもも死んだ。ギュツラフは過去をバンコックに捨てることにした。

アヘン戦争が始まる前のことである。ギュツラフは単身、いかがわしいジャンクに同乗して天津まで行き、北京までもぐりこんだ。さらに南満洲まで行っていろいろな事情を調べた。この報告をロンドンに送ったところ、イギリス海軍省が注目し、すぐ彼を偽装スパイ船つきの通訳兼案内人に採用し、二度にわたり中国沿岸航路の調査や沿岸都市に密入国して市場や沿岸防備の情況などを調査する手伝いをさせた。ドイツ人ギュツラフはすっかりイギリス人になりきり、アヘン戦争の時は通訳から外交官になって活躍し、占領した舟山列島の行政長官になった。

ギュツラフはこの三度の航海の経験を、もちろん秘密調査の部分を省いたものを『中國沿岸航海記』という本にして出すと、たちまちヨーロッパでベストセラーになり、ギュツラフは一夜にして著名人になった。リビングストンの『アフリカ探検記』同様、ヨーロッパ人は新大陸の未知の情報を目を皿のようにして求めていたからであった。

前置きが長くなったが、ギュツラフの講演の話に戻る。

会場でギュツラフを称える大げさな司会者の口上が終わると、弁髪を頭の上で束ね、中国服に八字髯といったチャイナスタイルのギュツラフが満場の拍手を浴びて登壇した。両手を高く上げてにこやかに笑う姿はスターそのものであった。中国式に両手を袖の中に入れて今度は深々と腰を折ってお辞儀をした。そのパフォーマンスの見事さが聴衆の度肝をぬいた。

それから早口でテンポよく中国の奇抜きわまる話をして聴衆を始終笑わせた。しゃべりながら演台を離れて舞台俳優のように行ったり来たりした。ときどき両手を大きくふりまわすゼスチュアをし、いかに中国というところが想像を絶するところであるかを身体中で聴衆に示そうとした。

最後に彼の壮大なプロジェクトを訴えた。

「皆さん、トルコまでのヨーロッパが二つそっくり入ってしまうほど中国は大きいんですよ。この国に三億の民がいます。しかし、キリストを知りません。中国への宣教は、条約で決まった限られた港市から広大な内陸部に向かってどんどん広めていかなければなりません。私のつくった団体は六年前からすでに中国内陸部の北はモンゴルから南はチベットまで含み、一八省に進出し、一万部の聖書と数え切れないほどのパンフレットを配布しました。そして二七八一人に洗礼を施しました。しかし、いくらやってもあの国では海の中にスポイトでインクを垂らしたくらいにしかなりません。

この神の壮大なプロジェクトを進めるには大勢の宣教師が要ります。おそらくヨーロッパ中の宣教師が集まってもあの国の一省を満たすことさえできないでしょう。だって一省といたってフランスより大きいんですよ。イギリスより人口が多いんですよ。そこで私が到達した結論は、ヨーロッパ人宣教師が現地でネイティブの伝道者を育て、この伝道者に辺境まで福音を届けさせるのです。このためにはまだまだヨーロッパ人宣教師が足りません。そこで私は今、プロテスタントの宗派を超えたインターセクトのチャイニーズ・アソシエイションを設立し、宣教師を募集中です。志ある方は今すぐにでも司会者の下に名乗り出て、私のプロジェクトに参加してください」

講演は割れるような拍手に包まれて終わった。ハドソンはギュツラフに近づこうと演壇脇の廊下に出ようとしたが、群衆の壁にはばまれて行けなかった。

ギュツラフのヨーロッパ行脚のあと、あちこちで彼の講演録は八カ国語のパンフレットに訳されて発行された。ロンドンにも支部ができた。ロンドン支部の設立はハドソンにとって降って湧いたようなチャンスの出現だった。

しかし、ギュツラフの講演を聞いた者はその話の壮大さにもかかわらず、ある種のうさんくささを感じた。高名な聖職者が身につけているオーラのようなものは感じられなかった。かつてギュツラフに頼まれて香港で布教したことのあるハンバーグら数人の宣教師は、ギュツラフの講演内容はイカサマであると言いだした。いくらなんでも香港で肺結核を病んでいたギュツラフが、モンゴルからチベットまで行けるわけがない。中国人伝道者も数人にすぎず、彼らの霊性は低く、説教は決まりきったパターンを繰り返すだけで、仕事として雇われてやったにすぎない。その中の二名はアヘン吸飲者である、ということまで暴露した。

後年の調査によると、ギュツラフは広東、福建の省境に固まって住んでいる被差別階層の客家にある程度の布教実績を上げたことがわかっている。

ヨーロッパ講演旅行から香港に帰ったギュツラフは誹謗中傷に傷つき、一年後に喀血して死んだ。こうした事情のため、ヨーロッパの中国布教熱は一頓挫し、せっかくロンドン支部をつくったピアース氏はがっかりしてしまった。だが、ハドソンはギュツラフの話の真偽はどうであれ、傷つくようなことはなかった。彼が中国の奥地にまで行ったということがハドソンに強烈な刺激を与え、僕はギュツラフがやらなかった仕事をやるんだ、とますます胸を高ぶらせるようになった。

神というのは本当にいるのか？

ハドソンは、宣教師は外科医の能力のある者が現地でもっとも役に立つというメドハーストの言葉を信じて、中国伝道会セクレタリーのピアース氏の示唆を受けて、専門の外科術を学ぶことにした。ジェームスはこの頃になると息子を中国に出してもかまわないと思うようになっていた。いずれ息子は自分の跡継ぎとして薬店を継がせることになるだろうが、長い人生の中で何年かは異国の地で布教経験をつませるのも人生経験としていいだろうと思った。志に燃えて異国で布教をする多くの者はやがて数年の経験を終えて、ある種の満足感をもって帰ってくるのが普通だった。未知の国でのボランティア経験で好奇心を満たし、異国の環境での救いがたいほどの適応困難性、語学の難しさ、布教の困難なことを思い知らされてピリオドを打って帰ってくるわけだが、ジェームスも息子もそうなるだろうと思っていたから、息子が医療伝道師になりたいと言い出したとき、イギリス中部のハル市で外科医を開業している親戚のドクター・ハーディに相談した。ハーディも「中国に行く行かないは別として、僕の医院はちょうど見習いの助手が必要だ。ハドソン君なら身元が知れているから申し分ない。すぐよこしたまえ」と言った。

ハドソンは身の回りの物をまとめて馬車に乗ってハルに行った。そこは東海岸の河口にあるスカンジビアナ諸国との貿易港であり、漁港でもあった。河口は海と区別がつかないほど広く、さまざまの船が蒸気信号をふきならしながら海面を埋めるように行き来していた。かもめが船のマストをかすめて飛び、街の中にも舞い降りていた。バーンズリーとは比較にならないほど活性化した街であった。

ハーディ医院は立派なつくりの建物で、妹のアメリアが通っている寄宿学校も近かったのでなおのこと都合がよかった。兄妹はのびのびと親元を離れた生活を楽しんだ。

ハーディ博士は温厚なクリスチャンで地元で評判の名医であった。ハドソンはこの伯父から外科術をできるだけ短期間にもぎとってやろうと構えて、ハーディの言うことなすこと細大漏らさず聞き漏らすまいと一日十数時間も働いたので、ハーディ家は家族同様の手厚い扱いをしようとしたが、ハドソンは中国という最劣悪の生活環境で生きる訓練をするために、みずからを鍛える道を選んだのですからそういう配慮は一切無用ですと断った。ハーディはこの律儀すぎるというか、いささか常識を欠いた若者に諭すように言った。

「君はいい医者になる素質がある。しかし医者になるということは、またよき隣人、よき良識人でなければいけないよ。僕はそちらのほうも君に期待しているのだよ」

ハドソンはハルに来てからアメリアの友人たちと付き合う機会があった。その中の一人音楽教師のミス・ヴィクトリアに会った瞬間、ハドソンは魂を抜かれてしまった。碧玉のような青く澄み切った大きな瞳はまるでハドソンを吸い込む深い淵のようだった。カールした金髪の端が甘い口元にかかるたびに、白く長い指先でそっとそれを戻す仕草までハドソンはたまらなかった。いつまでも彼女を見つめていたかったが、見てはいけないものから視線を外すようにすぐ下を向いてしまった。まるで教師の前に立たされた子どもみたいだった。

夜ベッドに入るたびに、ハドソンは彼女のイメージを想い浮かべて狂おしくなった。彼女を抱くことができたらどんなにすばらしいことだろう。性欲がうずくように立ち上ってきた。「誰でも彼女に近づく者は恋のとりこになってしまう。僕がぐずぐずしているとやがてそのうち誰かが彼女をさらっていくだろう」

ハドソンは彼女を伴って中国に渡ることを夢見た。しかし、そんなことはどうしても言い出せなかった。それで一般論として彼女にそういう気があるかどうかを打診してみた。

「そんなに遠いところは父が許さないと思うわ。神に仕える道は何も遠い中国にまで行かなくてもイギリスでだってできると思うの」

彼女の言うことは正論であった。クリスチャンとして奉仕する道は炭鉱夫や労働者や貧民のスラムなど国内いたるところにあり、遠い海外に行くという選択をする者はよほどの変わり者か冒険的少数者に属していた。

しかし、彼女の返事はハドソンのプロポーズに対してノーなのか、イギリスにいるならイエスなのかがはっきりわからなかった。

ハドソンは彼女をとるか、中国をとるかの選択を迫られることになった。悪魔が彼の耳元で囁いた。

「お前が中国に行くことがそんなに値打ちのあることなのか。なぜそんなに中国行きにこだわって苦しんでいるのだ。それをやめさえすれば彼女が得られるではないか。絶好の伴侶を得て、幸せな家庭を築き、このイギリスで神に仕えればそれだけで十分神に対して申し訳が立つではないか」

しかしハドソンにとっては、神に命じられた中国行きを断念することは断じてできなかった。

一八五一年、ロンドンで世界ではじめての万国博覧会が開かれた。ガラスと鉄枠でつくった高さ三〇メートルの巨大なパビリオン水晶宮が呼び物だった。物珍しさにイギリス中から鉄道に乗ってワンサと人々が押し寄せた。ハドソンとアメリアもこの千載一遇の機会を利用するためにバーンズリーに帰省し、その足で、入場券込みのツアー旅行券を買って博覧会を見物することにした。

ハドソンがロンドンに行くもう一つの目的は、中国伝道会のピアース氏に会うことであった。

株の仲買人であるピアース氏は仕事を終えた夕方、テーラー兄妹をトッテンハムの伝道会の集会所に連れて行ってくれた。ここでハドソンは大勢の宣教師志望の仲間と知り合った。みんな二十代のぴちぴちした男女で、一緒に万国博覧会を見に行った。イギリスやドイツの最新の機械や鉄鋼製品、フランスのゴブラン織や磁器、イギリス植民地の風俗や産品などを展示したパビリオンをわいわい言いながら見て歩き、中国の磁器や陶器の展示物を見た。その後、観覧車やメリーゴーランドに乗って遊んだ。最年少のハドソンは見るもの聞くものすべてにすっかり興奮して会場内を飛び回り、アイスクリームを食べながらさかんにしゃべりまくった。その姿はまったくの少年にすぎなかったが、ひとたび中国行きの志願者の顔になると、今度は大人のようにませた物言いになり、そのちぐはぐさが皆を驚かせた。

ハドソンは中国広東省の伝道経験者であるドイツ人宣教師のロブシェイド氏を訪ね、ありったけの質問を浴びせた。ロブシェイド氏はハドソンの意に反してネガティブな言い方をするのでハドソンはたまりかねて言った。

「どうしてあなたは中国には二度と行きたくないなどと見下げたことを言うのですか」

「彼らは僕らをバーバリアンとさげすんで言うんだ。つまりけだものか異星から来た珍妙な生き物でも見るみたいにね。君が行っても、説教を聞いているふりをして珍しい白人をじろじろ眺めているだけなんだ。彼らが福音を理解するなんてことはありえないよ。でも、いい経験をするから一度は行ってくるがいい」

「私をお遣わしになるのは主です。主は私の眼や髪の毛の色が彼らとちがっているのをご存知の上でお遣わしになるのです。どうして伝道ができないわけがあるでしょうか」

ロブシェイド師はハドソンを冷ややかに眺め、こういう手合いにはどう言って説明したらいいのかわからないので口を閉ざしてしまった。

ハドソンはトッテンハムの仲間と東ロンドンのスラム街に行って奉仕をした。仕事にあぶれたおびただしい労働者にちらしを配って、テントの中の説教所に誘導する役割を与えられた。みすぼらしいなりをしたたくさんの労働者が木の板を渡しただけの長椅子に坐らされた。彼らが説教を聞いたあと、温かいスープをこしらえて与える仕事をした。いろいろな宗派の活動家がいてすぐ仲良くなった。万国博の見物とイーストエンドでの一週間は実に有益な経験だった。

ハドソンはハル市に戻ると、ドレインサイドという貧民街に間借りをすることにした。ロンドンのイーストエンドと同じように、猛烈な悪臭を放つ排水溝に沿って掘立小屋のような家が小間割りのように並んでいた。ここでは喧嘩、白昼からの酔っ払い、泥棒、賭博、売春などが日常的に行われていた。普通の人が足を向けるところではなかった。ハドソンがわざわざこういう場所を選んだのは、中国の貧民街に住むことがあっても心を揺がせることがないようにする予行演習のつもりであった。ここで収入の十分の一を神からのあずかりものとして慈善行為に使うことにした。

ここに移り住んだ利点はゆっくり自分の時間がもてて本が読めることだった。奉仕の場所が目の前にあったから、仕事を終えてからすぐ各家を回ることができた。ハドソンはバター、ミルクなどのぜいたくなものをやめ、オートミールと米、パンだけの食事にきりかえた。パンは夕方一切れを三ペンスで買い、パン屋に半分に切らせた。半分を夕食に食べ、あとの半分を翌朝の食事にまわした。こうしてハドソンは収入の三分の一を貧民のために使った。

「自分自身のために使うことが少なければ少ないほど、他者により多くの幸福と祝福を与えられ、私の魂は満たされる」

ハドソンはあるとき、自分はこれほどまでして神を信じて行動しているのだから、神の方も自分を子として信じてくれるはずだと思った。だが、それはたしかめようがない。自分は神に命じられて中国に行こうとしている。しかし、神は本当に行かせてくれるのだろうか。神は本当に約束を守ってくれるのか。その証拠をつかまないと心が休まらなくなった。神の声をたしかに聞いたが、あれは一場の夢、幻影にすぎなかったかもしれないではないか。

ハドソンは朝早く起きて神に祈った。食事の前に、寝る前に、そして何か考え事をするときに、常に神に祈りをささげた。キリスト教界では祈りは神に自分の意思を届ける手段だと思われている。ハドソンは長く心をこめて頻繁に祈れば祈るほど神への願いが届けられるものと固く信じていた。何かよい結果が得られたときには祈りが届けられたと思い、そうでないときは、それは神の思し召しではなかったからだと考えるようになった。祈祷は神とのコミュニケーションである。コミュニケーションはワンウエイではなく、かならずツーウエイであるべきである。そのツーウエイの証しが欲しい。ハドソンはこの証しを得るために実験をしてみようと思い立った。

ハーディ博士はかねてから、「僕は忙しいとよくど忘れする。君の給料日の直前になったらかならず僕に知らせてくれたまえ。そうしたら君に迷惑をかけないですむからな」とハドソンに念を押していた。

ハドソンは思いついた。

「そうだ。念を押さないでおこう。その代わりに僕が、神にハーディ博士に思い出させてくださいと祈れば、祈りが通じて、神はハーディ博士に思い出させてくださるはずである。それが実現すれば祈りが通じたことが確認できる。実験が成功したことになる」

そこで給料日が近づくと、ハドソンはハーディ氏がそのことを思い出すように神に祈った。だが、給料日当日にハーディ氏は思い出さなかった。次の日も次の日もハドソンの祈りは神に通じなかった。ついに彼の手元には半クラウン貨（二シリング六ペンス）一個しか残らなくなった。

半クラウン貨の奇蹟

その日の夜一〇時過ぎ、扉を慌ただしく叩く者があった。開けてみるとアイルランドなまりの貧しい身なりの男が立っていた。「妻が死にそうです。今すぐお祈りに来てください」

ハドソンは男の家に向かう途中で、「なぜ公設の神父に頼まなかったのですか」と聞いた。「ええ、頼んだのです。でも彼は一八ペンス支払わなければだめだと断わりました。私たち一家はもう一ペンスもありません。それであなたにお願いに来たのです」

このときテーラーの頭に浮かんだのは、ポケットの中にある半クラウン貨であった。祈ったあとにはこの飢えた一家に施しをしなければならないだろう。だが、この貨幣は二等分することができない。まさかおつりをくれとは言えず、全部渡してしまわなければならないだろう。そうなると明日の朝食も夕食も食べられなくなる。そう思うと急にこの男がうとましくなった。

「君はまちがっているよ。こんな状態になるまでほおっておかないで、なぜもっと早く救貧院に連絡しなかったんだ」

「それはしました。そうしたら明日朝一一時に来ると言いました。でもそれまでに妻の命はもたないと思います」

またしてもハドソンの意識は半クラウン貨に戻った。もし、自分のポケットに半クラウン貨でなくバラ銭で二シリングと六ペンスあれば、僕は喜んで一シリングをこの一家に与えるだろう。そうすれば明日の食事代も残ることになる。ああそれなのになんと間の悪いことか。

着いてみると、その家はハドソンが以前訪問した時、入口で乱暴にあしらわれたところであった。ハドソンが渡したちらしを目の前でびりびりと破き、もう二度と来るなと悪態をついたのはこの男であった。身をよじるようにして暗く狭い路地に入り、急な階段を昇って部屋に入ると何ともいいようのない悲惨な状況が目の前に現れた。四人か五人の頬のこけた子どもがゆっくりと飢え死に向かっている姿が見届けられた。寝台には憔悴しきった母親が横たわっており、生まれて間もない赤ん坊がそのわきで泣き叫んでいた。

ハドソンはひざまずいて瀕死の母親に向かって祈りをささげた。このとき、彼の中で何者かが叫んだ。「このケチな偽善者め。お前は今し方、天にましますは慈悲深い主よ、この貧しい人たちのためにやすらぎをお与えくださいなどとぬかしおったが、お前は本当は天にましますは神などを信じてはおらず、ポケットにある半クラウン貨のことしか信じていないではないか」

祈り終わるとさきの男が言った。「御覧のとおりの状態です。なにとぞ施しを」。ハドソンはポケットからゆるゆると貨幣を取り出し、「僕にできることはこの位です。僕としても決して楽な生活をしているわけではありませんよ。このお金が今の僕がしてあげられるすべてです」。男は予想以上の施しに驚いて押し戴いた。ハドソンは勝ち誇った気持ちになって、一家の者に神を信じることの重要さを説いて聞かせた。そこを出ると、急に半クラウン貨を与えてしまった悔しさは消えてなくなっていた。貧しい母親の命が救われるとともに、ハドソン自身の命も救われたような喜びがこみあげてきた。ハドソンは嬉しくなって暗い夜道を賛美歌をハミングしながら帰った。

翌朝、ハドソンが一皿残ったポテトで朝飯をすまそうとしていると、郵便夫がドアを叩く音が聞こえた。いつもならこんなに早く郵便夫が来ることはないので何事かと思っていると、おかみが郵便物を持ってやってきた。宛名を見ると、よほど特殊なくせのある人のものか、わざとそうしたとしか思えないほど奇態な書体で書いてあった。郵便マークもうすれて判別できず、差出し人の名もなかった。しかし宛名ははっきりミスター・H・テーラーとしてあった。住所もまちがっていなかった。

開けてみると中に書いたものは何もなく、小さく折った紙が出てきた。開けてみると半ソブリン貨（半ポンド）がポトリと転がり出た。わずか一二時間の間にハドソンが与えた半クラウン貨が四倍になって返ってきたのであった。この半ソブリン貨はいったいどこの誰が送ってきたものかはわからなかったが、きっと奇特な人がだまって寄付してくれたのだろうと思った。しかし、昨夜急に嬉しくなったこととこの半ソブリン貨がなにか連動しているかのような不思議な気持ちになった。

ハーディ博士は一向に給料のことを思い出してくれなかった。ハドソンは必死になって神に祈ったが、とうとう木曜日になってしまった。土曜日の夜はハドソンが部屋代を払う約束の時間である。貧しい大家の主婦はそれによって生計をたてているので、彼女に迷惑をかけるわけにはいかなかった。

「金銭の問題ならハーディ博士に一言いえばすむ問題である。最大の問題は私が中国に行けるかどうかという問題である。自分に信仰が不足しているならば、神は自分を宣教師として中国にお遣わしにはならないであろう」

ハドソンは悩んだ末、神に伺いをたてると「待て」という声が聞こえたように感じた。そこで木曜と金曜は一日中仕事以外の時間を費やして神に祈り続けた。とうとう土曜日の夕方になった。

ハドソンが薬湯を煎じていると、ハーディ博士が帰ってきてアームチェアにどっしりと腰を下ろし、「ところで君の給料日はそろそろだったのではなかったのかね」と聞いた。ハドソンは祈りが通じた嬉しさに言葉が詰まって、「もう過ぎています」と答えるのがやっとであった。

「それはすまなかった。僕はついつい忙しいものだからそういうことは直前に君の方から言ってくれと頼んであったはずではないか。まずいことに入金は全部銀行に入れてしまった。週明けにあげることにしよう」

ハドソンは嬉しくてくしゃくしゃになった顔をハーディ博士に見られまいとして急いで隣室に行った。しかし、土曜日の夜に大家の主婦に間代を払えなくなるのでがっかりした。でもいいや、あの半ソブリン貨で払うことにしようと思って、ハーディ博士の帰宅を見送った。そのあと、ハドソンが医務室で明日の説教の下調べをすまし、帰ろうと思って戸締まりをしていると、ハーディ博士が戻ってきた。

「いやあ、こんな遅く家に患者がやってきてね。これまでの払いを全部持ってきてくれたんだ。これ幸いと思って君に持ってきた。すこし足りないが、差額の分は週明けにお払いするとしよう」

ハドソンは、ハーディ博士に給料の支払いを思い出させ、さらに土曜日の夜までに部屋代をきっちり支払えるように、ある患者に溜まっていた支払いをハーディ家に届けさせたのは神の御業にちがいないと信じた。これでハドソンの実験は成功したのである。以来五〇年以上にわたって、ハドソンは祈りをささげれば神はお聞き届けなさるときがあり、それがかなわなかったときは、神はそれをお望みでなかったからであると考えるようになった。

ハドソン、中国行き決まる

ハドソンが二〇歳を迎えた年、中国伝道会セクレタリーのピアース氏は、中国行きの医療宣教師になるなら、ロンドン病院に勤めて最新の治療技術を見習ったほうがよい、ハドソンにその気があるならロンドンまでの旅費と宿代をこちらで援助すると申し出てくれた。

ところが、母からの手紙で父ジェームスが北アメリカかカナダで二年ほど宣教活動をしてきたいから、留守の間、すこし左前になった薬局の面倒をハドソンにみてほしいと言ってきたのである。ジェームスは一生の間に、何年か宣教のお手伝いをしなければ、祖父以来のテーラー家の名誉に背き、自分の人生を全うできないと真剣に思いつめたのだった。これはまことにハドソンにとって痛手であった。二年もバーンズリーの田舎にくすぶっていたのでは、中国行きのチャンスはますます遠のいてしまう。ハドソンは一度断わりの手紙を書いたが、自分をこの年まで育ててくれた父に対してすまないと思い、詫び状を書いて父の申し出通りに、二年間はかならず留守を引き受けますと約束した。

この問題はあっけなく解決した。ジェームスが海外布教を断念したからである。逆にハドソンのロンドン行きについては父が費用を持つから、ぜひ行きなさいと母から手紙が来た。同時に中国伝道会からも費用を負担するという好意的な援助の手紙が来た。だが、ハドソンはこの二つの好意的な申し出を断わることにした。自分を中国にお遣わしになるのは神であるから、神は自分がその任に耐えると判断されるならば、かならず研修のためのロンドン行きもかなえてくださるはずである。だから他人の好意を受ける必要はないと考えた。そこでハドソンは誰からの援助もなしにロンドンに発つことにした。肖像画の絵描きとして有名になった叔父がロンドンで仕事がみつかるまで滞在を引き受けてくれた。この叔父とハドソンと同年の従兄弟は、彼が単に医学の勉強のために来るものと思っていたので、一緒に住んで楽しい毎日を送ろうとうきうきしていたが、やってきた甥は、僕は自分ですべてやりますから、と叔父の親切な計らいを一切断った。

「いちいち神がどうの、信仰がどうの、すべて自立してやりますからと、理屈が多すぎる。もうすこし普通の若者らしく素直にふるまったらどうなのか」

叔父はこの変人の甥をシニカルな目で見て叱った。

ハドソンはロンドンに来てすぐ中国伝道会の学費補助の交渉に取りかかった。これはすでに了解がついていたものと思っていたが、実際は何もなされていなかった。それを受けるには審査のための面倒な書類が必要だった。ピアース氏に相談してやっと簡略なものに変えてもらった。このことがハドソンのこの伝道会に対する不信の始まりとなった。

ハドソンはほどなくロンドン病院での見習い医師としての就職が決まった。ハドソンは勤め口と叔父の家から程近いソーホー地区に間借りし、またもやハル市と同じように病院、奉仕、家での勉強という三角形の規則正しい生活を始めた。病院の帰りに三ペンスでパンを買い、それを真っ二つに切ってもらい、半分を夕食に、後の半分を翌朝の朝食にまわした。

ある日、家で勉強中、誤って針で右手の薬指をつついてしまった。翌日解剖の実習に出た。このときの死体は悪性の伝染病で死んだ人で、ハドソンの針でつついた薬指の穴から細菌が侵入し、ハドソンは急に発熱して、右半身に強烈な痛みを感じた。上司は「生命の危険があるから、急いで馬車を雇って帰り、家で安静にしておれ」と命じた。ハドソンは一瞬中国行きはもうだめになるのかと絶望的な気持ちに襲われた。しかし、自分は神によって中国行きを決められているのならば、神は絶対に死なせないはずだ、と思いなおして上司に言った。

「僕は中国に行って伝道することになっている人間です。ですから僕は絶対に死にませんよ」

「ほう、それは結構だろうよ。だが、もたもたするとそんなことは夢になるぞ」

ハドソンは馬車を雇う金がなかったので、歩いて帰ることにした。だが、歩き出すとよろよろしてすぐ倒れてしまった。そこで乗合馬車でようやく家までたどり着いた。着いた時は死んだようになっていた。

叔父が駆けつけて医師を寄越してくれた。医師はアルコール類を飲みつけているならもたないだろうと言った。ハドソンと一緒に解剖に立ち会った学生の二人は感染して死んだが、ハドソンの日頃の節制が数週間後に彼を奇跡的に救うことになった。

回復した時、彼は「ブラボー！」と叫び、ますます自分が神によって守られていることを確信するようになった。

この頃、中国では太平天国の乱が起こり、南京を落とし、首都北京に迫る勢いであるというニュースが欧米に届いた。しかも彼らは真性なクリスチャンであるらしいという報道がキリスト教界を異常な興奮に包み込んだ。

地球の広大な異教空間が一挙にキリスト教圏に変わるのではないかという期待で、キリスト教界の興奮はただならぬものになった。中国行きの宣教師志願者が続々と現れた。各セクトの動きもにわかに活発になった。だが、適任者を見つけるのが困難であった。中国伝道会にも例のドイツ人神父ロブシェイドから至急二名を上海に送れと連絡がきた。会長のバード氏はハドソンともう一人を推薦し、早船でとりあえずハドソンを送ることに決めた。

「……われわれは献身的な人物を直ちに求めている。君は神の前に素直で、動機は清潔である。そこでわれわれは躊躇なく君を推薦することにした。渡航船も決まっており、もう準備する時間もないくらいだ……」

バード氏がハドソンあての手紙をここまで書いたとき、偶然、手紙の宛先人が目の前に現れた。こうして三年半にわたるハドソンの涙ぐましい準備期間が終了することになった。

第2章　上海へ

テーラーが乗船した四六八トンの小さな帆船ダンフリー号は今、静かに上海に入ろうとしていた。一八五四年三月一日にリバプールを出てからなんと一五〇日が経っていた。途中、台湾沖で暴風雨に遭い、メインマストが折れた無惨な姿をさらけだしながら、船はよたよたと波を蹴っていた。

テーラーは右舷のデッキの手すりに両肱を置いて、大きく現れてきた舟山列島を眺めていた。この島はアヘン戦争の間、ギュツラフが民政長官をしていたところである。それでイギリス人の間ではギュツラフ島と呼ばれていた。戦争が終わったあとも長らくイギリス軍はこの島から退かなかった。この島は、揚子江の河口の前にでんと控えていて、戦略上の要衝といってもよかったので、イギリス政府は香港をとるより、この島をとった方がよいという議論のあった島であった。

しかし、テーラーがこのとき思い浮かべたのは、ギュツラフが単身天津に上陸する直前にジャンクの中で緊張した心理をつづった『中國沿岸航海記』の一節だった。

「私は個人の利己心や虚栄心によってではなく、ミッションとしての使命感とともに、これまで私がずっとその恵みを受けてきた全能の神の翼に守られているという確信と、神が私にお約束されたみ言葉の成就への期待のみに支えられていた。……私は私のやろうとしていることに反対する意見をよくよく検討した上で、やはりどんなことをしてでも中国本土にいる民に福音を伝えなければならないと決心したのである。そうはいっても、私の無力さがおそろしく大きな障害であることも知っているつもりだ。私はただただ『主よ、私はここに居ります。なにとぞ聖なるお喜びのために私をお使いください』と唱えるだけである」

テーラーがこの一節を思い浮かべたのは、まさに今の自分の心境がギュツラフのこの時の心境と同じだったからである。というよりギュツラフのこの一節をかみしめて自分の心をいっそう強くしたかったからである。

これから現れる大陸はどんなところだろうか。いったいどういう運命が僕を待ち構えているのだろうか。しかし、ギュツラフは着いてみるとすべて杞憂だったことがわかったから、僕の場合もさして心配することはあるまい。何といっても上海にはイギリスの領事館があり、多くのイギリス人がいるのだから。しかし、たとえどんな窮境が待ち構えていようとも、僕には神がついている。なぜなら僕は神がお命じになったことをこれから実行しようとしているのだから、神が僕をお守りになるはずである。……テーラーはそう考えると勇気がもりもりと湧き上がってきた。

舟山列島がはるか後ろに去り、海がコーヒーにミルクを落としたような色に変化し始めた。楊子江の河口に入ったときもまだ海と見分けがつかないほどで、岸らしいものも視界に入ってこなかった。ダンフリー号は曳き舟につながれて廃人がよたよたと這うように黄浦江をさかのぼって、やっと呉松港の手前の岸壁に横づけされた。

テーラーはトランク一個を下げてタラップを下りた。中国大陸の最初の第一歩だった。

「新しい大地に降り立ったときの感慨は何とも形容しがたい。僕の心臓は興奮で破裂するばかりだ。やっと航海の危険から解放されたという喜びと、今中国の大地を自分の足でしっかり踏みしめているという実感で涙があふれてきた。しかし、僕の最愛の人たちはもう万里の彼方に遠ざかってしまった。僕は今まったく未知の地に独り立っているのだ」

テーラーを出迎えた者は誰もいなかった。そして想像を絶した光景がいきなり目の前に出現した。はじめて見る中国人は銅褐色に日焼けし、薄くすりきれた眉の下の細長い目は怒気を含んでいるように見えた。誰も彼もが薄汚れた紺か黒の服を着、後ろに奇妙な弁髪を垂らしていた。そして誰も彼もが間延びした調子の言語をまくし立てるようにしゃべっていた。まるで怒鳴りあっているようだった。波止場にはごみや野菜くずなどがいたるところに散らばり、犬が人糞をなめていた。街角のいたるところにうすぎたないなりをした貧民や乞食が地面にうずくまっていた。

テーラーのトランクをさっと横からひったくるように何本かの手が伸びてきた。テーラーは思わず中国語で「何をするのか」と言って必死で引き戻した。彼らはトランクにかけた手を引っ込めず、何事かをしゃべった。どうやら運び賃をくれという意味らしい。テーラーはあわてて断わり、トランクを奪われないようにしっかり握りなおした。それでもしつこく年齢のわからない大人や子どもが何人もまつわりついてきた。

とにかくこの物騒な界隈から離れて、セッツルメントと呼ばれるイギリスの租借地に行こう。それは船長に聞いたとおりすぐ近くにあるはずである。ターバンを巻いたシーク教徒の巡査が立っていたので、英語で聞くと、あちらだと指でさし示した。テーラーは三通の紹介状を持っていた。船長に描いてもらった租界の地図をたよりに最初の頼りになる人物を訪ねて行った。ところがあろうことか、その人はテーラーの航海中に急死して、家族も引き揚げていたことがわかった。そこで次の紹介先の宣教師のところに行ったが、彼も最近アメリカに帰ったばかりであった。テーラーは急に心細くなった。三人目の人は、テーラーが愛読した『チャイナ』の著者であるメドハーストという著名な宣教師だった。

テーラーはイギリス大使館に行ってロンドン・ミッションの場所を教えてもらった。それは租界からすこし離れたところにあった。

すさまじい喧騒と強烈な臭いが鼻を突く猥雑な路地を通り、漢字の看板が洪水のようにあふれている商店街を抜けていくと、ロンドン・ミッションがあった。敷地内に教会と診療所と住居があった。西洋風の建物の立派さがテーラーを安堵させた。そこにアヘン戦争後、マレーから移ってきて、今や上海のプロテスタント教界の重鎮となっているメドハースト宣教師がいるはずであった。住居らしい建物の玄関のベルを押すと、使用人が出てきた。テーラーは覚えたての中国語で言ったがなかなか通じなかった。彼の手振りから、どうやらメドハーストはここにはいないということらしかった。テーラーが途方にくれていると、若い神父が出てきてエドキンスと名乗りテーラーを応接間に招じ入れてくれた。彼は、メドハースト夫妻はイギリス租界に引っ越したばかりだと説明してくれた。

「あなたはどこの宣教会から派遣されて来られたのですか」

「中国伝道会です」

「僕たちはイギリスの定期船が入るたびに乗客名簿を見て、どういう人が来られるかをあらかじめ調べています。あなたが乗ってきたダンフリー号は不定期船だったので入港の通知がなかった。それであなたが来られることがまったくわからなかった」

エドキンスはテーラーの行くあてがまったくないとわかると、誰かと相談するらしく奥に入って行った。入れ替わりに髭もじゃの恰幅のよいアレキサンダー・ワイリー宣教師が入ってきたので、テーラーは自己紹介を繰り返した。

ワイリーは運ばれてきたコーヒーを飲みながら、最新の情報としてヨーロッパでクリミア戦争が勃発したことを教えてくれた。

エドキンスとロックハート医師が戻ってきて、租界の貸洋館は金持ちの中国人たちに借りきられ、どこのアパートも空室がなく、名案が浮かばないが、ロックハートは「家内がたまたま国に帰っているから、その部屋にとりあえずいなさい」と言ってくれた。

いきなり飛び込んできたどこの馬の骨かわからない若者に自分の家の部屋を提供するというのは、普通ならできないことだが、ロックハート(注)は遠路はるばるやってきた同国人の青年に好感を感じたらしかった。テーラーはとりあえず、トランクを裏の住居のロックハートの部屋に置くと、いかにも頭脳明敏といった感じのエドキンスは、テーラーを上海ロンドン・ミッションの創設者であるムアヘッド夫妻のところに連れて行ってくれた。そこにたまたま若いバードン夫妻がいた。夫妻は遠来のイギリス青年に会ったことを喜んで、夕食に自宅に招待してくれた。夫妻の自宅の炉辺での食事は楽しかった。バードンは国教会の宣教師であるが本職は中国事情を研究している少壮学者で、中国の状況をいろいろ話してくれた。

「あなたはとんでもない時期に来られたのですよ。今、上海城が叛乱軍に占拠されて連日、戦闘が行われています。メドハースト神父が租界に移ったのも、あなたの宿がとれないのも実はそのことが原因なのです」と言い、上海城を占拠した小刀会という叛乱軍のことを説明してくれた。それは太平天国軍に呼応した一分派だという説明であった。テーラーは自分がまさに燃え盛る火の中に飛び込んできたバッタだと知ってすっかり驚いてしまった。

午後一〇時にお祈りをしてテーラーは辞し、ロックハート氏の家に帰った。近くなので迷うことはなかった。テーラーは数カ月ぶりにのびのびとベッドに手足を伸ばしてぐっすりと眠った。

翌日、テーラーはメドハーストやミッションの若いメンバーたちに紹介された。メドハーストは恰幅のよい大男で、髭も髪も短く刈った半白だった。全体としておっとりとした柔和な感じだが、ときどき人を睥睨するような鋭い目をぎょろりと向けた。彼はそこにいるだけで周囲を圧する存在感があった。

(注) Lockhart, William (1811 — 1896)　イギリス医療宣教師。1838年来華、広州、厦門、上海にて医療宣教に従事。1863―1864年、イギリス公使館医を兼任。

非国教会派のテーラーが寛容な歓待を受けたのは、国教会が現地ではなんとなくイギリス人プロテスタント宣教師の面倒をみるという習慣があったからだった。彼らはテーラーの中国宣教会などは知らないようであり、詳しく聞こうともしなかった。メドハーストは「中国にはマンダリンという全土で通用する標準語があるからできるだけ早くそれを学びなさい」と言い、中国人の家庭教師を紹介すると言ってくれた。

一八五三年上海

ここでテーラーが飛び込んできた中国の大状況をすこし紙数を割いて説明すると、一八五三年といえば、日本の浦賀にはじめてペリー艦隊がやってきた年である。アヘン戦争が起こって以来、中華帝国は激震続きであった。

中国の南の辺境、広西省金田村で兵を挙げた太平天国軍が次々と都市を占領して北上し、湖南省に入ってからは反清感情をもつ参加者がうなぎのぼりに増えて五万の大軍に膨れ上がった。一八五三年一月、武昌を難なく落とし、そこから長江の水面を圧する大船団を組んで水陸両路を東に向かい、途中の各市を覆滅して三月七日に南京城を包囲した。

洪秀全は三月一九日、南京陥落を宣言した。太平軍は数千の梯子を各門にしかけて攻撃準備を整えた。当日未明、彼らは下関静海寺から掘りすすめた地下道に爆薬を仕掛けて儀鳳門を吹き飛ばし、もうもうと立ちこめる塵煙の中を六百の先鋒隊がなだれ込んで五千の城内守備軍の一角を切り崩した。そのすきに一斉に後続の太平軍が梯子を登って殺到し、大門を開けると、後は大軍がなだれ込んで勝敗が決した。城内の将領兵士はことごとく討ち取られた。

三月二九日、先入した北王韋昌輝、東王楊秀清に続いて天王洪秀全が入城し、盛大な戦勝祝賀儀式を行った。四月一日、南京は太平天国の首都として天京と改名された。

これほどの大乱は中国の歴史にもない。南京が陥ちたので、中国の南半分は太平天国に帰したに等しかった。満洲朝廷は黒龍江省からも兵をかき集めて一二万の大軍を揚子江両岸に集結させた。太平軍に長江を渡らせればもう清朝は累卵の危うさにある。天下分け目の決戦が長江をはさんで繰り広げられようとしていた。曾国藩の湘軍と李鴻章の准軍は固いかんぬきで締め付けるようにして南京を抑え込みにかかった。揚州、鎮江まで進出した太平軍が蘇州を目指すのは数日で足りる。蘇州では早くも太平軍に呼応する動きが起こった。蘇州が破られれば、上海は指呼の距離にある。

上海は大混乱に陥った。

資本主義が未踏の地にいきなり侵入したときの混乱と狂騒は想像を絶するものがあった。外国人商人は不平等貿易によって濡れ手に粟のぼろもうけをした。上海は開港五港の中で広州をぬいて飛び抜けた貿易額に達した。投資は過熱して、洋商華商が入り乱れて蜜にたかる蟻のように集まってきた。茶や生糸の輸出は一挙に数倍になり、いくら物があっても足りなかった。同時に英米から入る綿布を商人たちがどんどん奥地に売り込みに行った。アヘン貿易は倍増した。外国人商人は中国の銀を持ち出して物価をつり上げ、彼らの懐をさらに肥やした。

このしわよせが上海周辺の住民を塗炭の苦しみに追いやった。商人たちが安い綿布やキャラコを売りにくるので、農家の女たちの機織りの仕事がなくなった。五港間の旅客や物資の輸送は快速の外国船が引き受けたので、沿海輸送のジャンクをはじめ、上海周辺の河川、運河による平船運送でめしを食っていた水運業者や労働者たちはいっぺんに職を失った。それに五年越しの天候不順で、農民も食えなくなっていた。

おびただしい民衆が餓えに瀕していた。

これら一群の不祥事の原因はすべて外国人にあるとして、攘夷熱が盛り上がったのは自然の勢いである。折りしも上海周辺は太平天国軍封じ込めのために地元軍隊は動員されて空っぽになっている！

風雲来たる。機は熟せり。義に拠りて剣を興す。

こうして不満層を糾合して五月下旬に叛乱を起こしたのが、広東幇、福建幇を中心とした秘密結社上海小刀会の血のたぎる連中であった。上海人らしく機を見るに敏な彼らは、太平軍が上海に入城する前に、自分たちで上海を制圧して彼らを迎えれば、上海における主導権を握ることができると計算した。しかし、太平軍に認めてもらうためには、雑軍でないことをアピールしなければならない。それで彼らは、「反清復明、順天行道」をスローガンに掲げ、兵士は頭を赤い布で包み、帯や衿に赤布を用いて太平軍を模し、同盟の旗を掲げた。最高幹部の広東幇の天地会の劉麗川、福建幇の李仙雲、李咸池、林阿福、陳阿林らは公式の場で明代の衣冠を用いて漢民族の体制復活をデモンストレートしたが、ふだんは上海人らしく活動しやすい洋服を着用した。

最高指導者の劉は学者ふうのインテリで、早くから香港で秘密結社の天地会に入って反清活動をしていた。やがて上海に来て商売を始めたが、失敗して医者をしていた。医者の腕はよく、正義感が強くて貧民からは金をとらなかったので義士としてあがめられた。上海知事の呉健彰とは一時、ともに外国商社に傭われていた時期があったのでおれおまえの間柄だった。英語を良くし、イギリス人にも顔が知られていた。彼は広東幇系の小刀会を糾合した。

一方、福建幇の李仙雲はいつも輿に乗って街を行く上海マフィアの大ボスであった。お椀帽に八字ひげのすごみのきいた顔はそれだけで人に恐怖感を与えた。彼に上納金を納めないと何をされるかわからないと商人たちはいつもおびえていた。

李咸池は砂糖や綿花の貿易商人であり、林阿福は零細水運業者の棟梁であった。林は茶の貿易業もしていたので、外国人にも名が知られていた。

陳阿林は廈門、福州、上海のイギリス領事館で馬夫をつとめ、後にリビングストン洋行の馬夫に傭われた関係で英語が達者で外交上のマナーも身につけていた。洋服に革靴を履き、いちばん外国スタイルが身についていた。削げたような贅肉のない顔、鋼鉄のような筋肉質の身体から強い体臭がにおった。

彼らに共通するものは、上海者らしく目から鼻に抜ける頭脳の回転のよさと外国知識に通じていることであった。

彼らは太平軍が到着する前に、上海を奪取して少なからぬ戦利品と外国貿易関税の管理権を手に入れておけば、太平天国との合同後は有利な地位を築けるとふんだのであった。

ちょうど今、上海周辺は清軍が太平軍の防遏《ぼうあつ》に駆り出されて空である上、地方で農民の暴動が起こっていて、政府側の兵力は枯渇していた。絶好のチャンスだった。

そこで彼らはまず上海周辺の嘉定、青浦で兵を挙げ、楽々と県城を占領した。そこで隊員募集をすると、変化を期待した若者たちが続々と応募してきた。

大上海は清帝国の面子にかけても守らなくてはならない表玄関である。しかもそこには巨大な関税収入がある。だから死守しなければならない。道光帝は湖南省で叛乱軍鎮圧に功のあった曾国藩の湘軍と李鴻章の准軍に上海死守を命じた。

上海知事の呉建彰は太平軍が上海に近づくにつれて、頻繁に外国領事を訪れて武力介入を求めた。断られるとせめて大砲小銃などの武器を供給してほしいと申し入れた。

英米仏三国は中国内の動乱に対して中立を掲げたが、共同して軍事介入すれば太平軍に決定的な打撃を与えられるだろうと見ていた。アメリカ領事マーシャルはとくに強硬で、本国政府に即時介入を進言していた。イギリス領事のオルコックも、太平天国の徒党は全然条約というものを理解しない相手である上、アヘン貿易の禁止を掲げているからイギリスの既得権益の侵害者になり得るとみなした。そこでオルコックは三、四隻の軍艦を揚子江に急行させて威圧しようとしたが、そのときに南京陥落のニュースが入った。情報官ミドーはいろいろな情報を総合して、揚子江流域と以南地域はすでに漢民族の支配が確立し、もはや元に戻らないから列国の介入は長期的にみると得策ではないと進言し、租界が攻撃されない限り中立を守るという三国の態度が決まった。

小刀会の上海県城占領

太平天国に目を奪われている間に、思わざる伏兵が地元から起こったので上海は再び震撼した。嘉定城が落ちたと知るや、金持ち階級や中産階級は上海城から続々と租界に避難してきたので、租界の空き家という空き家、アパートというアパートはすべて貸し切られてしまった。貧民でさえも、厦門で起こったように清軍が入ってきたら住民は皆殺しに遭うという恐怖から、持てるだけの家財を持って租界に逃げ込んできた。彼らは租界の空き地という空き地に掘っ建て小屋を建てて蟻のようにそこにへばりついた。もともと租界は外国人オンリーの場所として隔離的に作ったのに、あっという間に中国人との混住地に変わった。中国人人口の方が外国人よりはるかに多くなった。

租界は専管であり、行政権は外国にあったから、これらの中国人は英仏の行政に服することになった。

世の中がどのように激動しようとも、長年の公式行事は変わらない。上海城内の孔子廟では、例年九月七日の祭礼を祝うため、牛、豚、羊などの生贄《いけにえ》が運びこまれ、盛装した大官小官が威儀を正して正殿前に整列し、知事ら高級官僚が到着するのを今や遅しと待っていた。すると式場の後方でギャーッという悲鳴が聞こえ、列がなだれのように崩れ、官員たちが雲の子を散らすように逃げ出した。なだれ込んできた小刀会の戦闘部隊六百が太刀をふるって刃向かう者をことごとく斬ったので、死体が会場を覆い始めた。他の城門からも後続の部隊が侵入し、ほとんど戦闘を交えることなく小刀会は上海城を占領した。袁祖徳知事は印鑑などの重要書類を持って逃げようとしたが、侵入軍に囲まれて惨殺された。官邸の中にいた呉健彰地方長官は捕虜となった。

上海周辺の嘉定、青浦、南匯、川沙に続いて松江も農民叛乱軍の手に落ち、金山、蘇州、寧波にも叛乱の大波が広がった。蘇州を落とせば、太平天国軍と直結し革命の大地がつながる計画であった。

しかし、一度落とした太倉が一万六千の政府軍によって奪回されたのを機に流れが変わった。清軍は南北から潮のごとく押し寄せ、宝山、青浦、南匯、川沙をことごとく旧に戻した。

こうして上海県城だけが孤立して残ることになった。約七千の叛乱軍が立て籠もるこの城は難攻不落のまま存続することになった。

当時の上海は周囲約六キロ、南北二キロ東西一・七キロの城壁で囲まれたほぼ角の丸い正方形をした城市であった。行政、商業の中心街区は城内にあり、イギリス、アメリカ、フランスの三租界は何もなかった新開地にできた。フランス租界がいちばん上海城寄りであった。城門は六個所あり、城壁の高さは約七メートル。城内には役所や会堂が甍《いらか》を列ね、商舗は百年の栄耀を誇って目抜き通りに櫛比《しつぴ》していた。

この県城が突然叛乱軍に占領されたので、上海の行政は空白になった。知事の袁や長官の呉の安否は不明であった。厳正中立を宣言した列国はいまさら介入することはできずに困っていると、小刀会側は列国に国交を求めてきた。

イギリス副領事のワードは城を訪れて、呉に会って健在を確かめた。アメリカ公使マーシャルは宣教師イエーツを通訳にして城に行き、劉麗川と次のような会話を行った。

「袁知事と呉健彰長官の安否についてうかがいたい」

「袁知事はわが軍の命に服さず抵抗したので残念ながら戦死された。呉先生は健在である。当方は太平天国を代表して貴国と従来通りの外交関係を継続する交渉を開始したい」

「呉長官はわが国の合弁会社の役員でもあるので、彼と家族の身柄をわが国が責任をもって引き取り、保護したい」

「呉先生は生命を保証され、当城内で本人が望むなら従来通りの執務をし、平穏な生活をされることに何ら異存はない。貴国が保護する必要はない」

「本人に会わせてほしい」

「それはご自由だ。直ちにここにお呼びする」

マーシャルは呉と会って無事を確認した。劉はマーシャルを城門まで送ってきた。そのときに、「もし呉が叛乱軍側に立つなら引き続き上海総督にさせたい、彼がそれを拒むにしても一命だけは助けてやるつもりである」と言った。マーシャルは「彼を城から連れ出すことができれば、アメリカは責任をもって彼を保護する」と再度申し入れたが、劉は返答を避けた。

叛乱軍の将領たちは呉の扱いについて両論があった。多数の者は、劉がマーシャルに言ったように生かしておいて元の職務を行わせたほうが対外的に都合がよい、と主張した。だが、福建幇は強硬に処刑を主張した。劉は昔の同僚で親友でもあった呉を殺すに忍びなかった。このような事情で、マーシャルを城門まで送ったときに彼は苦悶の表情を表した。

翌日、呉は英米領事あてに手紙を書いて、自分が軟禁されている場所を記し、領事の権力を行使して自分を救出してほしいと懇願した。領事側は中立を宣言している以上、介入は適当でないと返答するにとどまった。血の気の多いアメリカ副領事のカニンガムは二百名の陸戦隊を出して救出作戦案を立てたが、やはり無理だとわかり、宣教師のハルとスミスを呼んで呉の連れ出し策を検討させた。

外国人は城内の出入りが自由であったので、ハルとスミスはひそかに呉の軟禁場所を調べ、すぐにアイデアを思いついた。呉を出入り商人に変装させ、黒メガネをかけさせ、雨の日に傘をさして歩かせれば見破られないだろうという作戦であった。数日後に豪雨が降ったので、二人は早速実行に移した。あらかじめ二人の屈強な若者を案内役として用意し、長い帯を腹に巻かせておいた。連れ出しは成功した。一行が歩き出すと、兵士の一隊が近づいてきたので、若者の一人はこわくなって姿を消した。それで裏道がわからなくなった。あちこち迷い込んだあげく、やっとアメリカ宣教師住宅の近くの城壁にたどり着いた。城壁に上ると、高さは約七メートルあり、下を覗くと尻の穴がむぞむぞする恐怖である。ハルとスミスが若者の腹に巻いた絹帯をほどいて呉を吊り下げようとしたが、呉は危険だと嫌がった。そこでスミスが最初に下りてみせたので、やっと呉も従った。こうして全員が脱出し、北門外のイエーツの家に走りこんだ。そこにマーシャルが待ち受けていて、成功を喜び、呉を輿に乗せてマーシャル貿易会社まで運んだ。

同日中にロックハートらロンドン・ミッションの宣教師は城内に入り、呉の家族を租界のデント貿易会社に連れ出し、イギリス船に乗せて広東の実家まで運んだ。こういう芸当ができたのも劉が見てみぬふりをしたからであった。太平天国の洪秀全は劉のこの措置を知って烈火の如く怒った。

呉の脱出にアメリカが手を貸したことで叛乱軍の将領たちはいきり立った。とくに福建幇は中立違反だとして租界に威嚇的な騒擾を起こして警告した。租界は極度に緊張して守備軍を要所に配置し、ものものしい雰囲気になった。

一方、清国政府はいたく感激してマーシャルに感謝状を送った。

呉健彰は脱出後、上海城を奪回するために奔走し始めた。列国が中立を宣言しているので、その軍隊を傭兵として使いたいと申し入れたが、各国とも兵力は租界を防衛するのに精一杯で余力はないと断った。呉は蘇州、鎮江で兵を募集し、広東の伍崇曜に三二隻の軍船を送らせた。アメリカのみは全面的に呉を支援し、彼の行政執務と居住用にするため、汽船を貸与した。上海税関がストップしている間も外国貿易船は続々と入出港してきたが、税関の事務がストップしているので、彼らは関税を支払うべきかどうかが問題になった。大手の貿易会社は一時預かりの形で税額を銀行に預金したが、多くの会社は食い逃げした。アメリカだけはきちんと呉に関税を支払って武器の購入にあてさせた。

清国側は金員を惜しまず、続々と兵を上海に集結させ、その数約四千に達した。さらに他省から二千五百を加えて上海城包囲網を敷いた。清軍の水上部隊大小五百隻の船は江上から県城を砲撃する体制を整えた。さらに住民を強制的に義勇隊に編成して使役させ、要所要所に土嚢を築いて大砲陣地を構築した。富商たちは賊将を討った者には高額の懸賞金を出すと広告した。彼らはいつまでもこのような状態が続くと、商売があがったりになるので一刻も早く賊軍を追い払いたかった。

立て籠もる叛乱軍の兵力は約七千、これ以外に予備を合わせると約二万と言われた。武器弾薬は呉が金にあかせて買い溜めていたものをそっくり奪ったので不足はなかった。しかしそれでも足りなくなることを考え、焼き物の中に鉛を溶かし込んで砲弾をつくった。叛乱軍に加わった約四〇名の外国人が指導して銅製の榴弾《りゅうだん》をつくった。こうして彼らの兵器は原始的な木製の土砲から洋砲に変わり、火縄銃からモーゼル銃、ライフル銃、連発式ピストルなどに進歩した。彼らは住民を使役して城壁上に投石用の石を運びあげて備え、城壁の銃眼を白紙で覆い、小穴からのぞき込んで狙撃する方法を考案した。

難攻不落の上海城

最初の攻城戦は一八五三年九月二八日に行われた。清軍は黄浦江上の船から手薄と思われる特定の門に集中して砲撃を浴びせた。呉建彰の船隊は至近距離から八、九門の大砲で二五〇発余の砲弾を城内に降らせた。叛乱軍側も小東門外に築いた砲台から反撃した。一方、清軍の部隊約五千が西北側の城壁に攻撃をかけ、決死隊が城壁に梯子をかけて登ったが、叛乱軍側は上がってきた者を矛や槍で刺し殺し、下にいる敵軍に石や火をつけた木片などを落として撃退した。このパターンによる激戦が数日間にわたって繰り返されたが、成功しなかった。清軍の勇猛な兵が死ぬと、後続の兵はひるんでいくら督戦《とくせん》しても遮蔽物から先に進もうとしなくなった。

一二月初め、清軍は城の西北部にある四明公所という広壮な建物に数万袋の土嚢を運び込み、そこに五百斤から千斤砲を据え付けて城内に弾を浴びせ、城壁と同じ高さの櫓台をつけた攻城車を城壁に押し付けて兵をそこから攻め込ませたが、壁上の白兵戦でことごとく討ち取られた。

叛乱軍側は四明公所砲台を排除するために城から出て最大の地上戦になった。一二月七日、侵入した清軍は小南門から小東門に至る城外の市街に放火したので、折からの風にあおられて大火となり、二千軒の店舗家屋が焼尽《しょうじん》し、百年の富庶精華ことごとく殆尽せりと言われたほどの損害が出た。

翌一八五四年二月、清軍は城壁の下部にトンネルを掘りすすめ、二千斤の爆薬を仕掛けて城壁を崩し、そこから二千の清軍が突入したが、城内の二千の兵と白兵戦になって撃退された。籠城軍は、勢いに乗って四明公所砲台の砲一二門と小銃多数をろ獲《かく》して障害を除去した。城の住民たちは人海戦術で土嚢を決壊口に積み上げてたちまち穴をふさいでしまった。

このように清軍はあらゆる策を弄しても城を破ることはできなかった。

激戦区を見る

テーラーは髭もじゃのワイリー神父から上海城に行ってみないかと誘われた。まるでピクニックにでも行くような誘い方だった。

「エッ、大丈夫なんですか」とびっくりして聞くと、

「なあに、僕ら外国人は中立だからパスポートを見せれば入れるんだ。戦争していると言ったって、毎日やっているわけではないよ。あそこには信徒もいるから、ミサにも行かなくてはならないしな」といたってのんきであった。

それで、二人はイギリス租界からフランス租界を通って、城の北門に向かった。フランス租界はすぐ接していて、境界にうず高く土嚢を積んだバリケードがつくられ、大砲が城に向かって備えられていた。フ

ランス兵とイギリス兵がものものしく警戒していた。

　ワイリー神父が警備兵に外国人通行章を示したので、二人は北門の便利門から入り、教会に行って信徒たちを見舞った。驚いたことに、人々は日常的に生活しており、戦争の緊張感はみられなかった。

　テーラーはこんな世界があり得ることにびっくりしてしまった。

　がらがらと北門から食糧や生活物資を積んだ牛車が何台も通過していった。ワイリー神父は、

「ああいうふうにして外部から食糧も入ってくる。あの中には武器もかくしている。マーチャントは双方に武器を売ってもうけているんだ」と言った。

　テーラーは同じイギリス商人がそんなことをしているのが信じられなかった。城壁に上がって見渡すと、城に接した地域は遮蔽する家屋がことごとく破壊されて見るも無惨な廃墟と化していた。

「叛乱軍には四〇人もヨーロッパ人がいるんだぜ。二月革命の残党やイギリスの船員などが多い。血の気の多い連中だよ」とワイリー神父が言った。

　北門を出たとき、銃撃戦を目撃した。一人の清軍兵士が目の前で銃に撃たれて即死し、もう一人が胸を打ち抜かれて動かなくなった。三人目の男は腕を射ぬかれて苦悶していた。テーラーは駆け寄って三人目の男の腕をひもでしばって応急の止血をした。関節が砕かれ、腕がブラブラになっていた。ワイリー神父は流暢な上海語で、介護している男にミッションの病院に連れていくように命じた。

　すこし行くと、ろ獲《かく》した大砲を運んでいる数人の兵士に出会った。彼らの後ろに五人の弁髪を垂らした捕虜が引き立てられていた。ワイリー神父は、捕虜は叛乱軍からの逃亡兵だろうと言った。彼らはテーラーに哀れな声で助けを求めたが、たちまち棍棒でなぐられて急がされた。ワイリー神父は自分の首に手刀を当てて、彼らは数分後に斬首される運命にあるのだよ、と言った。

ロンドン・ミッションの病院は負傷した兵士や住民でいっぱいだった。大きな麻袋に入れた米袋が運びこまれて、難民に配給しているところだった。難民たちは袋や篭などを持って一列に並び、わずかな量を分けてもらった。何度も何度も腰をかがめて礼を言っている老婆がいた。診療所で負傷兵の治療をしていたロックハート医師は、イギリスは中立を守っているので、内戦の双方を問わず負傷者を治療しており、治癒したら元の部隊に帰していると言った。ミッションは戦場に近いので、教会の窓ガラスが流弾で破壊されていた。

その日、ロンドン・ミッションの近くに砲弾が落ちて炸裂した。二人の住民が重傷を負い、すぐ病院に運びこまれた。テーラーは道路いっぱいに流れている血を見て戦慄を覚えた。

泥城の戦

租界には外国人居住者約三百人のほか、商社、貨物倉庫、銀行に保蔵してある貴金属などの財産価値は二五〇〇万ポンドに上ると見積られ、英米の軍艦が停泊してその権益を防衛していた。

上海落城前後から金持ちが続々と租界に財産を持って逃れてきて、外国人用に建てた住宅やアパートを借りきり、土地という土地を買いあさって家を建てていた。このため、にわかに土地ブームが起こり、外国商人や買弁商人は不動産屋に変身し、ぬれ手に粟のもうけを手にした。しかも貧民まで押し寄せてきたので、わずかな間に租界人口は二万人に達し、最終的に八万人に膨れ上がった。彼らはアリが巣をつくるように、寸土を捜し求めて掘っ建て小屋をつくって住みついた。地上に住めなくなった者はボロ船を買い取って水上生活を始めた。

こうなると租界は少数の外国人が隔離的に住む特殊地域ではなくなり、巨大な数の中国人が混住する地域に変貌した。呉健彰上海知事が租界内に税関を移そうとしたとき、列国は租界内に清国の政府機関がわりこんできたのでは租界が消滅するとして、水兵を出して阻止した。英米仏三国領事は一大雑居地区化した租界をどうするかについて協議を始めた。

一八五三年一一月一四日夜、清軍数百名がイギリス租界内のイギリス商社を急襲し、叛乱軍側に輸送する直前の兵器類を差し押さえる事件が起きた。商社側は直ちに水兵と居留民義勇隊を派遣して発砲し、清軍一七名を死傷させて租界から退去させた。

租界内の外国商人はワイリー神父がテーラーに言ったように、清軍に武器を売る一方で、叛乱軍にも武器や食料雑貨などを供給していたので、清軍は利敵行為をしている外国商社を急襲したのは正当な軍事行動であると抗議してきた。

清軍は、北門を攻めるのに、フランス租界にある領事館や仏人邸宅、時計商などの建物が作戦上障害になるので、一時的に転居を求め、撤去移転費用を負担すると申し出たが、フランス領事はまったく相手にしなかった。

このような外国側の侮蔑的な措置に清国兵士の憤りが頂点に達し、テーラーが来た直後、英米人と清国兵との死傷事件が連発し、ついに英米軍と清国軍との戦闘状態に発展した。

一八五四年四月四日、イギリス軍艦エンカウンター号は黄浦江に係留中の清国兵船を猛砲撃して事前に清軍部隊の上陸を阻止し、他の二隻の兵船を追い払った上で、オルコック領事は米仏両領事の同意を得て清軍側に陣地を直ちに租界から東南方向に三キロ以上移動するよう最後通牒を発した。指定した定刻に移動を開始しない場合は、イギリス軍が出動して陣地を破壊し、同時に黄浦江上の清国艦船を拿捕《だほ》し、積載の貨物を拘留すると宣告した。

午後二時半、租界礼拝堂前に、英艦エンカウンター号、グリース号の陸戦隊二百名、イギリス人義勇兵五〇名、米艦プリマス号の陸戦隊七五名、アメリカ人義勇兵二五名、商船水夫ら三〇名、合計三八〇名が集合した。午後三時かっきりにイギリス軍を先頭に、アメリカ軍が続いて出発した。イギリス軍は野砲一門、アメリカ軍は攻城砲三門を馬にひかせ、先頭にはユニオンジャックと星条旗を並べてひるがえした。赤い軍服に羽根のついた軍帽の鼓笛隊を先頭ににぎやかに行進を開始した。それは何かのフェスティバルのような絵になる光景だったので、おびただしい群衆が街頭に飛び出して見物した。隊列が競馬場に到着すると、整列して清軍当局の最後通牒に対する回答を待った。

午後三時三〇分、清軍司令官より回答が届いた。曰く、

「現在、本部隊の駐留位置は貴国民居住区とは相当程度離れており、危険であるとは言いがたい。位置は欽差大臣尚栄の命によって決められたものであるから、撤去は大臣と貴国副領事ウイットモア閣下との商議の後決めるべきである」

さらに脅しをこめて、「現在、上海駐軍と各省の義勇隊はあわせて二万名を超える。もしこの事実を貴軍が考慮せず、軽率にも本軍営を攻撃するようなことがあるならば、駐軍および義勇隊がそれに甘んじるとは考えがたい。本官が統御できぬほどの激浪がまき起こるであろう。その責任はいずれにありや？　軽率な武力行使を思いとどまれよ」

軍人オルコックは無視して既定方針どおり進攻を命じた。

アメリカ部隊は左翼より競馬場をまわって南方向に移動を開始し、清軍陣地正面に向けて攻撃態勢を取った。イギリス部隊は西方向に直進し、側面よりの攻撃準備をととのえた。四時かっきりにアメリカ軍ケ

リー中尉は発砲を命じ、三門の砲が轟然と火を噴いた。イギリス海軍上尉モンゴメリーの指揮する野砲隊も正確無比に清軍陣地に次々に命中弾を浴びせた。兵士たちが一斉に小銃射撃を開始すると、すさまじい発射音と雲の帯のようにたなびく砲煙であたりはすっかり異常空間と化した。清軍も反撃を開始し、音量は耳をつんざくばかりになった。

このとき、なんと県城西門から叛乱軍が喚声をあげて出撃してきた。清軍はこれにむけて応戦を始めた。英米軍はこのすきに連発式マンチェスター銃を乱射し、火炎瓶を投擲《とうてき》しながら前進した。折からの順風にのって火炎瓶の火足が清軍のテントに燃え移り、火炎がめらめらと天に沖した。清軍側から撃つ銃砲の煙は逆風で兵士の眼をつぶし、照準が定まらない。叛乱軍と英米軍に挟撃された清軍はなすところなく撤退した。叛乱軍も引き揚げていった。

アメリカ部隊は退却する清軍を追って泥城浜西岸の防御堤まで達したところで、清軍からの射撃を浴びた。一名が戦死し、数名が負傷した。前面が沼地でやむなくそこで停止し、遮蔽物から清軍陣地に瑠弾を浴びせた。後続のイギリス部隊が架橋して喚声をあげて突撃し、清軍を蘇州河方面に圧迫した。英米軍の連係は巧みに運び、こうして二時間以内に戦闘は終わった。英米軍の損害は戦死四名、戦傷一三名であった。清軍側の損害はこの三倍と見込まれた。

上海泥城浜で行われたので、俗に泥城の戦と言われるようになったが、この小さな戦争が列国に巨大な利権をもたらすことになった。

まず、関税自主権と巨大人口を擁するようになった租界の行政権を清国側からもぎ取った。税関には三名の外国人税務委員および数名の外国人検査官が加わることになった。彼らは一切の通関書類を閲読でき、税票に署名し、各国領事はそれを参照できるシステムとした。これで一国の関税権は無きに等しいものになった。このような巨大利権と引き替えに、外国領事が代行徴収していた関税が中国側に返された。

一方、租界管理の面では、外国人、中国人の雑居状態を前提に租界の自治を行うことになった。英米仏の三国は共同で工部局という行政機関をつくり、租界内居住の中国人から徴税する権利および警察権を得た。工部局の五人の外国人役員は各国の副領事級が就任し、宣教師メドハーストもその一人になった。租界はその後ますます面積が拡大し、人口が増え、繁華になり、上海市イコール租界という面貌になった。以後百年にわたって中国側の行政権は租界に及ばなくなった。居住中国人に対する規制は厳しくなった。西洋人の邸宅付近に中国人は家を建ててはならない、燃えやすい材料による店舗の建築を禁じる、などの分離、差別が強行された。

香港やインドから大量の巡捕すなわち下級警察官がやってきて治安維持に当たった。テーラーが下船したときに道を聞いたのは、北インドからきたシーク教徒の警察官だった。


テーラーはロックハート医師の家で快適な待遇を受けていたが、いつまでも居るわけにいかないので、租界内の貸家を足を棒にして探し歩いたが、どこにも空家も空室も見つけることができなかった。実にまずい時期にテーラーは来てしまったのだ。ロックハート医師は、土地を買ってその上に家を建てるしかないよと言った。しかし、土地は不動産業者が買い占めていて目の玉が飛び出るほどの高値であった。

テーラーの派遣元である中国伝道会のピアース氏に手紙を書くと、とてもではないが、そんな余裕はない、租界内の洋館はあきらめて租界外の貸家を探しなさいと言ってきた。しかも、あろうことか、近くパーカー医師一家を派遣するから、そのための住居も探してほしいと書いてあった。

テーラーはあわてた。イギリス人医師は歓迎されたので、テーラーに問い合わせがたくさんきた。テーラーはやむなく上海城北門近くの家を借りることにした。二階が五室、一階が七室あり、相当なボロ家だったが、無いよりましという代物であった。値切りに値切ってやっと契約し、職人に中を清掃させ、床にタイルを貼り、壁を塗り直させた。残りの金で古物屋から安物の椅子、机類を買った。皿類もばら売りの色もまちまちのもので我慢した。ストーブも備え付けた。内装にバードン夫人がいろいろ手伝ってくれた。

こうして八月三〇日、長い間世話になったロンドン・ミッションの仲間たちに別れを告げてそこに移り住んだ。広間は教会用と診療室にあて、集会がない時間は子どもたちの学校に使うことにした。十数人の男女の子どもの応募があり、テーラーはメドハーストに紹介してもらったクリスチャンの徐先生に教師として来てもらうことにした。

こうしてパーカー医師を迎える準備ができたが、ほどなくそこをあきらめざるを得なくなった。というのは位置があまりにも交戦地域に近く、毎日のように砲弾が近くに落ちるたびに地が揺れ動き、ガラスがびりびりと鳴り出したからである。徐先生も危険だからと来なくなった。もはやこういう所にパーカー医師一家を迎えることはできないので、テーラーは必死に神に祈り、代替の方法を考えた。

突然、テーラーの新住居の内装を手伝ってくれたバードン夫人が出産後に急死するという不幸が起きた。バードンはすっかりしょげこんで、妻と楽しい時間を過ごした家にはもう居られないといって他に移り、テーラーに貸してくれることになった。その時、同じように住居に困っていた宣教師一家が割り込んできて、結局、その一家とテーラーとパーカー一家が雑居せざるを得ない羽目になった。

一一月二五日、ロックハート医師から至急呼び出しがあった。何事かと思って行くと、ロックハートと昼食をともにしている温厚な中年の紳士がいた。なんとこの人が到着したばかりのパーカー医師であった。この日以後、パーカー一家は割り込んできた宣教師一家とバードン家を分けて住み、テーラーはメドハースト家の小さな個室に移ることになった。パーカーは一時的にロックハートの診療所を手伝うことになった。

租界に住むイギリス人貿易商人や外国人商社マンは豪奢《ごうしや》な生活をしていた。たいていは土地を買ってその上に煉瓦造りの瀟洒《しようしや》な洋館を建てて住んでいた。使用人を数人雇い、庭にはポーチをつくり、芝生や花などを植え、犬を飼っていた。租界ができるといち早くただのような値段で土地を買い占めたのは建築会社と教会だった。教会はその上に教会、病院、託児所、学校、神父・宣教師などの住居などを建てる外に、数多の貸洋館やアパートを建て、家賃収入で教会費用をまかなうのが普通であった。とくに医師免許を持った宣教師の給料は高く、豊かな生活をしていた。したがっていくら戦時とはいえ、パーカー一家が狭い家の半分に押し込まれ、つましい暮らしを強いられている様子を見て、在留イギリス人たちは不審に思い、テーラーを難詰した。

「君たちの伝道会はいったい何をしているのかね。イギリス人の医師は貴重だから、土地を買って診療所と家を建てたらよいではないか。そんなこともできないのに何で人を派遣してくるのか」

しかし、彼らはテーラーの途方にくれた様を見ると、顔をしかめて黙って行ってしまった。

上海の物価はすさまじく暴騰し、年俸八〇ドルのテーラーの生活はたちまち行き詰まった。パーカー医師が到着する前に着くはずであった小切手はいつまで経っても着かなかった。

テーラーは毎日のように中国伝道会のピアース氏に催促の手紙を書いた。

「……何度もこのような手紙を書くことをお許しください。上海の物価は昨年の四倍になりました。何度もお願いしている小切手は、まだ到着しません。それについてのお返事もうかがえません。持参した金はとうに底をついてしまいました。コーヒーにもうミルクも砂糖も入れられません。夜は寒く、暖炉の火がないので凍える手でこの手紙を書いています。燃料の価格が倍くらいに上がってしまったからです。

私は今後どのようにしたらいいのでしょうか。何とかご返事をください。主が私たちをお救いくださいますようひき続きお祈りしてください。私が喜び勇んで担うことになった使命を果たすことができますように」

第3章

上海城の攻防

上海城攻略はなかなか成功しなかった。叛乱軍側も血路を開いて城を出ようと頻繁に出撃して政府軍を攻めた。しかし、たたかれると頭をすぐひっこめる亀のように小戦果を上げてはすぐ城内に退去した。彼我の消耗戦がいつまでも続いた。

交戦区にもっとも近いフランス租界は流弾の被害が大きく、カトリックの礼拝堂がしばしば被弾するので、フランス領事は連日のように叛乱軍側に警告を出し、やめないならばフランス軍を介入させるぞと恫喝した。

カトリック宣教師のM・ザビエルは英米領事と協議して、松江県長、上海知県に次のような提案を行った。

「日曜のミサのたびに城内を訪問しますが、住民は極度に食糧に困っています。洋銀一円でやっと米一二斤が買える程度で、早晩死活問題に達するでしょう。もし同意していただけるならば、仏英米領事が身柄保証人となって劉麗川に降伏勧告をしてはどうでしょう。彼らに城を出てもらう以外に民を救う道はありません」

オルコックも呉健彰に同様の提案を行った。

「貿易が滞って困っているまじめな者も大勢いる。しかし、今では密貿易や城内の叛乱軍に武器を売ってもうけている者の方がずっと多い。かといって彼らを取り締まることは領事はなかなか困難である。したがって叛乱軍に降伏してもらうことが、双方にとっても、城内の民衆にとっていちばんよいことではないか」

呉は「降伏の条件として下手人を差し出さないかぎり、奏上は難しい」と答えた。

こうしてにわかに列国と清国側との協議が頻繁に行われるようになった。

モンゴル人の清軍司令官チルカンアが、「心から降伏を宣誓した賊は、まず武装解除したのち、死罪免除証を発行して個別処理する」と言ったので列国も同意し、清廷に奏上することになった。

清朝当局の返答は、「城の返却、袁総督の下手人である潘、謝の引き渡しを求める。投降宣誓者は死罪を免除して、故郷に帰す。清軍入城後の住民に対する狼藉は厳重に取り締まる。武装解除した武器類は列国が暫時預かる」の四条件であった。だが、清軍司令官の許が、さらに劉麗川、林阿福の二名の引き渡しも付け加えたので、英米領事はこれでは到底だめだとあきらめて交渉を下りた。しかし、フランスのみは、さきの四条件に清軍側の捺印した文書を外交官四名が城に持参して単独交渉を行った。

フランス側は、撤退した場合には武装解除した武器を上海当局に渡すとは限らない、と付け加えた。

劉は文書を見て、すぐ突き返した。

「これは明らかな奸計である。死罪免除して故郷に帰すとあるが、笑わせるのもいい加減にしろ。わしの広東にいる眷属はことごとく家産を没収されて一家は四散し、手ひどい報復を受けた。断じて投降などできるものか」

こうして交渉はすぐ行き詰まった。

六月、イギリス公使ボーリンは宣教師メドハーストの息子であるウオルター・メドハースト秘書官を伴い、提督スターリングの旗艦に乗ってやってきた。そこで、早速、英米仏三国が叛乱軍降伏勧誘策を協議したところ、意外な結末になった。スターリングはクリミア戦争のために兵力を割くことができない上、日本に条約を強要するために至急海軍を下関に派遣しなければならないから、共同租界の兵力を削減したい、そのためには共同租界の防衛線をイギリス租界の線まで下げざるを得ないと言いだした。これを聞いてフランス領事は激怒し、議論は空中分解した。結果的には脅威のもとになっている叛乱軍に早く退去してもらうことが列国の共同利益であるから、そのためには彼らが受け入れ可能な最低限の投降条件を模索すべきであるという最初の出だしに戻っただけで散会した。列国は清国側に、下手人二名を引き渡す条件は、叛乱軍は絶対に受けつけないから、それを放棄するよう申し入れたが、チルカンアはノーを通した。

そこで三国はそれぞれ代表を出して城に行き、叛乱軍と会談したが、まったく相手にされなかった。イギリス側は、叛乱軍が単独に洋経浜以北の租界に武器を持って侵入しないという約定を取るに留まった。これにはフランス租界が含まれていなかったので、フランス領事エダンは、そんな勝手なことがあるかと怒り、フランスはイギリスと共同行動せず単独で軍事介入する気運がますます高まった。

清軍は二度にわたって大量の爆薬を城壁下に仕掛けて突入口を作ろうとしたが、いずれも失敗した。しかし、連日の消耗戦で叛乱軍側の損失も次第に大きくなり、劉麗川ら将僚はいずれ大団円がくるものとして、脱出ルートを開くため、頻繁に出城作戦を繰り返した。しかし、そのたびに優勢な清軍に阻まれて引き返した。

秋も深まったある日、しばらく顔を見せなかった孫先生がテーラーを訪ねてきた。憔悴しきった顔で、泣きそうな声で言った。

「テーラー先生、城に残っている妹の一家が心配です。城内では物価が上がって生活が大変です。それよりもなによりも、近い将来に清軍とフランス軍が共同して大攻勢をかける噂が飛びかっています。もし清軍が城を占領したら、厦門のように住民は皆殺しにあうでしょう。今、清軍のスパイが入り込んで免死票を配っています。叛乱軍に加担せず、清軍に協力するという条件で、これを持っている者は殺さないと言うのです。叛乱軍側はそれを受け取った者はすぐ差し出すか、焼き捨てるよう布告を出しました。だんだんおしまいが近づいてくるのかと思うと、私は居てもたってもいられません。テーラー先生なら城に入って叛乱軍の将校とお話しできるでしょう。妹一家を城から出してもらうよう交渉してもらえないでしょうか」

城内には教会があり、クリスチャンもいるから、外国人神父は日曜ごとにそこに行ってミサをすることができる。だから、テーラーは城内に入って妹夫婦と会うことはできるが、救出するとなるとこれは大問題であった。しかも一家六人だけを助けるというのも不公平な気がした。ワイラーやエドキンスに相談すると、そういう相談は山ほどきている、われわれ宣教師は特定の人間だけでなく、全体を救うように尽力しなければならない、という答えであった。

ある日、テーラーがクラブのレストランで昼食をとろうとして入っていくと満席だったので、ある恰幅のいい紳士のテーブルと相席になった。テーラーが挨拶すると、その紳士は分厚いステーキをナイフをぎりぎりいわせて切っているところであった。

「とにかく固い肉だ。ジャーディン・マジソンの船がオーストラリアから運んでくるヨークシャー産の牛肉に久しぶりにお目にかかれると思っていたらこの始末だ。現地の牛の肉ときたらゴムみたいなもんだ。まあ役牛とおんなじだからな」と紳士はぶつぶつ言った。

テーラーは紳士のあごひげにクリームスープがついているのが気になった。

「エキュスキューズ・ミー、おひげにスープがついていますよ」

「ありがとう」と紳士はナプキンでぐいとぬぐいとって、メガネの奥から鋭い目でテーラーを見た。

「僕の名はジョン・スカースというのだが、君は新しく来たパーカー医師のことで苦労している宣教師なのではないのか」

「よくご存知ですね。ハドソン・テーラーと言います」

「君は折角いい医者まで連れて来たのに、住宅に困っているそうだな。同情するよ。この時節だからね」

それからだんだん話が弾み、スカースは南京にしばらく滞在して太平天国を調べた時の話をひとしきりしゃべった。そして鋭い視線をテーラーに当てて言った。

「君はプロテスタントの宣教師だろう。この問題について君の意見を聞きたい」

「その問題については僕はまだ研究不足で判断できません。しかし僕の基本的な立場は、この国の将来はこの国の人が決めることであって、われわれ外国人が介入すべき問題ではないと考えております。僕は目の前で苦しんでいる人に手を差し伸べることしか考えておりません」

「その態度は立派だ。オルコックに言ってやりたいくらいだ」

スカースは今度はやわらかな視線でテーラーを見た。

「言っておくがね。今この国には大革命が起きようとしている。満州族の支配をひっくり返して漢民族の国家を取り戻そうとしているのだ。太平天国のホン・シュウ・チュアン（洪秀全）はキリスト教から理論を学び、儒教を捨てて、愛に基づいた政治をしようとしている。僕が南京に行ってこの眼でたしかめてきた。彼らはまだ幼稚ながら、この国にすばらしい連中が出現して新しいチャイナをつくろうとしているのだ。君ら宣教師はいったい何人の信者をつくったのかね。ちまちました努力で伝道したとしても、この国の三億の中国人の中のほんのひとにぎり、海浜の砂の一粒くらいしか獲得できないのではないのかね。ところが、モリソンの弟子が書いた一冊の『勧世良言』だけでホンが立ち上がった。揚子江の南はほとんど彼に従うだろう。そうすると曲がりなりにもこの大国がキリスト教圏になる。こんな重大な変化がかつて歴史で起こり得ただろうか。カトリックの神父は言うだろうよ。彼らはインチキだとね。プロテスタントでさえ、異端扱いにするのだから。

ノース・チャイナ・トリビューンのブリッジマンとは僕は親友だが、彼でさえ、太平天国は単に中華帝国という偶像を破壊しようとしている叛乱者で、キリスト教を看板に利用しているだけだと言っている。彼らが天下をとれば、また彼ら自身が偶像になるにすぎないとこきおろしている」

スカースはしゃべりだしたら止まらないといったふうであった。

「だが、僕はそれはあまりにもおごった観測だと言っているのだ。イギリスはホンを助けるべきだ。僕は太平天国の指導者を何人も知っている。彼らは自分たちと同じ神を信じているのになぜ西洋人は冷たいのかと言う。彼らにシステムというものを教えれば、彼らはすばらしく育つ。現に城内にいるあの叛乱軍のリーダーだってそうだ……。

いったいヨーロッパ人は何だというのだ。輝かしい革命、自由、平等を実現したのは、われわれヨーロッパ人ではないか。それがバルカン以東に来るとまったくやることが逆になるのだ。ホンらの真摯な気持ちをなぜわかってやれないのだ」

スカースの話がなかなか終わりそうにない調子で続いていると、彼のグループらしい数人がどかどかと入ってきたので、スカースはやっと話をやめ、テーラーと握手して立ち上がった。「君と会って楽しかった。また会って話そう。今日はこれで失礼するよ」と言ってグループに混じって出ていった。

テーラーはやがてこのスカースが叛乱軍と秘密交渉している本人だということを知った。

スカースはフリージャーナリストとも浪人ともつかない正体不明の人物であった。一八四七年に来華してからは単身であちこち奥地まで入り込んでいるらしく、やたらに情報に詳しい。イギリス領事館に出入りしてはさかんに自説を進言していた。流暢な中国語を話し、叛乱軍の首領である陳阿林とは、彼がイギリス商社の馬丁をしていた時からの親友だった。スカースはフランス軍の攻撃が始まってからは、どうしても城内にいる叛乱軍と住民の命を助けたいと思い、陳に会いに行った。スカースは砲撃で城内は相当に厳しい状況だろうと予想していたが、すっかりあてが外れた。兵士や住民はのんびりしており、陳は「フランス兵はいつ攻めてくるのかね。こっちはすっかり待ちくたびれているのだ」と軽口を叩いた。

「そんなことを言っている場合ではないぞ。フランスの武器を見くびってはいかん。なるべく早く城を出る算段をしろ。この前僕が言ったように君たちを英米の軍艦に乗せて台湾に運ぶのがいちばんいい方法だ。これなら英米仏三国で清側を説得できる。そのような交渉をすぐ始めるよう手配するが、いいか」

陳はせせら笑って言った。

「君たちの軍艦がまちがいなく僕らを台湾まで運ぶ保証があるのかね」

「三国の領事が国家を代表して言っているのだ。そこまで疑う必要はない」

「そういう話は荒唐無稽だ。君たちの軍艦に乗った瞬間に僕ら四千の将兵は捕虜同然になる。いったい誰がそんな話を信用できるかね」

「もうその話はやめる。それより英米の領事あてに、フランスの軍事介入を思いとどまらせるよう調停を依頼する手紙を書け。僕はそれを持ってすぐ動く。そうすれば時間が稼げるはずだ」

スカースがその手紙をもらわないかぎりてこでも動かない決心を示したので、陳もあきらめて部下に英文の手紙を書かせ、サインして大きな角印を捺した。スカースが持ち帰ってオルコックに見せると、オルコックは、

「ずいぶん思い上がった書き方だ。こんな態度では調停などする気にならん。スカース君もこれでは子どもの使いだね」と一蹴した。

スカースは頭にきて、もう一度城に出かけて行った。今度は陳だけでなく劉や副官たちにも同席しても

らった。スカースは熱弁をふるった。

「僕はどうしてもあなたがたの生命を救いたいのだ。新しい中華の時代を築く貴重なあなたがたの生命をむざむざ捨てさせたくはない。ここは一時後退してでも生き延びることを考えるべきだ。とにかく降伏してくれ。英米仏三国にだ。そうすれば三国は国家の威信を以て清側と君たちの生命を保証する交渉を行う。イギリス人は絶対に信義を守る国民だ」

　すると聞いていた副官の間から怒声があがった。

「いったいなぜわが軍が外国に降伏を申し出る必要があるのか。まだ戦争もしていないではないか」

「このままいけばフランスの軍事介入は必至だ。わが国はフランスとは同盟国であるから、租界の戦況如何によっては介入の可能性が高まるだろう。米国もそうなる」

　スカースはフランスの兵力を数字で示し、ナポレオン以来の強兵ぶり、艦砲の威力は清軍の比ではないことを述べると、ごうごうと非難があがった。

「ここは中華の地である。わが方は革命のための戦いをしている。それなのに何故にわれわれは無関係の外国に頭を垂れて降伏しなければいけないのか。フランス軍が来るなら来るがよい。われわれは絶対に負けない。イギリスが加勢しようとも最後の一兵まで戦う」

　スカースは言った。

「君たちの聖戦の意味はわかる。見上げた気概だ。しかしこの城を取り囲んでいる清軍の三重四重の包囲網をくぐって脱出するのはもう不可能に近い。それに太平天国軍との戦局も膠着状態で、彼らが上海まで出てくるには相当の困難があろう。何よりもここは策を弄して外国の力を借りて無事脱出を図るべきではないのか。その選択をするにはもうぎりぎりの期限だ」

陳阿林が言った。

「われわれは何度外国に騙されたことか。たしかに君たちのマーチャントは僕らにも兵器を売ってくれた。食糧も供給してくれた。しかし彼らはそれに倍することを清軍にしているではないか。君らの国のマーチャントは、この戦争を長引かせて双方に武器を売りつけてしこたまもうけることを策してきた。しかしあまりにも長引いたので貿易は停滞し、それで困り出した。それで今度は早くわれわれに出て行ってほしいと思うようになった。君たちはわれわれを安全地帯に輸送するという案を出した。君たちの軍艦がわれわれを乗せて南京まで運ぶというのならまだ話がわかろう。ところがそういうことはおくびにも出さず、最初の案は広東とか福建ということだった。その港には清軍が待ちかまえておる。次に出した案は台湾だ。あのような荒地にわれわれが捨てられたら、何故にわれわれが今日まで戦ってきた意味があろうか。われわれは革命の大義に生きておる。命などは惜しくはない。最後まで戦うことを同志たちは誓っておるのだ」

「そこまで言うなら、僕は引き下がるしかない。ただ僕は、君たちのような優れた志士たちを救いたいがためにこのような提案をした。それはわかってくれ」

「その気持ちは感謝している」

スカースは意気消沈して城を出た。オルコックに「彼らを南京まで運ぶしかない」と言うと、オルコックは「そんなことができると思うのか」と切り捨て、君はもうこういうことに口を出すな、と釘を刺した。

フランス軍は軍艦から超口径の大砲を取り外してきて、北門の前に砲台を築き始めた。いよいよ事態が切迫してきた。

テーラーのところに家庭教師の孫先生が何度目かに訪ねてきた。

「フランス軍は三トンもの爆薬を仕掛けて城壁を爆破し、三万の清軍を引き連れて一挙に攻め込むのだそうです。そうなったら叛乱軍はひとたまりもありません。清軍がなだれこんだら民家の総焼き討ちと皆殺しを始めます。私の甥っこたちを何とか助けてください」と泣きながら訴えた。テーラーは困ってスカースを訪ねて行った。

「スカースさん。イギリスとして何とか住民の生命財産を保証するような措置はとれないでしょうか。カトリックの神父は毎日のように城に行って、降伏するならフランス軍の介入をやめさせると言っているようです。叛乱軍の兵士にも、今のうちに城を出たい者はフランス軍の捕虜として身の安全を保証するというようなことを言っているようです」

「カトリックの神父はまったく相手にされていない。彼らがあれほどしつこいのは、ここで清側に手柄を売って松江の土地を買ってそこに天主堂を建てたいからだ。フランス大使はバチカンの代理役にすぎない」

スカースは自分も努力したが、降伏勧告は極めて難しい。三国は朝廷に対し、人道上から住民の保護を徹底するように申し入れており、朝廷もそのことを下達しているようだ、と答えた。

テーラーが孫の甥一家のことを話すと、スカースは「陳阿林司令官に紹介状を書くから、彼を訪ねていきなさい」と一筆書いてくれた。

テーラーが陳を訪ねていくと、大きな司令官室に招じ入れられた。洋装をして軍帽をかぶった陳が副官たちとお茶を飲んでいた。

陳はテーラーの訴えを聞くと、「住民のことは心配しないでもよい。われわれは住民に惨禍が及ばないよう万全の策を講じている」と答えた。そのとき連絡官が外国領事からの公文書を届けにきた。陳が開けてみると、英米領事の連署がしてあり、英語で書いてあった。陳はテーラーに「これは都合がよい。君、これを通訳してくれないか」と言った。要点は次のような簡単なものであった。

「英米両国は当面している重大な局面を平和的に解決するために貴官に最後の提案を行う。その条件は直ちに投降することである。そうすれば両国は責任をもって、官側に対し最大限の寛大な処理をするよう交渉する用意がある。貴官の速やかな回答を待つ」

陳はせせら笑って言った。

「これはさんざんわれわれを利用しておきながら最後には逃げをうつ姿勢だ。テーラー先生、君はこれを読んでどう思うかね」

テーラーはここぞとばかり声を高ぶらせてしゃべった。

「やはり降伏したほうがいいと思います。僕は太平軍についてはよく知りませんが、崇高な革命の意思に燃えている集団だと敬意を感じています。だからこそあなたがたは最後の機会を利用して身の安全を図るべきではないでしょうか。このまま推移すれば清軍はますます増強されてくるでしょうし、フランス軍の兵器は欧州で敵対国をなぎ倒したおそるべき威力を誇っています。したがってあなたがたに勝ち目はありません。命など惜しくないといわれますが、こういう場合には命を惜しむのが、われわれ西洋人の考え方です。英米両国家は民族の権威にかけて、調停をまかされたら最後まで忠実に職務を果たし、双方が満足すべき妥協点をねばりづよく探るでしょう」

陳はテーラーを手で制して発言を止めさせた。

「坊や、もういいよ。この話はこれ以上したくない。帰ったらわが軍は最後の一兵まで戦うと言ってくれないか」

テーラーは肩をすぼめて城を出た。夕陽が真っ赤であった。孫先生に何と言ってわびたらいいかそればかり考えていた。

テーラー、伝道に出る

テーラーはこれまで家探しの合間にロンドン・ミッションの先輩宣教師たちと租界内の伝道を行ってきたが、九月の中ごろにエドキンスとクオーターマンの三人で大型のジャンクをチャーターして黄浦江を下り、かなり東北の地域に上陸してちらしを配った。何事も問題は起こらなかった。

一二月になって地方の治安も安定してきたので、今度は泊りがけで遠征してみようとエドキンスがテーラーを誘った。

エドキンスは何度も内陸に入り込んできたつわものだった。

「たとえ捕まったっていいんだ。もし捕まった場合にマンダリン（清国の官吏）が僕らをどう措置するか、牢屋に入れるのか、あるいは強制送還するのか試してみたいんだ」

行く先は上海郊外のかなり離れた松江にした。ここにロンドン・ミッションが以前雇っていた語学教師がいるので、彼を訪ねる口実にした。

外国人は条約によって夜明けから日没までに帰れる範囲までしか行くことができない。しかし、冒険好きのエドキンスはテーラーならついてくるだろうと誘った。

チャーターしたのは五〇フィートもある大型のジャンクで、三人の乗員と一人の少年が乗っていた。ジャンクにかなりの量の宣伝用のパンフレット、ちらし、聖書、食料品、医薬品、夜具などを積み込んだ。万一の場合は船尾にイギリス国旗を掲げることにした。

エドキンスは、

「どうせ日帰りは無理だから舟の中に泊まればいいんだ。先輩たちは皆そうしているよ」と平気な顔をして言った。

舟は呉松に河口が開く黄浦江を四〇マイルほど南にさかのぼり、松江府というところに着いた。二人は上陸して寺を探しに行った。寺というところには民衆が集まっているので、説教するのにいい場所だからだ。

「その寺には長い間暗い部屋で座禅を組んでいるおいぼれのリビング・ブッダ（生き仏）がいるって聞いたんだ。まずそいつを見たい」

好奇心を満たすのもエドキンスの目的に入っていた。

寺の小僧が出てきて二人を中に案内した。座禅室にやっと手を差し入れられる大きさの小窓が開いていた。そこから二人が暗い中を覗きこむと、色あせた袈裟をまとった枯れ木のような生き仏がいた。これが噂に聞くリビング・ブッダなのかと思って見ていると、生き仏のほうも二人の異人を見て驚いた様子を示した。エドキンスは流暢な上海語で彼に「貴方はすでに救われている」と福音を伝えた。キリスト教では、相手がどう反応するかに関係なく、まずキリストの言葉を伝え、それを受け止めるかどうかは相手の問題である、という考えをする。

その後、二人が境内に出るといつの間にか黒山のような群衆が集まっていた。二人がちらしを配るとあっという間に何十もの手が伸びて奪いとった。字が読めない者も子どもも欲しがり、それだけもらって立ち去る者もいた。

エドキンスは高いところに上がって上海語で説教を始めた。その次にテーラーが自分たちは福音を述べ伝えにきたことを話した。群衆たちが理解したのかどうかまったくわからなかった。終わって船着場に戻ろうとしてまちがった桟橋に出てしまった。二人の後ろにおびただしい見物人がぞろぞろとついてきた。ぼろをまとった子どもたち数人が二人の前に出て、まるで珍しい動物でも見るように振り向いて眺め、出たり戻ったりした。群衆が道をふさいで通行もままならない状態だった。二人はジャンクが見当たらないので、遠くにいるジャンクに向かって大声で呼んだ。群衆はそれを見て、さも愉快そうに笑った。筒袖、長ズボンの服装、白い肌、青い眼の西洋人はまるでちがう生き物でもあるかのように彼らは好奇の眼で見続けた。二人は仕方なく偶然やってきた一艘の舟に飛び乗って、沖のジャンクに戻ることができた。

何という群衆の多さだろう！　自分たちに向けられる好奇の眼、眼、眼！　しかし幸いに敵意は感じられなかった。テーラーが異国の伝道に出てはじめて感じた印象はまずこれであった。

ジャンクに戻ってから祈りをささげ、食事をした後、日記を書いた。夜は深々と冷えてきたので、二人は毛布にすっぽり頭までくるまって寝た。

翌日、嘉善という街に上陸した。まず寺に行くと、女たちの一群が香を焚いて参詣していた。テーラーとエドキンスが境内に立っていると、たちまちおびただしい群衆に取り巻かれた。エドキンスは笑顔をつくり、なれた上海語で原罪と神の義、審判について話した。テーラーはそばに立って一心に祈った。群衆の一部の者はエドキンスの話を熱心に聞いている様子であったが、大半の者の視線は二人の一挙手一動作につれて動いた。

数人の騎馬隊が貴人を乗せた輿を先導して入ってきたので群衆があわてて散った。輿から端正ななりをした役人が下りてきて丁重な物腰で、二人にどのような目的でここに来たのかを聞いた。それから、危険であるから速やかに当県からおひきとりねがいたいと言った。二人は伝道のためにここに来た目的を話し、これから嘉興に行くのだと言うと、すぐ了解し、県境まで警吏をつけて護送しますと言った。二人は、その言葉をさらに奥地に入る了解を得たようにとったが、彼は要するに、やっかいなトラブルが起こる前にどこでもよいから自分の管轄地から早く立ち去ってほしいのだった。

翌日早朝、二人は嘉興の街角に立って伝道と診療を行った。できもの、外傷などの者にヨードチンキを塗り、眼病の者に目薬を点じてやった。治療が無料だとわかると、あとからあとから病人が連れてこられた。テーラーはこんな不潔な状態なら病気になるのは当たり前だときつく注意した。相手はわかったようなわからないような顔をした。

一段落してから、土地の史跡である乾隆帝遺跡を参観に行った。そこでも二人は黒山の人だかりに囲まれた。いつでもどこでも群衆はまるで地から湧いたように現れるのだった。彼らにとっては、乾隆帝遺跡よりも二人のほうが天下の奇観だった。エドキンスは彼らに上海語で説教し、ありったけのちらしを配った。

翌日は同じ街の郊外の泥でこねた家家を回った。黒い毛の豚やニワトリが放し飼いにしてあった。豚は前足でゴミの山をあさり、ニワトリは足でゴミを蹴って虫をついばんでいた。まるはだかの子どもがひび割れた手で水鼻をふいていた。暗くなって風が起こってきた。帰ろうとすると、何人かの者が待ちかまえていて話しかけてきた。

「あなたがたが話したことは真実である。あなたがたの本には真理が書いてある。これはすばらしい道徳である」などと口々に言い、舟のあるところまでぞろぞろとついてきた。

はじめての出張伝道で若い二人は三千冊の新約聖書と福音書を配り、七千部のちらしを配った。どこに行っても群衆が集まってきて、おびただしい手が伸びて奪い取るように持ち去っていった。そのうちの何パーセントの者が字が読めるかわからなかったが、二人はこの経験から障碍さえなければ伝道に何の困難もないことを知った。

テーラーは群衆の中に病人が多いのを見逃さなかった。イギリスではとっくに根絶した簡単な薬品の塗布や衛生の注意で治る眼病の者が多かった。最良の方法は病院を建てることだ。テーラーはパーカーと千ドルで敷地を買ってその上に教会、診療所、学校などを建てる計画を中国伝道会に提出していたが、伝道会はそれどころか、当座の生活費さえ送金してこなかった。テーラーは不本意ながらロンドン・ミッションの一員のようになって生活をまかなう以外になかった。

第二次伝道旅行

ロンドンの中国伝道会は、一向に送金してこなかったにもかかわらず、さらにもう一人の宣教師を派遣すると言ってきた。いったいどういうつもりだ！　上海にはもう住居の可能性がない。ここを引き払って新たに土地を購入できる都市に移り、そこで病院、薬局、学校、会堂、住居をつくる以外にない。しかし、現在、安全を保証できる地域は上海以外にない、というのが領事館の回答であった。

テーラーが胸に抱くチャイナ・インランド・ミッション（内地会）は、上海をセンターとして周辺の小都市に支部および診療所をつくり、それをだんだん奥地に広げていく構想だった。それはできるかどうかはわからない夢であった。中国伝道会にはそんな構想もなく、能力もないどころか理解してくれる者さえいなかった。

租界に住むイギリス人はチャプレン（教会にいる聖職者）や宣教師もふくめて瀟洒な洋館を建てて住み、庭に芝生を植え、バラを咲かせ、犬を飼っていた。ボーイ、コック、メイドなど本国では考えられない安い賃金で何人も雇い、すこし余裕のある家は自家用の輿かつぎ人夫を常備し、輿に乗って外出した。

ビジネスマンたちは、本国との連絡に毎日一、二本の手紙を処理するだけで終わったから暇をもてあましていた。午前一一時には電報を打ち終えて仕事が終わってしまう。あとはイギリス人専用のクラブに行って洋食のランチを食べ、月遅れのタイムスを読み、ウイスキーを飲みながら賭けトランプをするか、撞球をした。ウイスキーを水割りするときは、日本から輸入した清水を使った。たいていの者が乗馬やテニスやボーリングに興じていた。休日には、現地当局とトラブルを起こしてまでつくった競馬場に行ってギャンブルを楽しんだ。家族のある者同士は互いに招きあってパーティを楽しんでいた。

こういう人種にとっては、同じイギリス人でありながら、テーラーのように貧しい生活をし、わざわざ危険を冒して奥地に出かけて行くような宣教師は変人であり、彼らはいかがわしいことをしてもうけているマーチャントと同じように中国当局と摩擦を起こしかねないトラブルメーカーとみなしていた。彼らは、有能な医師であるパーカー一家を送ってきながら、ろくに送金もしてこない中国伝道会とはいったいどういう存在なのか理解に苦しんだ。テーラーは租界のイギリス人コミュニティと付き合うことはしなかったが、たまに集会に出ると、テーラーが醸し出す異様な雰囲気や臆面もなく〝ずれた〟言動をするので、どこに行っても理解不可能な男という眼で見られた。

だがテーラーはそういうことにまったく鈍感だった。奥地に行く目的は福音を伝えることがもちろんだが、パーカー医師一家の生活を助けるために奥地で安い燃料や野菜類を買ってくる目的もあった。彼はそのたびにいちいち交渉して舟をチャーターするのは面倒なので舟を一艘買って自家用に備えることにした。

フランス海軍提督のラグエールはフランスが単独で介入する意思を固めた。彼が動員できる兵力は約六百名だが、租界の防衛に半分とられるから実働は半数になる。もし城を攻撃するとなると、後続の清軍はたくさんいるが、彼はまったく信用していなかった。そこでイギリスの提督オコルガムに共同作戦を申し込んだが、返事はノーであった。やむを得ずラグエールは清軍の蒙古人司令官のチルカンアと具体的な戦術について打ち合わせた。まずフランス軍が城壁を爆破して突破口をつくりそこから侵入し、後続の清軍はすぐ濠に架橋して土嚢を運び込み、城壁上に拠点陣地を構築する。フランス軍は二手に分かれて城門をあけ、そこから待機中の清軍を入れて、一気に占領するという手はずを決めた。

一八五五年一月五日深夜、フランスの軍艦二隻の大砲で城内を砲撃し、未明五時、陸戦隊二五〇名が仏領事館前に集結して、砲二門で城の東北壁の破壊にかかった。煉瓦が崩れ落ちて破口ができた。先鋒隊が喚声をあげて侵入すると、前方に敵はいなかった。そこでフランス国旗を掲げて拠点を確保し、国王万歳を叫んだ。その時、叛乱軍は前方の倉庫の壁に重砲を据え、周辺の民家の壁に銃眼を開けて機会を待っていたのが、フランス兵には感知できなかった。一呼吸おいて叛乱軍の猛射が始まり、三名のフランス兵が戦死し、数名が負傷した。この間にフランス兵は二隊に分かれて北門と小東門に向かったが、叛乱軍の撒いた釘を踏んで立ち止まった者や落とし穴にはまり込んだ者は狙撃者の餌食になった。後続の清軍は城壁に土嚢を運びあげて陣地をつくり、フランス兵はそこに山砲を据えて叛乱軍のひそむ民家をあたり構わず猛砲撃した。山砲の威力で周囲の民家はたちまち瓦礫の山と化し、いたるところに火災が発生した。北門にまわったフランス兵がそれを開けようとしたが、土石や瓦礫でふさいであって取りのける作業に時間がかかった。やっと一人が通れる隙間をつくり、そこから清軍が入ってきた。一方小東門に向かったフランス軍は犠牲が大きく成功しなかった。

北門の隙間と梯子を使って侵入した清軍約千五百名と郷勇は、火炎瓶をあたり構わず投げて城内を火の海にして進んできたが、大部分の者は戦争より略奪を選んだ。そのすきに叛乱軍はときの声を上げて白兵戦に転じ、清軍は雪崩を打って退却した。広福寺の境内に逃げ込んだ清兵六〇はそこで全滅させられた。フランス軍は逃げてくる清軍をせき止めようとしたが、フランス軍に向かって発砲する者が出て、フランス軍も数名の清兵を撃ち殺した。案の状、清軍はフランス軍の期待にまったく応えなかったので、この作戦は失敗に終わった。

イギリス軍は参戦しなかったものの、さすがにオルコックはフランスに先を越されることに心おだやかでいられなくなり、イギリス軍部隊を率いてフランス租界の前線まで視察に来た。ここぞというときに支援に転じて、勝利の果実を共有するつもりであった。彼がもっとも恐れたのはフランス国旗が城壁にひるがえる瞬間だった。そうなればイギリスの面目は丸つぶれだ。しかし、幸いそうはならなかったので、オルコックは胸をなでおろした。そして敗退してくるフランス軍に、彼らの勇気を最大限に褒めたたえる美辞を贈った。

損耗はフランス軍戦死二六名、戦傷三〇名、清軍戦死四百名、戦傷千名以上に比べて、叛乱軍の損耗は戦死四〇名にとどまり、これは彼らにとって大勝利といって差し支えなかった。

清軍の戦意喪失ぶりは甚だしかった。フランス軍の敗報が伝わると反響がすさまじく、大げさな表現がヨーロッパの新聞紙上にのった。曰く、西欧先進国家の威信喪失、フランス軍が誇示した近代兵器の粋が原始戦術に破れた……などなど。ノース・チャイナ・ヘラルドは「ラグエールが彼の前面の敵の能力に対する判断を誤ったのではなく、ヨーロッパ人は常に絶対に優秀であるという信念が彼を誤らせた」と論じた。清側はラグエールを勇気ある提督と褒めたたえたが、本国からは無能の将軍として更迭されて帰国した。

テーラー、単独で奥地伝道する

一八五五年一月二五日、黄浦江は半分氷に閉ざされていた。テーラーは単独で船頭を雇って出発した。細い支流に入ると、氷で舟が進まなくなったので、上陸して荷物を担いで周辺の部落に福音を伝えて歩いた。

今度の地域は密輸業者が暗躍する地域であり、いつ強盗に遭うかわからない無法地帯だと言われていたので、白人の宣教師は誰ひとりそこに足を踏み入れる者はいなかった。しかし、テーラーは神に守られている「確信犯」なので、村々に入って行き、おぼつかない上海語のスピーチを行った。別に何事も起こらなかった。誰もがきれいに印刷したちらしと福音書をもらいたがったので瞬く間になくなった。そこで舟まで取りに行くと、学校の教師、学生と名乗る者たちがぞろぞろついてきた。テーラーはそこで長時間彼らと問答した。

次に川沙という県城に行った。そこでも大勢の群衆に取り囲まれた。字が読める階層は福音とちらしを見て非常な興味を示した。テーラーはここで病人に施薬をした。夜になって大勢の字の読める士紳階級の若者が押しかけてきたので、舟の中で夜更けまで語り合った。

南匯では一騒動もちあがった。洋鬼子がやってくるという知らせで、知事はあわてて城門を閉めよと命じた。このため交通が著しく渋滞した。テーラーはそんなこととは露知らず、舟を西門の外につないで夜をすごし、翌早朝西門からひょっこり入城した。番人が目ざとく見つけて直ちに注進に及んだ。知事は驚いてすぐ人をやって調べさせた。

「どうやら洋鬼子はたった一人のようです。武器は何も持っていません。人々に対して極めて礼儀正しくふるまっています。病人に診療や施薬をし、金銭は求めておりません。罪を悔いて身をただし、神を礼拝しなさい、というようなことを言っております」

報告を聞いて知事はやっと胸をなでおろした。城門を開けたので、大渋滞を起こしていた交通がやっと解けた。

騒ぎの発端となったテーラーは黒山の人に取り囲まれていた。彼はその輪の中で紙芝居の絵を用いてキリストの事跡を教えた。テーラーが動くとぞろぞろと人のかたまりも動いた。城外に逃れると、そこでも大勢の人に取り囲まれて診療をせがまれ、ありとあらゆる質問を浴びせかけられた。

士紳風の年配の男がテーラーの舟にやってきて船頭を叱りつけた。

「洋人を保護もなくこんな危険なところに連れてくるものではない。何と心得ておるのだ」

テーラーはそれを聞いて答えた。「僕はちっともこわくなんかありません。天地万物を創造された偉大な主が僕を守ってくださっているのですから」

翌日夕、輿を用意した一群の男がやってきた。死にそうな患者がいるのでなんとか助けてほしいというのであった。あまりにも熱心なので、テーラーが四人がかつぐ輿に乗って行くと、次第にあたりが寂しくなり、虫の音がかまびすしかった。さすがのテーラーも心臓が波打ってきた。外国人を誘拐して身代金を要求したり、殺したりする事件が頻々と起こっているのを聞いていたからであった。主は僕を助けてくださる、主は僕を守ってくださる、と何度も何度も自分に言い聞かせた。

輿は相当な道のりを行ったのち、やっと中程度の農家についた。奥の部屋の寝台に中年の婦人がマラリアを患って寝ていた。かなりの重態であった。テーラーがキニーネを与えると、いく分元気を取り戻した。

テーラーはとりあえずの看護措置を教え、数日分のキニーネを与えた。そしてちらしを渡し、福音を伝えた。「あなたがたは救われています。悩む必要はありません。キリストを学んで信仰してください」

彼らは診察も薬も無料であることを聞くと、床にひざまずいて何度も叩頭《こうとう》した。そして脚を結わえた生きたニワトリを二羽土産にくれた。ニワトリは生きがいいので羽をばたばたさせた。テーラーは苦笑して断った。二日後、テーラーは上海に戻った。

上海城の大団円

フランス軍の作戦は惨敗したが、最終的に兵糧攻めが功を奏することになった。

フランス領事と清軍はいつまでたってもイギリス租界から城内に密搬入される兵器や食糧が後を断たないので、堪忍袋の緒を切らし、オルコックに厳重な抗議を申し入れた。オルコックも無視できなくなり、厳正中立を守らず、国際協約に違反している商人は清国側に逮捕されても保護措置を講じないと通告し、悪質な者は本国法に従って厳罰に処すと声明した。

城への通路を物理的に断つために、清国側は租界と城とを遮断する厚さ約一メートルの隔壁を築造し始めた。全長約二千メートルに及ぶものを完成させようというのだから気が長い話である。フランス軍はこの工事に全面的に協力し、工事現場の要所要所でフランス兵とボランティアの民兵が密搬入を阻止し、三隻のフランス軍艦が黄浦江に停泊して城内に物資を補給する船舶の航行を禁止した。清軍は城壁に近づく者を誰かれ問わずしらみつぶしに逮捕したので、唯一のルートとして残っていた住民むけの食糧品の搬入もストップした。警備の手薄な南側から暗夜ひそかに物資を運びこむ農民や叛乱軍の支援者や闇商人も姿を消した。

城内にはまだ二、三万人の住民がいた。米麦や野菜類に至るまで完全に物資が入らなくなったので、住民の困苦は頂点に達した。草木樹皮から犬猫雀ねずみ、蟹、昆虫類まで食い尽くし、飢民は叛乱軍の司令部の前に集まって泣いてののしった。叛乱軍側も粥をすすり、革靴まで煮て食べた。餓死する者が増え始めた。叛乱軍の中から飢えに勝てず、城壁から飛び降りて清仏軍に投降する者が出始めた。

叛乱軍首脳の間で、銃器と体力があるうちに城を脱出する計画を議論し始めた。しかし、いつどういう条件の下に行うか、その方法をめぐって激論になった。ルートとしては上海郊外の松江を奪取して、ここを根拠地にする案、租界内の地下組織を蜂起させて混乱を作り出している間に租界を突破して蘇州に出る案、呉松から船で大洋に逃れる案などが出たが、いずれの案も圧倒的な数の清仏連合軍を前にして実現は困難と見込まれた。一部の者が出撃して脱出を図ったが、少なからぬ犠牲を出して引き返してきた。

陳阿林はスカースに救援を頼んだ。スカースは住民の犠牲を少なくするため、まず住民を城から出し、その後降伏する意思があるならば城壁の指定する位置に赤旗を立てろと手紙を使者にもたせた。スカースは使者が確実に届けたのかどうかいらいらしながら二日間待っていた。二月一五日、叛乱軍が赤旗を立てたので、スカースはワード副領事とともにフランス領事ラグエールを訪ね、一切の経過を説明した。ラグエールは叛乱軍の無条件降伏を受け入れ、フランス軍の捕虜とすると言明した。しかしあくまでもスカースが単独で交渉することを禁じたので、スカースはフランス側の回答を手紙に書いて自分で届けようとしたが、禁止され、託した手紙は相手側に届かなかった。叛乱軍側は回答がなかったため、ついに最後の手段にでた。最終的に叛乱軍のトップが決めたのは、重囲を突破して鎮江に向かい、太平軍に合同する作戦であった。

劉麗川と陳阿林はそれぞれの隊を従えて西門外の某地点に集合し、清軍中の支援者の誘導で暗夜に乗じて中央突破することを申し合わせた。

一七日午後、数百名の逃亡者が出て、約二百名がフランス軍に投降し、約五〇名が米軍に投降した。その他は租界の各所に逃げ込み、一部は海に、一部は荒野に逃れた。フランス軍の捕虜になった者はそのまま清軍に引き渡され、直ちに斬首された。

その日の深夜、劉麗川率いる一隊は清軍中の同志に誘導されて清軍の駐屯地を無事に突破したが、翌朝清軍と邂逅して激戦になった。長期にわたる飢餓と徹夜の行軍のため兵士の疲労は甚だしく、勇猛に戦ったが、三十数名が捕虜となり、劉以下の将兵はことごとく戦死した。

劉隊と同時に西南方面に出た二百名の一隊は松江に向かったが、一三〇名の損害を出し、わずかな者のみが逃げおおせた。

陳阿林隊は暗夜に道を失い、墓地の間を行きつ戻りつして到着予定地にたどり着くことができなかった。仕方なく租界に流れこみ、一部は米軍に投降した。大多数の者は清軍に捕えられて斬首された。陳は強運で、民家にかくまわれ、イギリス買弁会社社長の友人が彼を自分の従僕に扮させてジャーディン・マディソンの商船で香港に逃れさせた。陳はその後シンガポールに潜入した。清軍司令官のチルカンアは陳の引き渡しを求めてイギリスのシンガポール当局と交渉に入ったが、逮捕できずに終わった。

劉、陳以外に徐燿の指揮する一隊一六〇名は小東門と北門から出たが、全員が捕虜となった。二隻のジャンクに乗って浦東方面に逃れたグループも清軍に猛追され、全員が海中に身を投じて藻くずとなった。

残余の叛乱軍兵士もことごとく捕えられて処刑された。

叛乱軍に加担していたフランスの二月革命の猛者たちだけが、ラ・マルセイエーズを歌いながら投降した。イギリス人水夫約十名はイギリス軍に投降した。彼らは直ちに本国に強制送還された。

こうして大団円は幕を閉じた。

スカースは最初、もし自分であの手紙を届けたならば、このような悲劇は避けられたのではないかと思った。フランス軍が捕虜を受け入れたならば、文明国としての措置をしたであろうと思ったのである。しかし、フランス軍は文明国としての措置をせず、国家として恥ずべき最大のことをした。スカースは万斛《ばんこく》の涙を流して、次のように追悼した。

「兵士たちの多くは彼らの上長と正義の戦いのために無限の忠誠を尽くした。……彼らは名もない貧民であるが、かぎりない純良と誠実さを示した。これは文明国家の最良質の人々に匹敵する崇高さの極致である」

スカースは多くの住民が叛乱軍とは何の係累もないにもかかわらず、身の危険を冒して叛乱軍兵士をかくまい、莫大な懸賞金に眼もくれず救援の手を差し伸べ、捕えられて処刑された事実に感動した。これは上海人が永遠に誇ってよい崇高な美であると書き加えた。

二月一七日夜、清軍はもぬけのからになった上海城内に雪崩こんで乱暴狼藉のかぎりを尽くした。

ロンドン・ミッションの医師ロックハートは夜一一時に巨大な爆発音を聞いてベランダに出てみると、城の南面から火の手が上がり、それが瞬く間に広がって次々に爆発音が起こり、巨大な火柱が天に沖するのを見た。空全体があかあかと照らし出され、その光景はこの世の終わりを思わせた。この火柱は清軍が投げた火炎缶によって兵舎の屋根を葺いていたアンペラや蓆《むしろ》などが一気に燃え上がったものだった。火の舌は城内の商店街をなめ尽くし、市内の建物の三分の一が灰燼に帰した。

翌日、清軍将兵の略奪が始まった。彼らは金目になりそうなものは家の窓枠まで壊して運びだした。叛乱軍の残兵狩りはすさまじかった。憎悪に燃えたぎった清兵は各戸に入り込んで部屋の隅々まで調べ、箪笥、甕、櫃、棺などの類をすべてひっくり返して、中にひそんでいた叛乱軍兵士を引き出した。かくまった住民も女子どもの別なく刑場に運んだ。

この日、テーラーはパーカー医師らと近郊の青浦に伝道に行っていた。一行は小高い丘の上から上海城がもうもうと黒煙をふきあげている様を望見した。租界がどうなっているかが心配になり、急いで引き返した。一行は、上海に近づくにつれてすさまじい地獄の様相を見ることになった。叛乱軍の残兵たちが助けを求めてすがってきたが、官兵が次々に彼らを棒で殴って連行していった。

黒山のような群衆の垣がぐるりと丸く広い平面を取り囲んでいた。それは一見ローマのコルシウムに似ていた。テーラーは何事かと思って、群衆の頭越しに平面の中を見た。手足を縛られて地面にひざまずいて並んでいる男たちが見えた。

平面の真ん中辺に筋肉の盛り上がった上半身裸の男が青龍刀を下げていた。その前に両手を縛られた捕虜が据えられると、男が一刀で捕虜の首を切り落とした。まるで機械が大根を切るような簡単な動作だった。二人の男が死体を引きずって行って浮草で緑一面になっている水溜りの中に投げ入れた。その間、首きり役人は雑巾のような布で青竜刀の血をぬぐっていた。順次、次の男が座らされ、同じようなことが繰り返された。群衆はものも言わず遠くからそれをじっと見ていた。テーラーは黒く積まれた小さなピラミッドのようなものが何なのかわからなかったが、それが人間の首だと気づいたとき、烈しい嘔吐感に襲われてそこを抜けだした。

テーラーが恐れていた租界の破壊はなかった。ロンドン・ミッションのガラスが破られた程度だった。

清軍の兵士たちは租界を守ったことに恩きせがましい態度を示し、金銭を要求した。

ロンドンを離れてほぼ一年の間に、テーラーは何という暗黒の底面を見てしまったことだろう。それはまさに黙示録の世界だった。

あれほど毎日聞こえてきた砲声も銃声もはたと聞こえなくなった。自分は聾唖になったのかと思った。これは平和が戻ったのだろうか。それとも死の世界が訪れたのだろうか。

テーラーは泣きながらロンドンに手紙を書いた。

「上海はやっと平和を回復しました。しかしそれは死の平和です。少なくとも二千人の人々が殺されました。犠牲者に強いられている苦難はあのスペインの宗教裁判所の暴虐をも超えるすさまじさです。上海城は廃墟と化しました。かろうじて生き残った難民の哀れさは正視するに忍びません。

戦争とは何と恐ろしいことでしょう。南門から北門の間に六六個の首と何体もの死体がさらされているのを見ました。首の中には、白髪の老人や女子どもの首までありました。こんな恐ろしい光景もここでは当たり前になっていて、誰も見ようともしません。このような世界があるでしょうか。僕は気が狂いそうです。神よ、僕をお守りください……」

条約違反

上海に静けさが訪れた四月、テーラーとジョン・バードンは長江を航行するジャンクをチャーターして崇明島に行く計画を立てた。船員以外に二人の中国人助手も同行させることにした。ちらし、聖書、食料品、医薬品、寝具などを積み込み、未明に出発した。崇明島は長江の河口にある大きな洲であるが、名のとおり島といってもよいほど大きかった。上海から望見することができるほどの距離であるにもかかわらず、カトリック以外のどの宣教師も脚を踏み入れたことのない地域だった。

上陸してみると、予想以上に大きな街だった。二人が路傍で医療伝道を始めると、役所の許可を取った方が良いと忠告してくれる人がいた。そこで崇明県の知事を訪問し、来島の趣旨を説明した。若い知事は構えた態度を示したが、礼儀正しく彼らを応対し、ちらしと福音書を受け取った。二人の説明を詳しく聞いた上で、伝道することについてはとくに反対しないと答えた。

この島は人口が多く、二人が廟の庭で説教を始めると物珍しさから大勢の人が集まってきた。年長のバードンは高い段に上がって流暢な上海語で説教を始めた。しかし、遠くまで届くように声を張り上げすぎたので、すぐ声がかれてしまった。そこでテーラーと交替した。背の低いテーラーは青銅製の香炉の上に上って黒山の群衆に向かってありったけの声をしぼってマタイ伝の一節を説教した。聴衆はこれまでの群衆とちがって静かに聞いてくれた。しばしば相槌を打つようなしぐさを示す者がいたので励まされた。

二人はその後、崇明県の小中学校を回り、教師たちに福音書を贈った。教師たちは字が読める士紳階級なのでありがたそうに受け取った。

二人がジャンクに戻って水上を滑るように行くと、絶景が開け、二人はすっかりいい気分になった。そこで船員に島の北岸に出て東に行けと命じた。すると、彼らはそろって危険であると反対した。テーラーは当初の計画通り行くように強く命じ、彼らが勝手に進路を変更しないように羅針盤を見守った。しかし夜になって二人が寝入ったすきに進路を変えられてしまった。着いたところは海門という街であった。ここで布教を行い、二人の話に関心をよせた兄弟と知り合った。この兄弟は有力な信者になる可能性があったので、今後も継続して訪問することを約した。

翌日、舟は滑るように江上を走った。行く手に狼山が見えた。気候もよく、あまりにも風景が美しいので、二人は登山を楽しむことにした。登るにつれて次第に視界が開け、五峰に分かれている山なみが望見された。程近い山頂にある寺塔の屋根が春の陽光を受けて塗ったばかりの漆のように光っていた。中腹に大きな寺があった。石のきざはしを登って行くと、路傍に野花が咲きこぼれ、古木が天を覆い、はるかな距離にある古寺の赤屋根が緑の中に点綴《てんてい》しているのが見渡された。下の方を見下ろすと長江に大小の白帆が浮かび、二人は雄大なパノラマに心を奪われてその場に立ち尽くした。

「狭い租界に比べて何とこの光景は美しく雄大なのだろう！　しかし美しく見えても、この世界は本当は暗黒と迷信と罪に覆われた世界なのだ！　まどわされてはならない。僕は一刻も早く奥地にわけ入ってキリストを知らない民に福音を届けなければならない！」

テーラーは自分に強くそう言い聞かせた。闘志がうずうずと沸き上がってくるのを感じた。

妻を亡くしたばかりのバードンは、すっかり心が慰められたようであった。

翌朝早く、二人は七マイルほど離れた南通市に舟で向かった。大きな街が見えてきた。テーラーは戦場に向かう兵士のように心臓が高鳴ってきた。昨日みはるかした天国のような景観も悪魔がカモフラージュしているだけで、悪魔はかならず牙をむき出して行く手を阻むだろう。昨日会った教師たちは、中国人はフランス人もイギリス人も区別がつかず、白人はすべて殺せという気運があるから奥地に行くのは止めたほうがいいと忠告してくれた。しかしテーラーたちにとっては、危険だから行くのを止めるというのは神の使徒ではない。自分の生命は神のみこころのままである。神がついている以上、何ら恐れることはない。いかなる者も神のしもべの行く手を阻むことはできない。テーラーはそう自分に言い聞かせて自分を勇気づけた。

それでも、テーラーとバードンは、もし自分たちが帰らなかったら、直ちに状況を判断した上で、上海に急ぎ帰って報告するよう船員に命じ、ちらし類を二つのバッグに詰め、一人だけボーイを連れて手押しの一輪車夫を雇って出発した。

歩き始めてすぐボーイは、この先は軍人が不法を働くから行くのは止めたほうがいいと言う村人の勧告を聞いて、帰らせてほしいと言いだした。二人はそれを許し、自分たちで荷物を担ぐことにした。またすこし行くと、人相の秀でた長者ふうの人が現れて、行くのは止めなさいと同じような忠告をした。二人は長者の親切を謝し、さらに進んで行った。

「前途にどんな危険がまち受けているかはわからない。それが監獄であろうと、はたまた死であろうと、それは知ったことではない。われわれは福音を知らない南通人に伝える使命があるのだ。主のお命じになるままに行くしかないのだ」

二人は逆にますます高揚した。すると一輪車夫もこれ以上行きたくないと言いだした。そこで彼も帰し、新しい車夫を雇うことにした。

雨がこやみなく降ってきたので、路は泥沼化し、膝近くまで泥だらけになった。靴の中がじゅくじゅくになって歩くのが困難になった。不安感と不快感でくじけそうになる気持ちをテーラーとバードンは大声で聖句を朗唱し、賛美歌を歌って励まし合いながら進んだ。途中、小部落を通過した際に、テーラーははじめて北京語で説教してみた。すると、一人の男がもう一人の男にそれを上海語に訳して聞かせているのを聞いて、テーラーは嬉しくなった。

「あっ、僕の北京語が通じている！」

二人は文字の読めそうな者だけに聖書の抄訳とちらしを配ってその部落を通過した。やがて繁華な街に入り、行く手に篇額《へんがく》を掲げた城門が絵のように見えてきた。行き交う人数が増えた。数人の兵士とすれちがった。何事も起こらなかった。

城門に近づいたあたりで、バードンはいきなり肩を何者かにつかまれた。テーラーが何事かとバードンの方を見たとき、たちまち二人は十数人の兵士に取り囲まれ、足げりにされた。そして髪をつかまれて首を締めあげられた。こうして二人は城門に向かって引き立てられて行った。速足で歩かされるので、テーラーはバッグの重みで肩がひりひり痛み、汗みどろになった。指揮官らしい男が「これから役所に連れて行く」と言い、別な男が、直ちに殺してしまえと言っているのが聞こえた。

テーラーはバッグから名刺を出して、自分たちはイギリス人であることを言い、その筋の役所に行って身分を証明するからそこに連れて行くように要求した。長い道のりを歩かされてやっと官舎のようなところに着いた。バードンもテーラーも疲労でへとへとになり、壁によりかかって荒い息を吐いた。バードンが椅子と飲み物を要求すると、ここで待っておれ、と言って上官らしい男が二人の名刺とちらし類を取り上げて中に入っていった。長い間待たされている間にまわりに群衆が集まってきた。バードンは刑場に向かうキリストのような心境になって彼らにキリストの言葉を伝えた。上官が戻ってきて、ここでは処理できないから、さらに上級の役所に連行すると言った。二人はしばらく休憩が必要であるとねばって椅子と茶を要求すると、やっとそれが運ばれてきた。再び連行されることになったので、バードンは毅然とした態度で輿を要求した。兵士たちはあれこれ言い合ったあげく、輿がやってきた。

「どうやら最悪の危険は去ったようですね」

とテーラーがバードンに言うと、バードンは目でにっこり笑った。

二人は集まってきた大群衆にほほえむほどの余裕が出た。群衆たちは、どうやらあれは罪人ではなさそうだと話しているのが聞こえた。輿は城の中のもう一つの門をくぐったので、てっきり監獄かと思ったが、篇額のある立派な中門だったので、知事庁舎であることがわかった。ここは県と呼ばれている役所より上級の役所らしい。再び玄関で長時間待たされたあげく、知事室に通された。八字ひげを垂らした知事は傲岸な態度で腰掛けていた。役人たちは土下座して彼に叩頭した。テーラーたちにもそれにならえと命じたが、二人は立礼ですませた。知事は立ちあがって二人を応接室にみちびいた。副官や諸役人たちもぞろぞろとついてきた。

バードンはこの地を訪問した目的について述べ、持参した聖書とちらしを受け取って頂きたいと鄭重に述べた。知事が了解したので新約聖書と旧約聖書の一部およびちらしを手渡し、バードンがそのサマリーについて述べた。知事は注意深く聞いていた。それから茶が運ばれてきた。テーラーはここに連行されるまで不当な扱いを受けたことを訴え、二度と外国人にそのようなことをしないよう要求すると、知事はうなずいた。それからけっこうな時間をかけてあれこれ聴聞した。お前たちの国はどこにあるかと聞き、イギリスだというと、それはインドの西にある国かとトンチンカンなことを聞いた。最後に二人の市内見学が許された。持参したちらし類を配らせてほしいと言うと、知事は許可し、副官に命じて二人を玄関口まで送らせた。それから先は数人の護衛兵がついた。テーラーとバードンは護衛兵を後ろに従わせた形で、市中や孔子廟などを訪問し、群衆に持参した全部のちらしを配った。つめかけた群衆で通行が困難になったので、護衛兵たちは怒声を上げてむちを振り回して彼らを追い払った。こうしてテーラーとバードンは凱旋したかのような形で、小舟のある船着き場に到着した。

二人が上海に帰ってくると、イギリス領事館から出頭命令が来た。二人が行くと、副領事のワードは「よく無事で帰って来たものだな」とあきれ顔で二人の顔を眺めた。

「あそこはもっとも排外主義の強い清軍部隊のいるところだ。よりによってよくもそんなところに行ったものだ。中国側から君たちの条約違反について抗議を受けた。無事に保護して帰らせたという照会があった。これは明らかな条約違反であるから当方は反論できない。もし事件でも起こったら君たちの先輩が起こした青浦事件の二の舞いだ。いったい君たちは先輩たちからどういう教育を受けているのか」

青浦事件というのは、ロンドン・ミッションのメドハースト、ロックハート、ムアヘッドの三人が一八四八年に起こした事件である。英清協定で外国人が行ける範囲は夜明けから日没までに帰れる距離内とし、行った先で夜を過ごしてはならなかった。三人は早朝、水路を使って上海から三〇キロ離れた青浦に行き、廟の前で地元の水運労働者や住民に説教をし、ちらしを配った。すると人相の悪い数名の男が自分たちにもくれと要求した。三人が拒んだので喧嘩になり、ロックハートはステッキで目の前の男を二度殴りつけ、もう一人の男の顔にも擦り傷を負わせた。情勢は一気に険悪になり、三人はすばやく逃げたが、二、三十人の水運労働者が追いかけてきて暴行を受けた。中国側史料では「軽傷を負わせた」とあるが、イギリス側記録では「ロックハートは頭から多量の血を流し、メドハーストは頭と膝、ムアヘッドは太ももをしたたか殴られ、帽子、眼鏡、時計、衣服などを奪われた」とある。彼らは三人を縛り、一万五千元の身代金を取るか、廟の前で殺そうと言い合ったが、いちおう城に連れて行った。知事は知らせを受けてすぐ役人を出して三人を救出し、護衛を付けて輿で上海に帰した。

この事件は明らかに条約違反であるが、香港総督兼駐華公使のボンハムと領事オルコックと代理のパークスは外国人傷害事件にすり替えることにし、四八時間以内に犯人を逮捕懲罰しないかぎり、上海港を封鎖すると恫喝外交を展開し、軍艦を南京にさしむけて両広総督の徐広縉に直接交渉した。結果は一〇名の水夫が捕縛され、主犯二名は百回の杖刑、従犯八名は罪状に応じた懲罰を受け、二百銀元の賠償金支払いが決まった。

しかし、このようなトラブルは英清関係の不必要な悪化をもたらし、最重要なポリシーである貿易関係に影響を与えるので、以来、イギリス政府は宣教師の行動をにがにがしく見るようになった。今回もワード副領事の怒りはすさまじかった。

テーラーは、あまりにも副領事の態度が傲慢だったので、言い返した。

「おっしゃる意味はわかりますが、副領事はカトリックの宣教師がフランス国家の全面的な援助を得て奥地まで入りこんで教会まで建てている事実をご存知でしょうか。どこにいってもカトリック祈祷所があり、学校が開かれています。それでもなぜ彼らは条約違反にならないのですか。フランスがそうならイギリスにも最恵国待遇が適用されていいはずです」

ワードはテーラーを上から下までねめまわし、こういう男には理屈でわからせてやろうと怒りの語調をすこし落とした。

「それは国策のちがいだ。イギリスとフランスはちがう。わが国はこの国との貿易を重視し、友好的に付き合うために相互に条約をとりきめて遵守している。これがわが国の国益にかなうことだ」

「すると、イギリス人商人がやっているアヘンの密貿易も国益にかなっているわけですね」

テーラーが皮肉ると、ワードはそれには答えず声を荒げてどなった。

「二度とこのようなことをするならルールに従ってペナルティを科す。君の言う悪徳イギリス商人と同じように強制帰国命令を出すぞ。君らが勝手に何を言おうと、君たちイギリス国民の身に危険があれば、国家は責任を負うのだ。外交問題になって紛糾し、まかりまちがえると戦争になるのだ」

もう行きたまえ、とワードは二人に顎で指し示した。

テーラー、中国スタイルに変身

テーラーとパーカーを派遣した中国伝道会は、上海以外の地として寧波がもっとも適当であるからそこに土地を買って教会、診療所、学校を建てる提案について何の返事もよこさなかった。そればかりか、経費の送金もとどこおりがちであった。かといって二人は何もしないわけにもゆかず、パーカーは医療で金をとり、テーラーは奥地伝道に励むことになった。

五月に入るともう酷暑であった。テーラーは今度は単独で内河をさかのぼって奥地に入り、龍河、常熟、楊舎などの地を回った。

一八五五年六月初旬、テーラーは上海南門に一軒の家を借りることに成功したので、英語学校を開くことにした。パーカーは上海で医院を開く可能性をあきらめ、寧波の病院に招聘されることになった。

外国人が中国人に混ざって住むと、危険であることはもちろんだが、牧師の白いカラー、黒色の詰襟の牧師服は珍しいのでいつもじろじろと見られた。テーラーが説教していても群衆は説教の内容よりも彼の珍しい洋服を注視した。あるとき、テーラーの説教がひとしきり終わると、一人の男が質問した。テーラーは説教の内容についての質問かと思っていると、「私は洋服のボタンは暑いときは外し、寒いときは服をとめるものだということは知っていますが、どうしてもわからないのが、袖のところに二つ付いているボタンと服の後ろにあるボタンです。これはいったい何の用のためにあるのですか」。群衆の大半もそれに同意する好奇心を示した。テーラーはそんなことかとがっかりしてしまった。

また別のときに、テーラーが内ポケットから懐中時計を取り出して見たのを目ざとく見つけた者が、「あれは何をしたのだろうか」と別の男に言うと、別の男が「あれは眼鏡ではない。魔法の千里眼だ。あれに中国人の心のうちが映っているのだ」と言っているのが聞こえた。そうすると、「いやちがう。あれは時計である」と言い当てる者が出た。テーラーはいつもこんなことが群衆の好奇の的になるのはかなわないし、説教のさまたげになると思った。こんな服装で奥地に入り込むのは、たしかに「洋鬼子」であることをデモンストレートして歩いているようなものだとつくづく感じた。

八月末の夜、彼は剃髪師を呼び、ふさふさとした金髪を剃り落とさせた。ガリガリとよく切れないかみそりで剃るので飛び上がるほど痛かった。その後、残った髪と眉を五時間もかけて黒く染めた。そのとき剃髪師が思いきり髪を引っ張って梳《す》いたので、これまた痛かった。男は髪がお下げにできるまでは鬘《かつら》を使用しなさいと言った。

テーラーはこれが終わると、中国人男性が常用している服と靴を誂《あつら》えさせた。

出来上がった姿を鏡に写して見ると、何とも妙チキリンな人物像がそこに立っていた。まるでチンドン屋だ。妹のアメリアがこの姿を見たら何と思うだろうかと、腹がよじけるほど笑いこけた。早速、手紙を書いた。

「僕らのまわりにいる中国人のボーイたちは僕らのマネをしたがって洋服や洋靴を着るのに、僕はまるで逆のことをしたんだ。まずチャイナ式の靴下を買ってきたのだが、要するに木綿製のダラーンとした袋で右も左もない。布靴ときたら、つま先も踵も平等な高さで地面にペタッとくっつく。歩いても音がしないのでネコみたいだ。それにズボン。これこそヨーロッパ人が想像もできないような代物だろうよ！　腰回りがダブダブで二フィートも余るから、これを腹の前で折り畳んでその上で帯で締めるんだ。そのくせズボン丈ときたら膝下ちょっとしかない。腰回りと同じくダブダブで、パーカー医師と『これなら二週間分の食料を入れられるね』と大笑いした。

中国人はシャツは着ない。白い簡素なジャケットみたいなものを着る。この袖口はやたら広くて二〇年前にイギリスで流行ったレディース・ファッションそっくりだ。このジャケットの上にちょっとおしゃれな絹のガウンを着る。ところがその袖ときたら指先から一二インチから一五インチもダラーンと垂れ下がっているんだ。もちろんこれでは不便だから、指を使うときはピュッと袖を折り畳んで手を出す。いったいどういう了見でわざわざこんな不便な服を着るのかわからない。帽子はひどい炎天でなければ、夏でもかぶらない」

翌日、テーラーはその格好でロンドン・ミッションに行った。最初は誰だかわからなくてじろじろ見られたが、エドキンスが「あ、テーラーだ」と気がついて皆が寄ってきた。それから似合うだの、エキセントリックだのと批評になり、座が興じた。メドハーストが「いいぞ、これからそれで行け」と励ましてくれたのでテーラーはすっかり嬉しくなった。

早速、街頭に出たが、誰も彼を外国人であることに気づかないようであった。

テーラーとバードンはパーカー一家の寧波行きに同行することになった。

海路で着いた寧波は気候温暖なところで、すばらしく風景が秀でていた。ここには多くの外国人が在留していて、パーカー一家の歓迎パーティに各国領事や軍人、商社マン、宣教師など大勢の外国人が集まった。パーカー一家は瀟洒な家を与えられ、かなり大きな診療所で勤務することになった。

在留イギリス人の中に女子小学校で英語を教えているディヤー姉妹がいた。姉のポーラは二〇歳で美しく、妹のマリアは漆黒の髪をもち、可憐さが目立つ一八歳であった。寧波という都市は、早くからポルトガル人やオランダ人によって貿易港として開け、ヨーロッパ人の女性が街を歩いていても、まったく不自然な感じはなかった。

バードンは一目見ただけで、姉のポーラに魅せられ、滞在している間にいち早くプロポーズして婚約した。妻を亡くして憔悴していたバードンは寧波まで付いてきたおかげで天からのさずかりものを得た。

寧波から帰ったテーラーがチャイニーズスタイルで租界に現れると、在留外国人の間で騒然とした話題になった。少数の宣教師仲間を除いて他の上海キリスト教界のメンバーやビジネスマンたちは、「現地人の風体をなすことは文明国人の恥であり、中国人に見下げられ、イギリス人の品性をないがしろにするものである」とこきおろした。女性たちは彼を変人として避けて通った。

当時の外国人の常識では、明らかに国籍がわかる洋服や帽子を着用していることが安全を保障しているのであって、それはイギリス国旗やフランス国旗を掲げているのと同じ効果を発揮しているものと考えられていた。だからテーラーが逆に中国服を着ているほうが安全だと認識したのとはまるで反対であった。

テーラーのチャイニーズスタイルのニュースがイギリス本国に伝わると、植民地や未開国に在住するイギリス人は毅然としてイギリス本国の文明やマナーの優越性を現地民に見せつけなければならない立場にあり、かりそめにも現地人に追従するような態度は恥さらしである、という断罪記事が出た。外国の事情を知らない記者は、未開国の水や食品は不潔そのものであるから、煮沸消毒してから飲食すべきであって、これを守らない場合、病死者が出ると、まるで白人以外の人種は人類の名に値しないような記事を平気で書いた。だが、理解を示す者もいた。ムアヘッド博士は「カトリックの宣教師たちはとうにそれを実行して宣教効果を上げているのは事実である」と言い、メドハーストもテーラーの決断を褒めた。しかし他の親しい宣教師たちは、中国人が次第にテーラーを低く見るようになり、テーラーがヨーロッパ人仲間からつまはじきされる事態になることを心配してくれた。

しかし、当のテーラーは、街を歩いていても誰も彼を外国人であると気づかなくなり、説教している間、中国人が彼を見る目が親愛的なものに変わっていることにすごく満足した。眼の色だけがちがうのは、色眼鏡をかけるとわからなくなった。しゃべり方が片言であるが、中国大陸にはさまざまな言語や方言があり、ウイグル族のような白人と似た面相の人種もいる。だからさして珍しいこととは受け取られない。いちばんの収穫は、洋鬼子という嫌悪と蔑視の眼が親愛の視線に変わったことであった。

最初にあれほど違和感を覚えた中国スタイルも着慣れてみるといいものだとわかった。冬は暖かく、夏は涼しい。洋服が風を通しにくいのに比べ、からだ中を風が通り抜けていく。夏が過ごしやすくなり、テーラーはすっかり満足した。

テーラーはなにかと批判がましい上海租界のイギリス人の中で暮らすのが嫌になったので、以前訪れて大変印象のよかった崇明島に移住することにした。島民たちはテーラーのことを覚えていて歓迎してくれた。テーラーの中国スタイルを口々に誉め、あなたはわれわれの仲間だと以前に倍する好意を示した。ここで診療所を開業したいと言うと、直ちに新開河というところに適当な貸家があることを教えてくれた。テーラーはすぐ借りることにし、清掃して、ペンキの塗り替えを行い、家具を入れて礼拝堂と診療所をつくった。

新開河の住民は約三万人、全島民は約百万人である。テーラーはこの町で伝道と診療をする傍ら、田舎にも足をのばして伝道と診療を行った。診療費は低額にし、貧しい者には無料にしたので、ありとあらゆる患者が集まってきた。診療所の待合室に収容しきれなかった彼らは何時間も外に並んで待った。

テーラーは親切に応対したので、評判はすこぶるよかった。手伝う者が多く出た。その中の一人であるブリキ職人の張はテーラーのよき片腕となった。

この頃の宣教師の医療行為を知るには、幕末の日本で医療行為を三三年間行ったアメリカ人の宣教医へボンが残した資料が参考になる。

へボンは日本に来る前の一八四一年から三年間、福建省厦門に滞在し、日本上海間をたびたび往復し、薬品は上海から運んでいた。へボンはペンシルバニア大学の医学部を卒業した本職の医者である。彼は日本で白内障、眼球摘出、脳水腫、痔、みつくち、腫瘍、弾丸摘出のための切開手術などのほかに、抜歯、梅毒、結核、胃病、リウマチ、天然痘などかなり高度の医療を行った。

テーラーをへボンと比較するのは無理であるが、テーラーは医科大学を中退したので医師の免許を取得していなかった。ただし家業が薬種商だったので普通程度の医術をもっていた。当時、宣教医が主に治療したのは、外科と眼科であった。この方面の西洋医学は技術が進んでいて漢方を寄せつけなかった。医術も比較的簡単で、しかも治療効果が短期で目に見えて上がったからその効果は絶大であった。

外科において西洋医術が圧倒的に優位を誇ったのは、クロロフォルムルやモルヒネを麻酔に使って患者に痛さを感じさせないで切開手術を可能にしたからであった。また、種痘、浣腸などの技術が開発されて、キニーネ、ヨードチンキなど東洋人が知らないさまざまな薬物を使用できる強みがあった。明治三年にへボンの助手をつとめた日本人が書き記した『米利堅平本常用方』（アメリカ人へボンのもちいた処方箋）を見ると、戦前あたりまで行われていた処方とさほど違和感を感じさせない程度のものであったことがわかる。

このような医術を無料で貧民に施して医療宣教師のモデルケースをつくったのは、広州で眼科医を開業したアメリカ人医師パーカーであった。パーカーは宣教師でもあり、医師は患者の生殺与奪の権をにぎっているので、患者は医師の言いなりになり、彼らを改宗せしめることは造作もないことだと言った。

話を戻す。

テーラーの診療所は大忙しで、薬品は三週間できれてしまった。それでテーラーは上海に薬や冬着などを取りに戻った。ついでに伝道助手の銭の友人に会いに松江に行った。ところが留守の間に崇明県の首長名の公文書が届いた。テーラーの診療所開設は条約違反であり、上海道台とイギリス領事名によりテーラーを厳罰に処すると書いてあった。驚いた張はすぐ上海に行ってテーラーを探したが、見つからずに帰ってきた。その後、役人が来て一三元の賄賂を出せばまるくおさめると言い、返事をしないでいると、さらに一〇元にまで下げてきた。

問題の発端は、テーラーの診療所に客をとられた地元の漢方医と薬剤師が知事に一二元の賄賂を払ってテーラーの追放を陳情したからであった。下級の役人がさらに賄賂をせしめようとして上述の公文書をつくった。テーラーが戻って来ると、首長は家主、テーラーの援助者、助手、使用人たちを裁判にかけ、態度が悪ければ各人を三百打から千打の杖刑に処すと通達してきた。テーラーは同時に、イギリス副領事から条約違反の事実を調査するので即刻来館されたいという通知状を受け取った。

テーラーが出頭すると副領事のワードは憮然とした顔で、テーラーのチャイニーズスタイルを眺めた。形式的に事情を聞いた上で、噛んで含めるような言い方で「中英条約によりイギリス人は五個所の租界以外に居住することはできない。違反者は五百ドルの罰金が科せられる。君はこういうことを知らないのか」

と聞いた。「君はこれで二度目ではないか。以前の失敗の教訓を全然学習していない。君はもうすこし権威のある伝道会に所属を変えて、イギリス人神父らしい行動をとってもらいたい」と言い渡した。

テーラーは今回も「カトリックの神父は中仏条約の特恵条項により租界外に在住しています。これは最恵国待遇としてイギリスにも適用されるはずです。どうしてこれを主張しないのですか」と反論した。

ワードは前の経験でこの男は理屈で納得させる以外にないと判断したのか、「フランスはバチカンと長いつきあいがあるので、皇帝がラグルネとの約束で黙認している。そういう歴史的な既成事実があることは事実だ。しかし、それはフランスがやっていることだ。君の言い分は理解できないこともない。もしどうしても不服なら、イギリス国民はイギリスのアジア地区の最高責任者である香港のボーリング公使に交渉する権利が与えられている」と言った。

オルコック公使もテーラーに好意を示し、もうすぐボーリング卿が上海に来るからその時に君の意見を述べなさいとアドバイスしてくれた。

テーラーはよくしてくれた中国人たちが不当な杖刑を受けることに忍びないので、崇明島を引き揚げることにした。しかし、根本的な解決を図るためにボーリング公使と交渉しなければならないと思った。それで彼が出張先から定期便で上海に帰ってくるのを待っていたが、なかなか帰ってこなかった。公使がこの問題で前向きの措置をするとは思えなかったが、居住でなく短期間の滞在でさえ認めないなら、テーラーが今後内陸部に入って布教する上で重大な障害となる。したがって、この問題はぜひとも公使に迫って決着をつけておかねばならないと心に決めた。

そうこうしているうちに年の暮れが迫って、イギリス人クラブのクリスマスパーティが開かれた。テーラーはいつものチャイニーズスタイルで出かけて行った。テーラーを見て見ないふりをする人たちの多い中で、一人の偉丈夫が近づいてきてテーラーに握手を求めた。南方から戻ってきたばかりのスコットランド長老会の宣教師ウイリアム・バーンズだと名乗った。

バーンズは太平天国のトップと交渉しようとして八方冒険を試みたが、成功しなかった。この経験から彼は地方の下級官吏や末端の士紳階級と接触しなければならないと深く感じて、内陸で活動していた。バーンズのがっしりしたレスラーのような体格、中年男の深く刻まれた皺、灰白色の髪ともじゃもじゃのあごひげ、無造作にガウンを羽織ったスタイルはいわば冒険家のそれであった。テーラーは一目見て、この男はスカースに感じたように自分の同類だなと直感した。話してみると、見かけとちがって温和であり、澄んだ目でテーラーをじっと見つめた。テーラーはパーティの間中、バーンズと話し、すっかりうちとけた。別れ際に「バーンズさん、僕は今困っていることがあるので、改めて相談にうかがってもよろしいですか」と言うと、バーンズは「大歓迎だ。僕は住所不定だが、上海の北門外の運河にもやっている小舟が僕の邸宅だ。君のような男のためなら何でもするよ」と大きな腕を差し出して握手を求めた。

テーラーは早速訪ねて行った。彼はその小舟を住居代わりにして網の目のような水路をたどって奥地を回っているのであった。

テーラーはバーンズに崇明島の件でボーリング卿に交渉しようとしていることについて彼の意見を問うと、バーンズは言下に答えた。

「どうせ結果はノーに決まっている。君は国家の保護をあてにして事を推し進めようとしているが、そんな考えはやめたまえ。僕は神との契約で行動しているから、最初からそんなことは眼中に置いてないね。ずっと主の御力だけを頼りにやってきた。くだらない国家権力などに頼るな。考えてもみたまえ。主が君をあんなちっぽけな崇明島でお使いになろうとお考えなら事は簡単だ。だが主はそうお考えにならなかった。君をもっとほかの重大な使命のためにお使いになろうとして、そのような事態に導かれたのだ。主が君に求めているのは、僕にお命じになったものと同一のものかもしれない。よかったら僕のやっていることを見に来なさい。一緒に行動してみればわかることさ」

この言葉でテーラーは吹っ切れた。一も二もなくこのバーンズに従ってみようと心に決めた。

第4章

攘夷に遭う

ともに行動することになったテーラーとバーンズは上海郊外の松江を経て浙江省の烏鎮に入った。

外国人が内陸に入ることは条約違反であり危険であることは承知だが、二人にはそういう意識は皆目なかった。別に国家の決めたことに反抗しているわけではなく、神に命じられて福音を伝えることが使命であるから、危険であろうと何であろうとそれは自己責任であり国家に保護してもらおうという意識はない。冒険家と宣教師と商人には国家の管理を及ぼしようがないというのが、アングロサクソンの〝自由〟であった。死んでもかまわないという男たちには国家の庇護はいらない。バーンズは何年もそういう行動をしてきた誇り高いスコットランド高地人であった。

二人は夜は小船に寝泊りして奥地の村々で伝道を行った。バーンズが連れて行ってくれたところは寺、学校、茶館などであった。そこに行くと大勢の人間が集まっていた。

バーンズは「今日は君を王大人に会わせてやろう」と言って、テーラーを烏鎮の大きな茶館に連れて行ってくれた。

その茶館はかなり高級で二階建てになっていた。広いフロアにいくつもの大きな四角いテーブルが並べられていた。そこでそれぞれ七、八人の老若の男たちが熱い茶をすすりながら雑談をしていた。長煙管で煙草を飲んでいる者もいた。彼らは休みの日はそこで何時間ものんびりと時間を過ごす。そこが彼らの居場所であり、社交場であり、いこいの場所であった。

バーンズは勝手知った素振りで入っていき、奥のテーブルに数人の仲間といた王大人を見つけて、よう、と手を挙げた。

それに応えて王大人も手を挙げた。彼は地元の名士であり、昔は翰林院に勤めていたこともある知識人であった。年齢は六十歳前後とみられ、丸めた布のボタンをかけた黒繻子の上着にスカートのような黒いズボンをはいた典型的な中国の紳士であった。弟子らしい若者が彼を取りまいていた。

バーンズは王に抱きついて流暢な中国語で久闊《きゅうかつ》を謝すと、王大人も「歓迎（ホワンイン）、歓迎（ホワンイン）」と言って二人に座を勧めた。

バーンズがテーラーを紹介すると、王は満面に柔和な笑みを浮かべて、貴方の中国スタイルはとてもお似合いですねと褒めた。若者たちも異口同音に褒めた。

まず、どんな茶を所望するかと聞き、とくにないと言うと、王大人が勧めた茶がバーンズとテーラーの前に運ばれてきた。腰高の茶碗にふたがついていて、ふたをとると花弁がいっぱいに浮いており、それをふうふうと吹いてはじに押しやり、一口ずつゆっくり飲めと勧められた。

飲むとジャスミンの香りがした。ひとしきり世間話をした後で、バーンズが「どうですか、聖書を読まれたご感想は」と二カ月ほど前に渡したモリソン訳の聖書について聞いた。

王は、「私にとっては大変難解でしたよ」と言って笑った。

「ほう、難解でしたか。というと……」

「まずいちばん感じたことは、あなたがたの神様と私たちの天帝は同じ神様でもずいぶんちがうなということで、これには驚きました」

「というと」

「まず、あなたがたの神様は人間みたいに言葉をしゃべったり、人間と同じように疑ったり、嫉妬したり、さんざんいじわるしたり、怒ったりしますね。中国にはこんな神はいません。私はこれは人格神だなとすぐ感じました」

「そのとおり、神はご自分に似せて人間をつくったのですから。あなたがたの天帝はほとんど言葉を発しませんね」

「そのとおり。姿も形も見えない。ものも言わない。天と地、森羅万象です」

「言葉を発しなければ、人間に伝わらないのではないですか」

「わが国の天帝は皇帝を通して、人倫を問うかたちになっています。皇帝は民をいつくしみ、理想の政治を行うことが天帝によって求められております」

「だめな皇帝は孔子のような学者が忠告を与え、いよいよだめなら天帝が天変地異を起こして罰を与える」

「そのとおり。易姓革命によって新たな者が皇帝になる。その者がよき行いをすれば、天帝はそれに応じて世の中を平安に保つ。あなたがたの神は信仰というものをもっとも大事にされますな。赤子のように神に寸分の疑いも容れない者を愛する。そのような者を神が愛護する。私がいちばん驚いたのは、アブラハムが神に命じられたままに、自分の子を薪にしばりつけて焼き殺す前に短刀で刺そうとした話です。何の疑いもなくそれを行おうとする。その刹那に、神が現れて、汝の信仰は試されたと言う。あなたがたの宗教は、神に対する信仰がもっとも大事で、そのような者には神が力を与える」

「おっしゃるとおりです。よく読まれましたな」

「それに対してわが国では、みずから努力して人倫を尽くす者が天帝の嘉しを受けます。つまり、あなたがたは信仰を重視し、わが国は自己練磨することを倫理の基本とする……」

「しかし、もともとおろかな人間が人倫の道を学ぶといっても、どこまで学べるのですかね」とバーンズが言った。

「あなたがたは、愚かな人間は学ぶより神をひたすら信じてついてゆけ、とおっしゃるわけですが、おたくの国には神を信仰する人間がいったいどれほどおられますかな」

「王大人はなかなか鋭い。わが国では、教会がひたすら聖書を読んで信仰の道を歩めと説いております。卑小な人間に神を信じてキリストの道を歩めば救われると教えています。ちょうどあなたの国が四書五経を教えているように」

「わが国では、たとえおろかな者でも親の恩を感じるもの。そこの心根を育てて祖先を敬い、孝養を深めることから倫理の道を教えさとしていきます」

バーンズと王大人はにこやかに議論を進めていった。王大人は「まあまあ、今日の議論はここまでにして、あとは楽しい話にしましょう」と話題を移し、あとは四方山話になった。

一方、テーラーは王大人の弟子であるという若い陳と趙と話した。

陳が聖書を読んだ感想を述べた。

「僕はヨブ記を読んでキリスト教の核心はここにあるのだなと思いました。西洋の神は悪魔とかけをしますが、わが国には悪魔という概念はありません。神と悪魔が二人でヨブを苦しめて信仰を試します。あまりにも神の仕打ちがひどいので、ヨブは絶叫しますが、神は、わかったか、神の力はいかに絶大で全能であることか、と」

「悪魔は地上の支配者で、普通の人がこれと闘っても並大抵のことでは勝てません。神にすがるしかありません。しかしひとたび神の恩寵を受けたならば、すばらしい神の力の一部分が与えられて悪魔に打ち勝つことができます」

趙が質問した。

「あなたがたは私たちの天帝や釈迦に対する崇拝は偶像崇拝だといって禁止します。しかし私たちは人倫の教えにかなった教えであれば、西洋の教えであろうとアラーの教えであろうと一様に尊敬の念を表します。ところがあなたがたは、釈迦もいけない、アラーもいけないと排斥する。どうして信仰の対象は一つでなければいけないのですか」

「この世の中にあるものはすべて一つの神から出たものでないなら、真実とはいえないではないですか。真実の神以外の偶像を拝むことに時間を費やしていると、一生、真理に気がつかずに終ってしまいます」

「あなたはその真実の神が一つであることをわが国に知らせに来たということですか」

「そうです。僕は、あなたがたの国に『少年、老い易く学成り難し』という諺があるのを知りました。人間は一生努力しても、なかなか真実を究めることは難しく、年をとってくたびれて死んでしまうという意味だと思いますが、僕たちの宗教はそんなに悩んだりしなくても、人間はキリストによって罪を贖われているのだから、キリストに感謝して、神が導くままに生きればよいのですよ、と教えています。どちらが人間にとって幸せなのか、考えてください」

陳のとなりに座っていた劉が口を開いた。

「僕はキリスト教にどうしても納得がいかないことがあるので質問します」と言って話し始めた。

「僕の従兄にキリスト教に帰依して洗礼を受けた者がいます。彼は長い間教会に熱心に通って洗礼を受けたのです。その直後に地区の牧師二人が自宅にやってきて、家の中を隅から隅まで調べて、部屋の壁に貼ってあった関帝像の絵やお札類をはがし、さらに祭壇にあった先祖の位牌までもちだして庭でそれを焼きました。従兄はなぜ先祖の位牌まで焼くのですかと抗議したところ、あなたの周辺から異教のにおいを消し去ってあなたが本当に生まれかわったことを確認するためです、と答えました。あとで親がそれを聞いてカンカンに怒りました。いったいどうしてキリスト教は父母や先祖の位牌まで焼くのか、それを伺いたいのです」

劉は穏やかな笑顔を浮かべながらも、突っ込んだ質問をして、キリスト教に批判的な態度をもっていることを示した。

このとき、バーンズが間に入った。

「僕はこう考える。中国人が祖先を崇拝する行為は倫理の根幹だ。その行為は尊く美しい。われわれクリスチャンはそのことを褒めこそすれ、軽薄な批判は慎むべきだ。昔、マテオリッチというイエズス会の宣教師が北京の宮廷まで入ってキリスト教の教えを広めた。彼の死後、彼の功績を妬んだ他宗派の連中が、リッチは信徒が孔子廟に参拝している事実を咎めずに黙認していたと弾劾した。イエズス会は、リッチは、孔子廟参拝や祖先崇拝は民族の習俗であって宗教ではない、と反論した。ローマ法王庁はそれを認めず全面的にイエズス会を否認したわけだが、おかげでキリスト教は二百数十年、オフになった。われわれプロテスタントはこのことをどう考えるかだ。リッチはこの国の古書を読破して、天帝はエホバと同じであるとまで言った。それが正しいかどうかは、僕には疑問がある。しかしだ。この国で二百年以上経った今でも敬愛されている宣教師はリッチただ一人だけだ、ということをわれわれは深く考えてみるべきだ」

いつの間にか、他の客たちが近くに寄ってきて議論を聞いていた。王大人がまあまあとなだめるように言った。

「宗論がお盛んだが、ここで一服して、私のお勧めする極上茶をお勧めしよう」と給仕に人数分を注文した。

周りで聞いていたひょうきん者がテーラーに向かって言った。

「洋鬼子にもあんたのようにわれわれと同じ服を着て、弁髪までしているのを見て感心したよ。ところで、こちらのお人さんもそうしたら、わしらもヤソ教を信じたくなるかもよ」とバーンズを指して言ったので、一同がそうだそうだ、とはやしたてて、笑いになった。

二人は夜遅くまで小舟まで話を聞きに来た若者と語り合った。

翌日、二人は舟を漕いでさらに奥地に入り、伝道を続けた。どこに行っても大勢の群衆に取り囲まれた。神は二人の伝道を大いに嘉したまうかにみえたが、攘夷主義者の一団が「洋鬼子を殺せ」と二人を探しているという警告が入った。二人は好意ある人の家にかくまわれて難を逃れたが、攘夷主義者たちは二人の舟を打ち壊して引き揚げて行った。テーラーとバーンズは他の小舟を雇って、一八日間にわたる伝道旅行から上海に帰った。

テーラーははじめての苦難を乗り越えた自分を励まして、ノートに次のように書き記した。

「主が私をどこにお導きになるかは知る由もない。しかし、主はご存知である。一切の喜びも苦しみもすべて主のみこころのままにお任せすればいいのだ。天上におわすただ独りの主は愛と全知全能、その方のお指図に従って動くならば、一切の危険とみえることも恐れるに足りない」

汕頭（スワトウ）

二月にメドハースト博士の祈祷会で、テーラーとバーンズはバウアーと名乗るイギリス船主に紹介された。敬虔なクリスチャンであるバウアーは南方の開港市と上海の間を行き来する定期船の船主であり、沿岸各地の情報に詳しかった。その彼が恐怖に満ちた表情で汕頭の事情を話した。

「あんなに恐ろしいところはありません。騙されて奥地から連れてこられた哀れな黄奴たちがまるで牛馬のように鉄柵のはまった倉庫に押し込められ、北米や南米に輸出されていくのです。奴隷として役に立ちそうもない身体の劣弱な者や半病人は検査にはねられてしまいますが、彼らは故郷に帰る金もなく生活するすべもなく、露頭にうち捨てられて餓死するのを待つばかりです。病死すると死体は離れ島に運ばれて火葬もせずに海岸に打ち捨てられ、けものや鳥についばまれるままになっています。こんなに恐ろしい光景はヨーロッパでは見たことがありません。このような人たちにこそ神のご加護がなければならないのに、死をみとる一人の神父もいないのです」

広東省の北部の汕頭は開港した五港に入っていなかった。そこはアヘンの密輸基地として使われていた。さらに一〇年ほど前から、華人奴隷の「密輸出」港として各国の船会社や奴隷商人が進出し、内陸から普通の男を騙して連れてくる悪徳ブローカー、やくざ、誘拐犯などの出店が軒を連ね、バビロンの都もかくありなんと思わせるほどの地上の悪徳のすべてがこの港に集まっていた。

話し終わると、バウアーは「哀れな汕頭の人たちのためにお祈りを。あそこには一人も死をみとる神父がいないのです。もしそういう方が現れるなら、私は無料でお送りするつもりです」と震える声で言った。

テーラーもバーンズもショックを受けた。

この上海には多くのヨーロッパ人神父が租界で豊かな生活を送っている。しかし、かぎりない悪徳がこの中国で、同国人たちによって行われていることを知ろうとせず、聞こうとせず、アヘン貿易にも目をつぶっていた。黒人奴隷が解放されると、とたんに困ったのは奴隷商人たちで、彼らは今度は黒人に代わって黄人奴隷を扱い始めた。しかし、その不正を糾弾する者はいなかった。

数日後、テーラーとバーンズは北門にあるアメリカ北長老会のラウリー神父の晩餐会に招かれた。アメリカ北長老会は戦闘的な宣教師の集団として名高い。興が高まり、ラウリー夫人がピアノを弾き、客たちは声高らかに賛美歌を歌った。

「私は神に召されて行く
もはや迷いもない
友も希望もすべてのしがらみも断ち切って、
嵐も陽光も、苦きも甘きもすべて神のお命じになるままに甘受して、
私は祈るのみ。
霊的であり続け、苦しみに耐える強さをお与えください、と」

招かれた客たちは宣教師として剛の者であった。彼らは歌い終えると感極まって互いに抱き合い、頬ずりし、手をにぎりあった。

数日して、テーラーは自宅にバーンズを連れてきて言った。

「バーンズさん、今日はあなたにお別れの言葉を言わなければならなくなりました。あなたのようなすばらしい友を得て、これからという時にこんなことを言うのはとても辛いことです。このため、僕は数日間悩み抜きました。しかし、主ははっきり私にお命じになりました。友を振り捨てて行きなさいと」

「まるであの日に歌った歌の文句じゃないか。いったい何事が起こったのかね。君の言っていることがわからん」

「汕頭です。主は僕にそこに行けとお命じになりました。だから僕は行きます。それであなたとお別れしなければならなくなりました」

「なーんだ。そんなことか」

バーンズは破顔一笑した。「実は僕も君と同じことを考えていたんだ。あの日、すぐ主のお言葉を聞いた。

勇士よ、直ちにそこに参れ、とな。だがわしもそれを君に言いだせなくて悩んでいたんだ」

「えっ、本当ですか。では、あなたも同じことを悩んでいたのですね」

「そうだよ、この俺にしてなかなか君に言いだせなかった」

二人はしっかりと抱き合い、熱い涙が相手の頬を濡らした。二人はひざまずいて長い祈りをささげ、ウイスキーで乾杯した。

「二人になれば、もうこわいことはありませんね」

「単に場所が変わって汕頭になっただけのことさ」

汕頭にいかなる悪があろうとも、百万の援軍を得たように二人は勇気がもりもりと沸いてくるのを感じた。

翌日、二人はバウアー船主に汕頭行きの意志を伝えた。

三月一二日、二人はバウアー氏の船で汕頭に到着した。

汕頭の一角を占めるまよ島が悪徳の都であった。そこは中国官憲も足を踏み入れない無法地帯であった。

港はおびただしい数の外国船や沿岸各地の港から集まってきた大小のジャンクで埋め尽くされていた。

海面には廃棄物や野菜くずの汚物がただよい、風船のようにふくらんだ犬の屍骸が浮いていた。茶色く変色したパンツ一枚の男たちが船上でのろのろ動いていた。

テーラーとバーンズは市街地で貸屋を探した。しかしどこの家主も外国人だと知るとあわてて断った。二日間探しても貸屋は見つからなかった。三日目にやっとバウアーの知り合いのマーチャントが一軒の空き部屋を探してくれた。中心部からかなり外れた陋巷の一角にある蝋燭や線香などの葬祭品を売る店の二階だった。狭い路地には燃料かすや野菜くずがうずたかく捨てられてハエがたかっていた。バウアーは驚いて「こんなところは止めなさい。もっとましなところがあるでしょうに」と言ったが、バーンズは笑って言った。

「僕はこういうところが好きなんですよ。それに家賃もお手ごろだしね。僕の生活費は月一〇ドルですからね、バウアーさん」

「それでは私のタバコ代にもなりませんな」

二人は顔を見合わせて笑った。

二階のフロアを三つに区切って使うことにした。南側をテーラーの部屋、北側をバーンズの部屋、西側を共同の部屋にした。しきりの壁とドアは家主がつくってくれた。共同の部屋には木箱を積んで板を渡してテーブル代わりにし、まわりに安物の三脚の竹製の椅子をそろえた。そこで食事や茶を飲むことにした。全部の費用は二、三十ドルちょっとで済んだ。

テーラーは街に出ても、耳にした方言を理解することができなかった。人々が話す潮州語はくせが強く広東語ともちがっていた。ものの言い方が言葉を投げつけるような話し方に感じられ、つばきが飛んでくるようだった。これは土地の気性を表しているのか、方言のせいなのかはわからなかった。

伝道に出ても、人々は集まってこなかった。他の場所ではそういうことはなかったのに、ここではちらしも受け取ろうとしない。二人はその日のうちに、いかにこの地で西洋人が憎まれているかを肌身で感じた。

テーラーは一日中伝道に歩き回ったが、心身のショックでくたくたになった。

バーンズはまよ島に渡って、調べてきたことを報告した。

「聞きしに勝るというのはこのことだよ。ここには毎月三万二千斤のアヘンが密輸入されてくる。二五万ポンドもするんだ。これを中国全土に運ぶ運び屋がいて、貧しい何十万もの中国人たちに害毒を吸わせているんだ！　さらに無惨極まるのは奴隷売買だ。マーチャントたちは『苦力貿易』と言っている。苦力たちは表向きは五年から八年の契約労働者としてここに送られてくる。やくざたちは食えなくなった貧民たちにわずかな手付金を渡して、外国で数年働けば、うんと金を稼いで帰ってこられると騙して連れてくるんだ。しかし、貧民たちはここに来てはじめて自分たちは奴隷として売られたことを知るんだが、そのときにはもう後の祭りだ。彼らは逃げられないように鉄柵のはまった牢屋のようなところに押し込められて、貨物のように積み出されるのを待つだけさ。僕は、リバプールでアイルランドの飢民たちがアメリカやカナダに送られるときに収容される地下の穴倉を見てきたが、あれどころの話ではない。これほどの悪徳を白人たちがやっているのだ」

バーンズはさらに恐怖に満ちた声で続けた。

「僕はたまたま船医をしている男から話が聞けた。貧民たちは積めるだけ積まされて狭い船底に押し込まれる。横になることもできず、デッキに上がることも許されない。食事も水も十分与えられない。ひどい船酔いで嘔吐するが、吐瀉物の匂いがたちこめて、耐えきれなくなった者は海に飛び込んだり、暴動を起こしたりする。いちばんひどいのはペルー行きだと言った。航海日数が一二〇日と長いので、三分の一は船内で病気と栄養失調で死んでしまう。無事に着いた者は、グアノという海鳥の糞が何十フィートも積もり積もっている崖みたいなところに穴を掘って作業するわけだが、穴の中は発酵熱で五〇度くらいになっているから、労働は二、三時間しかもたない。それを交代で何回もやらされる。だからペルー行きは地獄行きだ。ほとんどの者が二度と帰ってこない。人道上あまりにもひどすぎるので、イギリス領事に訴えて何とかしないとイギリスの恥だ、とその男は訴えていた」

この苦力貿易はのちに次のように記録された。黒人奴隷売買が一八三五年に廃止された後に、一八四五年頃から始まって一八五二年頃にピークになった。苦力たちは黒人より安い月四ドルから五ドルという低賃金で働かされ、しかも黒人よりも効率を上げたから需要が急増した。北米やカナダ西部の鉄道建設や鉱山開発、ハワイ、英領ギアナ、キューバ、西インド諸島などでのサトウキビ栽培、ペルーの銀鉱採掘や鳥糞肥料の発掘のほか、東南アジア、オーストラリア、ニュージーランドなどにおける鉱山開発や農業労働に〝積み〟出された。この人身売買がいかに非人道的であったかは、乗船の際にまるはだかにされて噴霧器で消毒されたのち、胸に行く先を書いたスタンプを押され、船底に寝返りもできぬほど積みこまれた。目的地に着くまでに三〇％が死亡し、契約期間内に死ぬ者が五〇％、無事に生還した者は二五％しかいないと言われた。黄色奴隷の数は一九世紀後半の五〇年間で約二百万人と推定されている。

ある日、テーラーが街頭で伝道していると、二人の士紳階級らしい青年が寄ってきた。聡明そうな感じの一人が、あなたはどこの国の人かと聞いたので、テーラーはイギリス人だと答えた。すると、「では、あなたはわが国にアヘンを売り込んでいる国の人ですね」と言い、「あなたがここで中国人に対してこんなことをするよりも、あなたの国の商人にアヘンを売らないように言うべきではないですか」とおだやかに言った。

「おっしゃる通りです。僕はアヘン貿易反対運動もずっとやっています」とテーラーは答えた。

青年はちらしを見て「別にそのことは書いてありませんね。キリスト教を勧めることとアヘン貿易や苦力貿易といったいどういう関係があるのですか」と聞いた。

「ヨーロッパではアヘンは医療用に用いられるだけで、普通の人は吸飲しません。これほどアヘンが吸飲されているのはあなたがたの国だけです。悪徳商人が持ちこんだアヘンから始まって、いまではお国のあらゆるところでケシを栽培しているではありませんか」

「その現象を君はどうみるのか」と二人目の青年が怒りの感情を露わにして詰め寄ってきた。

「アヘンを飲まなければいいのです。僕は人々が希望がない生活を送っているので、アヘンで心を麻痺させているのだと思います」

「希望をもつようにしろと言いたいのか」

「神を信じれば明るい生活の道がひらけます。アヘンなどに頼らなくてもよいようになります」

「そのためにヤソ教を勧めているのか」

「精神が変わる以外に救いはありません」

二人目の青年は目に怒りを表し、言葉を叩きつけた。

「君らがアヘンを売りにくる前はわが国はアヘンは禁制だった。吸飲する者はごく少数だった。君がここでいくら神の愛を説いても説得力はないね」

彼はちらしをびりびりと破いて地面にたたきつけ、もう一人を促して去って行った。

テーラーは激しく横面を張られたようなショックを覚えた。日暮れて帰ってくると疲れてベッドに倒れこんだ。バーンズが覗き込んで何事かあったのかと心配そうに聞いた。

「このような環境でどうしたら神の道を説くことができるだろうか、すっかり考え込んでしまいました。すこし作戦を変えようと思っています」

「いったいどう変えるのか」

「待っていてください。主にお祈りしてお導きをいただくしかありません」

テーラーは深夜に起きて伝道日誌をつけたのち、神に長い祈りをささげた。

診療所の開設準備

テーラーとバーンズの苦労を知って、香港のプロテスタント教会が潮州語のわかる中国人信徒を二名派遣してくれた。バーンズはこの二人に集会を開ける貸家を探させたが、なかなか見つからなかった。

二人が悩まされたのが、毒虫による攻撃だった。蠅は追っても追っても食品にむらがり、ちょっと目を離すと白い小麦粉のパンが真っ黒になっているが、手で払いのけると、パッと飛び立ち、元の白いパンの素地が現れた。テーラーがノートを開けていると、何匹ものゴキブリが傍若無人にその上をかさかさと音を立てて通過した。

夜は夜で蚊と蚤と南京虫でかゆくて眠れなくなった。南京虫をつぶすと、吸った血がピューッと散ってテーラーの肌に一筋の線がついた。バーンズがたまらなくなって起きてランプで照らして見ると、ベッドの脚に一條の赤い線が延びていた。子細に見るとそれはバーンズのベッドに流れ込む南京虫の行列だった。

「バーンズさん。僕は中国に来る前は、どんな酷寒にも耐えられるよう、冬はわざと薄着をして身体を鍛え、食事も飢え死にしない程度で我慢する訓練をやりましたが、一つだけしなかったことがあります」

テーラーは眠れないままにバーンズに言った。

「それは何だね」

「つまり、中国にはこんなに毒虫、昆虫が多いことまで予想しなかったことです」

「だいたい俺のところのスコットランドにだって、こんなに多種類の虫どもはいなかったからな」

「子どものころ、父に連れられて昆虫採集に行きましたが、同じ虫を二匹以上捕ったらすごく叱られました。標本用以外は無駄な殺生をやめなさいと」

「でも、君はさっきから百匹以上の南京虫を殺している」

「私たち洋鬼子は攘夷派だけでなく、虫たちからも共同作戦をされているみたいですね」

二人が互いにガリガリと皮膚をかきながら笑いあった。

翌日、家主がメンドリ一羽を持ってきてくれた。「こいつを部屋の中に放しておきなさい。餌代わりに虫を食ってくれるよ。卵もどこかに産んでくれるから一石二鳥だよ」

しかしメンドリが騒々しく室内を低空飛行するので、これはお引き取りを願った。

二人が街に出て、いくら呼び込みをしても、人々は集まってこなかった。遠くから敵意のこもった目で見ているだけだった。

テーラーはバーンズに言った。

「僕の考えが決まりました。このような環境でいくらキリストを説いても言葉が届きません。僕は街を歩いていて眼病患者がとても多いのに気づきました。不潔な水で顔を洗っているからです。そこで、僕はここで無料診療所を開設することにします。住民はキリストの教えは聞かないけれども、僕の薬はきっと欲しがると思います。彼らに近づくには診療がいちばんいい。診療を通して伝道する方法をとりましょう。あなたも汚い水を飲んだり、それで食物を洗ったりしないこと、害虫や鼠を駆除すること、排便所などを清潔にすることなどのプライマリー・ケアを住民たちに一生懸命教えてください」

「よーし、わかった。わしも明日から衛生士になったつもりで大いにがんばろう」

「それにはあなた自身がまず清潔を心がけることです」

バーンズは苦笑しながら、この戦術転換に快く応じた。家主がその話を聞いて自家宣伝になるとでも思ったのか、下の階も全部提供すると言ってきた。それでさっそく下の階を診療所に作り替えることにした。テーラーは医薬品類を取りに行くためにバウアーの船で上海に向かった。

上海に着いてみると、なんとロンドン・ミッションのセッツルメントは火災で全焼していた。病院はもとより、イギリス本国から輸入した医薬品類もことごとく灰燼に帰していた。

もとに戻るのに半年から八カ月かかるという。テーラーは焼け跡に立って果てしなく地の底に堕ちてゆくような絶望感を感じた。時間が経ってやっと気を取り戻した。

「そうだ。寧波に行ってパーカー医師から当座の医薬品を分けてもらおう」

そこで小舟に乗って寧波を目指した。ところが干天つづきで運河の水が干上がり、ある地点から先は三〇マイルほどを歩行せざるを得なくなった。そこで海寧まで歩き、そこから寧波行きの船に乗ることにした。ところが、この徒歩旅行は苦難の連続で、テーラーの荷物を下僕に持ち逃げされたうえ、外国人であることがばれて逃げ惑い、命を失いかけた。夜、寺の床下に野宿したときに盗賊と鉢合わせになり、恐怖の体験をした。結局、発熱と疲労と文なしのため寧波行きをあきらめ、後払いの運賃を交渉して上海に舞い戻った。

その後、洋船で寧波に行くと、パーカーは医薬品を用意してくれた。テーラーが上海経由でバウアーの定期船で汕頭に戻ろうとした矢先に、ロンドン・ミッションを通じてバーンズの手紙が届いた。

読むと、診療所の開設はしばらくの間、中止してほしい。理由は、自分は条約違反で逮捕された。しかし、幸運にも中国側に引き渡されずにすんだ。これから広州の領事館に護送されることになるだろうが命に別状はない。だが、汕頭に戻るには相当な時間がかかるだろう。いずれまた君と仕事できることを確信している。元気でおれ、ＢＹＥ！　と書いてあった。

この年一八五六年の一〇月、アロー号事件が起こり、第二次アヘン戦争に発展した。バウアーの船は汕頭に発つことができなくなった。こうしてテーラーとバーンズの汕頭プロジェクトは挫折に終わった。バーンズはその後、一時汕頭に戻ったのち、北京を経て満州に侵入したが、再び逮捕されて南方に護送された。この好漢は、後にバニヤンの『天路歴程』を中国語に訳すほどの詩的な文才も備えていた。

テーラーの恋

行き場を失ったテーラーに久しぶりでロンドンの中国伝道会から送金があった。同時に、パーカーのいる寧波に行って、すでに派遣したジョーンズ夫妻とともに、彼の診療所を手伝うようにという指示があった。テーラーはこの前行った時の印象がとてもよく、あの時会ったディヤー姉妹を想い出した。

寧波は古くからポルトガルやイスラム諸国との間に開けた貿易港で、外国に対して開放的で、攘夷の風も及んでいなかった。このため、外国商社や宣教団体の進出がさかんであった。イギリス国教会、アメリカ長老会、バプテスト会など多様な宣教師や外国人が居住して、国籍、宗派を超えて互いに親和していた。

パーカーは芝生のある瀟洒な家にバラを植えて住んでいた。夫人は「ここはとてもいいところよ。すっかり満足しているの」と嬉しそうにテーラーを迎え、診療所の二階をテーラーに貸してくれた。近くに同じ中国伝道会から派遣されてきたジョーンズ夫妻も住んでいた。テーラーは年のころが同じジョーンズと気が合い、とても心強くなった。

ディヤー姉妹は、オルダシー女史が経営する女子のミッションスクールで英語を教えていた。姉のポーラがいち早くロンドン・ミッションのバートンと婚約したことはすでに述べた。

パーカーの診療所は多忙を極めていた。待合室は人で埋まり、入りきれない人たちが外に行列をつくって持参した小さな椅子や地面に腰を下して待っていた。テーラーは診療を手伝い、ジョーンズ夫妻や中国人助手が薬の処方や患者の世話をした。

週末になると、テーラーとジョーンズ夫妻は伝道に出た。ジョーンズ夫妻は現地語を覚えきらないので、ディヤー姉妹の妹のマリアがついてきて通訳をした。

テーラーがハル時代に恋心を抱いたヴィクトリアはとうとう、親の許しも出ないし、自分も中国には行きたくないとはっきり結婚を断ってきた。こうしてテーラーの恋ははかなく終わった。

テーラーはパーカー夫妻やジョーンズ夫妻の仲睦しい姿を見て、自分もあのようなパートナーがいればどんなによいことだろうと強く思うようになった。

「どうしても結婚したい」という願いがだんだん高まって、焦りのようなものを感じるようになった。それで、ロンドンのトッテンハムで知り合った二人目の女性、エリザベスに求婚の手紙を書いた。やがて彼女からも、ノーの返事が届いた。

第二次アヘン戦争が起こると、寧波の外国人はすべて上海に避難することになり、テーラーも寧波のイギリス人たちと上海に移った。

ディヤー姉妹の保護者であるオルダシー校長は、はじめて外国に出た女性宣教師第一号で早くからマラッカにやってきて、モリソンから中国語を学び、バタビア、香港で活動してきた剛の者であった。彼女は、「あたしは絶対に逃げないよ。敵軍が来たら、棺桶の中に入って山の中に運ばせるわ」と笑い飛ばした。ディヤー姉妹もオルダシー校長を独り置いておけず留まることになった。

しかし、第一次アヘン戦争の時とちがって寧波沖での海戦はなく、英仏連合軍は寧波沖をスルーして天津を攻めに北上していった。上海に移動したテーラーは二度の失恋ですっかり落ち込んでいたが、ある日突然、自分にもっともふさわしい配偶者が海の彼方のロンドンではなく、すぐ身近にいることを豁然として悟った。

マリアはクリスチャンとしての霊性は申し分なく、ネイティブな中国語を流暢に話し、頭脳の働きは抜群であった。しかし、恋の成就が遅れた理由は斜視で、二つの黒いひとみがすこし離れて動き、遠近や立体の視覚に難があることがマリアを恋愛に消極的にさせていたからであった。しかし、それでも三人のイギリス人男性がプロポーズし、マリアは断っていた。

テーラーはめらめらと恋心が募り、マリアに恋文を書いて知人に託した。

受け取ったマリアはテーラーを嫌いではなかったので、保護者であるオルダシー女史に相談した。オルダシーは話を聞き終わるや、しわくちゃの頬をこわばらせて、テーラーをののしり始めた。

「あんな男のどこがいいのよ。彼はジェントルマンではありません。生まれも育ちもいやしい家の子です。学歴もなく、ドクターのライセンスもない。プリモス兄弟会のようなたぐいの下らない会に入って安息日も守らない偽善者です。それにあのわざとらしい中国スタイルは何よ。思うだけでもへどが出るわ。絶対にあの人とつきあってはいけません」

外地では同国人の女性が少ないので、妙齢の独身女性は独身男性の間で争奪戦になる。オルダシーはマリアにテーラーという虫がついたら最悪だとおじけを感じた。

こうしてマリアにテーラーとの接触を厳禁した。

マリアから「もう二度とこのことで私に手紙を書かないでください」とテーラーに手紙が来た。

オルダシーがポーラとマリア姉妹を庇護しているのは、父親のサムエル・ディヤーの不幸な物語があったからである。ディヤーは一八三五年にロンドン・ミッションからマラッカに印刷技師として派遣され、モリソンの片腕となって漢字の字母を鋳造し、モリソン訳の聖書の出版にあたっていたが、マラリアにかかって一八四三年にマカオで没した。夫人は同地で宣教師ボーソンと再婚したが、四年後に病死した。残されたポーラ、サムエル、マリアの三人の遺児はイギリスに帰され、海外宣教師のパトロンのある篤志家に育てられた。ディヤー姉妹は長じてイギリス北部の小学校教師となったが、姉のポーラを寧波の女子小学校の英語教師に招聘する話が持ちあがった。ポーラは父母の遺志を継ぐために一も二もなく同意し、妹のマリアも姉に従ってやってきたのであった。

オルダシーは六〇歳になったので、学校経営を後任のミセス・ボーソンに託すことにした。ミセス・ボーソンは、ディヤー姉妹の母と再婚したものの四年後に彼女に死なれてしまったボーソンの後妻であった関係から、ディヤー姉妹に親近な感情をもっていた。彼女は早速、学校をアメリカ長老教会区に移し、ディヤー姉妹もそこに移した。そして国教会牧師のルピー夫妻が彼女たちの保護者になって一緒に住むことになった。マリアはこうして固いバリアの中に閉じ込められた形になり、テーラーはマリアに会う機会がなくなった。

マリアが突然目の前から消えるとテーラーは、毎日マリアのことを考えて居てもたってもいられなくなった。それで、マリアを隠した「敵」に反撃に出ることにした。

テーラーはオルダシーがマリアの法定後見人でないことをつきとめたので、ロンドンにいるマリアの育ての親であり、本当の後見人であるトム・ウオーレン氏に手紙を書いて結婚を許してもらおうと思った。それにはまず手紙を書く同意をマリアから得なければならない。だが、彼女と会えないので、接触できる機会を探していた。

機会はほどなくきた。

ある日、大雨のため洪水が出て、マリアと数人の女性が祈祷所に閉じ込められる事態が起こった。ジョーンズが駆けつけてきた。

「ハドソン、今がチャンスだ。輿を手配してすぐ助けに行こう。僕が下にいる間に君は二階に上がってマリアに会うんだ。いいかい」

二人は直ちに駆けつけ、ジョーンズが他の女性を一人ずつ輿に乗せて送り出している間にテーラーは二階に上がってマリアに会った。

「君がどこかに消えてしまってからずいぶん心配していたんだよ」

テーラーはマリアを抱きしめて言った。そしてロンドンの養父に手紙を書く旨のことを言い、マリアの同意を得た。

「僕たちの愛の行方を主におまかせしよう」

二人は熱い口づけを交わした。

二人が直接会ったことが知れると、オルダシーとルピーは猛然と攻撃をかけてきた。ルピーはテーラーを呼びつけて、禁止したにもかかわらず、強引に闖入して年端のいかないマリアに会ったのは乱暴にして不道徳な行為であり、われわれは保護者としてクリスチャンとして、断じて許すことはできないと罵った。

オルダシーとルピーは、テーラーは、結婚は事前に後見人に挨拶した上で交際の許可を求めなければならないビクトリア朝の礼儀作法をまったく知らない卑賤な下層の労働者階級の出身で、知性も何もない無免許のインチキ医者で、聖職者としての叙任権もないモグリだと、最大限の悪評を流したので、寧波のイギリス人社会は六割方の者がテーラーをあしざまに罵るようになった。オルダシーの悪罵はさらに続いた。

テーラーの帰国

髪は染料の手入れをしないので、茶と黒のまだら髪、だらしないチャイニーズスタイル、いつも金がなくてピーピーしている貧乏男、学校も満足に出ていない無免許医師、所属団体も不明、言うことが現実離れしていて、いったい何を空想しているのかわからない男、などという際限のない悪口になった。イギリス本国を遠く離れたここでも、イギリス社会の階層意識がテーラーを差別した。しかし、のちに大物になったアメリカ長老教会のマーチン・アレキサンダー師はテーラーの弁護側に回った。

「彼は宗教的夢想にとりつかれた神秘主義者だな。何か大きなことをしようとしているらしいが、それがまだつかめないでいるようだ。いつも金がなくてピーピーしているのは、すぐ貧しい中国人のために使ってしまうからだよ。神はこういう嬰児のような男を愛される。神のお声がかかったら、この小男は一夜にして鋼鉄の男に生まれ変わるだろう」

四カ月ほどしてようやくロンドンのマリアの養父から返事がきた。内容は、調査の結果、テーラーについては言われているようなネガティブな情報はないばかりか、ことごとくよい評価ばかりである。したがってこの結婚を許す、ただしマリアが成年の二一歳になるまで待つことを条件とするとあった。

オルダシーとルピーはそれでも公開の席での婚約解消を迫ったが、一八五八年一月二〇日に二人は教会で結婚式を挙げた。寧波の外国人キリスト教界や領事館や居留民の名士たちは誰も来なかった。親しい仲間たち二四人が立ち会い、一八人が祝宴に参加し、幾人かの海軍軍人も加わった。アメリカ領事だけは寧波でもっとも美しく刺繍した幌つきの輿を用意してくれた。二人はそれに乗って大勢の外国人や中国人信徒たちの紙ふぶきと歓声を受けて、ハネムーン旅行に出発した。

テーラーが所属する中国伝道会の送金は相変わらず遅れ気味であった。ピアース氏自身の株売買がうまくいかず、固定した寄付者もいないためであった。彼は仕方なく銀行から借りてテーラーたちの給料を送ってきた。テーラーはそういうやり方は滅びに至る道であり、何度も改善を申し入れたが実行されなかった。テーラーはこの伝道会にあいそをつかし、脱会することにした。ジョーンズも同意した。

一銭の収入もなくなったので、テーラーはマリアの給料と信徒からの寄付でおぎなった。微々たるものでしかなく、毎日の食事を切り詰め、衣服も新調せず古いものを補修して着た。しかしテーラーは毎日が楽しくてならなかった。マリアという神が与えたとしか言いようがない最高の伴侶を得たからであった。

マリアは立派な宗教家の家で育てられ、ビクトリア風のたしなみと教養が身についていた。生活は質素で贅沢をつつしみ、夫の宣教活動の足かせになるようなことは一切しなかった。

聡明な妻を得たことによって男がどれほど変わるか、テーラーの場合ほど顕著な例はなかった。オルダシーの言うほどでないにせよ、純朴だが粗野、マナーに欠けるテーラーの言動に変化が表れ、洗練さがすこしずつ加わってきた。テーラーはストレートに心に思ったままを言うために、他人から誤解され、傷つけてしまう場合が多かった。エキセントリックという形容詞はテーラーのためにつけられた言葉のようであった。感情の起伏が大きすぎるためにしばしば陽になったり、鬱になったりした。

マリアはテーラーの言動に対して、いちいち、小さい子どもをたしなめるように叱った。

「なぜもっとあなたは人に対して温かい言葉が言えないの。それは人に対する細かい思いやりが足りないからよ」

マリアはテーラーが欝になるとテーラーのよさを褒めて元気づけた。逆にテーラーが調子に乗り過ぎると、ぴしゃりと止めを刺した。

「あなたはまるで子どもみたい。そのときの気分でものを言ったり、人と接したりしてはだめ。いつも一歩ひいてものを考えるの」

「まるで君は僕の母のアメリアみたいだ。僕はまるでバーンズリーの家の子ども時代に返ったみたいだ」

「あたしはあなたの妻になったのだから、あなたをもっとすばらしい男に改造してみたいの。それがあたしの義務であり、権利ですもの」

マリアはテーラーのよき秘書役でもあった。テーラーの舌足らずで人に誤解を与える表現をもっと言葉数を増やすようにさせ、稚拙なテーラーの文章に手を入れ、彼のヨークシャーなまりをかなり改善させた。

結婚一年後、妊娠三カ月目のマリアは重病に陥った。もう命がもたないという事態になった。テーラーは最後の手段として未経験の療法を試みようとパーカーのところに相談に走った。目がくぼんでやつれはてたマリアの顔を思い浮かべながら、テーラーは錯乱状態に陥った。自分が帰りつくまでマリアの命がもつよう一心に神に祈りながら走り続けた。あまりに急いで走ったため、身体が前のめりに倒れ、地面にはいつくばった。そのとき、「苦難に陥ったときにはわたしを呼びなさい。わたしは汝を助けるであろう」という神の声を聞いたように感じ、不思議に心が落ち着いた。パーカーはテーラーの療法に同意したので、テーラーがそれを実施すると、不思議にもマリアは死地を脱し、安らかな寝息を立てるようになった。

マリアは回復して七月三一日に女児を産んだ。この日は、華氏一〇四度という記録的な暑さであった。

第二次アヘン戦争で英仏の艦隊は天津に上陸し、北京の円明園を破壊するなどの暴行略奪をほしいままにして、ついに北京王朝を屈服させ、天津条約が結ばれた。この条約で新しく五港を開港させたほか、武漢までの長江の航行権や沿岸貿易権を可能にし、イギリス商品の販路がぐんと広がった。アヘン貿易を公認し、外国人はパスポートを携行するならば、どのような奥地にでも旅行が可能になった。この結果、鉄道技師や鉱山師、探検隊などが奥地に旅行して地理や資源を探索することが可能になり、宣教師はほとんどすべての旅行可能なところに行って布教することができるようになった。ただし、内陸に不動産を取得して恒久的に教会や住居にする件は、英清、仏清間の条約でも条文化されなかった。

宣教師にとってはここがキーポイントであり、中国側にとっては条文化しないことが防波堤であった。宣教師にとって内陸に行ってそこにベースなりステーションなり教会なりを建て、居住するための不動産を自己名義でレンタルしたり、土地を購入することが肝心であるが、それができないときは、中国人不動産業者か信徒の名義で行うことができる。するとどういうことが起こるかというと、攘夷主義者は外国人宣教師を追い払うために不動産業者や信徒を脅迫して契約を解除させる。こういうことにさんざん苦労してきたカトリック宣教師は、条約文の中国語訳文の条項に詐欺的な方法でわずか一行の追加文を書き加えた。

「フランス人宣教師は各省において土地を借り、購入して建設することができる」

しかし、これはフランス語原文にはない。もし条約に疑義があるときはフランス語で書かれたものを正文とするから、中国側がそのときに気がつけば取り消すことができたが、不幸なことに中国側にフランス語が読める者がいなかったから気づかず、中国当局は布告でそのことを認めてしまった。

第二次アヘン戦争の再度の敗北と条約の屈辱的な内容のために中国全土で、攘夷運動が高まった。寧波のような穏健な土地でも、「洋人を殺せ！」と書いた排外的なビラが貼られるようになった。外国人に向かって「洋鬼子、帰れ！」と叫ぶ男女や石を投げる子どもたちが現れた。信徒たちは危険を感じてだんだん離れてゆき、診療所に来る客も少なくなった。中国人助手も身の危険を感じて辞めてゆく者が出だした。うだるような八月二五日、パーカー夫人が発熱した。最初はマラリアだろうとみていたが、コレラだとわかると、パーカーはあわてて彼女を隔離病棟に移し、必死になって治療を施したが、その日の深夜、彼女はあっけなく死んでしまった。パーカーは口もきけないほどの憔悴に陥った。

彼は四年間、寧波で外国人、中国人にとってかけがえのない医師として敬愛され、夫人はよき薬剤師、よき経理として夫を助け、彼の病院は三〇床の無料ベッドと三〇床のアヘン患者治療ベッドを擁して多忙を極めていた。しかしそのような活力のあった日々は瞬時にして消えてしまった。

パーカーは夫人の埋葬をすませると、憔悴しきった顔で蚊の鳴くような声で言った。

「ハドソン、僕はもうどうしたらよいかわからないよ。ここで四人の子どもを育てることは困難だ。もう帰国するしかないよ」

後任の医師をどうするかで寧波のスタッフは鳩首したが、結果は医師の資格を欠いているにせよ、テーラーと中国人助手にまかせる以外になかった。テーラーににわかに重任がふりかかってきた。彼は医療に専念するほかなくなり、マリアは薬剤師と病院のマネージメントを引き受けた。患者たちは毎日数十人がつめかけたので、テーラーは寝る間もないほどの忙しさになった。パーカーの残した経費は一カ月で底をつき、従業員たちの給料が払えなくなった。そこで最後の米袋をあけることになった。この米が尽きたら従業員はもちろん入院患者たちに与える食事も底をつく。

見切りをつけて辞めていく従業員が増え、給料の未払いをめぐって争議になった。支援してきたイギリス人たちもこれ以上の寄付は無理だと言いだした。

テーラーとマリアはひたすら神に祈りをささげて救いを求めた。二人を慰めるものは愛くるしく育ってきた娘のグレイシアだけであった。

このときロンドンのバーガー氏から一通の手紙が届いた。開けて見るとなんと五〇ポンドの小切手が入っていた。有力なドナーの一人であるウイリアム・バーガー氏の手紙には、最近父の遺産を引き継いだが、自分がもらうよりも、君に使ってもらいたいとしたためてあった。テーラーとマリアが熱心に祈った願いを神が聞き届けてくださったことに二人は深い感謝の祈りをささげた。これで診療所の危機をひとまず乗りきることができた。しかし、テーラーは過労から肺結核になり、医務を続けることができなくなった。病院経営も難しくなったので、ひとまず病院を閉めることにし、テーラーは養病と正式の医師免許を取るために、家族ともども帰国することに決めた。

第5章

寧波に六人を！

一八六〇年一一月一八日の日曜日、テーラー夫妻は一歳半のグレイシアを抱き、助手の王来君を従えて、テームス河口のグレイブセンド埠頭に降り立った。六年前より二カ月短縮したものの、まるまる四カ月の長航海であった。途中、悪天候が続き、ひどい船酔いに悩まされ続けたので、やっと解放された思いであった。

妹のアメリア夫妻が迎えに来た。一行は馬車に乗ってアメリア夫妻のベースウオーターの家に向かった。もし馬車でなく道を歩いていたら、一行の姿はまるでチンドン屋のように人々の好奇の目を引いたであろう。テーラーは洋服に着替えてはいたものの、頭上にくるくると巻いた弁髪は茶と黒がまじっており、髭はぼうぼうであった。グレイシアを抱いたマリアはくるぶしがかくれるほどのロングスカートにボンネットをかぶり、十数年前のファッションのままであった。それから大きな旅行カバンを両脇に持った東洋人の青年はたえずきょろきょろと見慣れない街を見回していた。彼の前に広がっていたのはまったく異なった文明の姿であった。

アメリアの夫のベンジャミン・ブルームホールはテーラーより三歳上の幼馴染で、立派なあご髭を蓄えた恰幅のよい新聞編集者であった。

家に到着すると、ベンはテーラー夫妻を二階の用意した部屋に案内した。

「二人に二階の二部屋を提供するよ。王君は狭くて悪いが、天井裏の三階で我慢してもらう。ここは自分の家だと思って、何カ月いたってかまわないよ」

「ありがとう。とにかくここでわらじを脱がせてもらう」

荷物を降ろし、テーラーは六年ぶり、マリアはもっと長く留守にしていたイギリス社会に戻って息をついた。

「まあ、下に降りてコーヒーでも飲まない?」

と、アメリアがダイニングルームでコーヒーをいれてくれた。久しぶりの会話がしばらく続いた後、

「ベンとアメリアには、僕が留守の間、寧波に行ってもらいたいんだが、それはどうなんだね」とテーラーがこれまで繰り返し手紙で言ったことを切り出すと、ベンジャミンは即座に答えた。

「ハドソン、それはだめだよ。僕はイギリスにおけるアヘン貿易禁止運動の重鎮だからね。片時もロンドンを留守にできない」

「あっさり断られたものだ。君はそうだったな。国家の正義を貫く同盟。昔から奴隷解放運動の先鋒だった」

「それからアヘン貿易禁止運動に切り替わった。奴隷解放はアメリカの問題だからな。神に仕える身は同じ。ハドソンが中国で内地会をやるのと同じように、僕はここでアヘン貿易禁止運動一本だよ」

二人は、バーンズリーで育ったメソジスト仲間だった。ベンジャミンの方が三歳上の兄貴分なので、いつもテーラーをリードした。二人はいつも議論しながら育った。

ベンは五歳の時、一八三四年八月一日の奴隷解放記念日の出来事をはっきり覚えている。その日、全英の教会の鐘が鳴り響き、着飾った黒人たちが続々と教会に入っていった。白人たちも黒人たちを見守りながら、路上でひざまずいて祈った。数百年にわたって奴隷を苦しめてきた罪を神に詫び、解放奴隷たちの前途を祝した。ベンジャミンの家でも一家が黒人メイドのエマに花束を贈った。エマはすでに自由黒人だったが、目に涙を浮かべてそれを受け取った。

ベンジャミンはミドルスクールに入るとすぐアメリカでの奴隷解放を支援する奴隷解放運動連盟に入った。一一歳の時、アヘン戦争が起こると、アヘン貿易禁止運動に共鳴してそちらに移った。今では、「国家の正義を貫く同盟」の新聞編集者であった。

「お互いに血の気の多いウエスレリアンだったたな」

「曽祖父以来のな。君の曽祖父と僕の曽祖父はウエスレー師のバーンズリーにおけるもっとも忠実にしてかつ過激きわまる活動家だった。そしてその曾孫が縁あって親戚になった」

「こりずに相変わらず血の気を燃やしている」

二人はコーヒーをすすりながら互いの顔を見て笑った。

一同は王を連れて、街に買い物に行った。とにかくまず洋服を買いそろえねばならない。マリアは間に合わせにアメリアの服を着せられていたが、二人は楽しそうにぺちゃくちゃしゃべりながら何度も布地をひっくり返した上で、やっと仕立て服を注文した。王にも洋服を仕立てることにした。王は見るもの聞くものすべてが好奇の対象だが、英語がよくできないので、つまりながら手振りでさかんに表現しようとした。テーラーは一〇日もブラブラしている間にすっかり元気を回復した。体力が戻ってくると、やらねばならないことが山のように迫ってきて、じっとしていられなくなった。

テーラーが帰国した目的は、一つには結核を治すことであり、二つ目は医師として正規のライセンスを取ることであり、もっとも重要なことは内地会を正式に立ち上げることであった。しかし差し迫ってやらねばならないことは、自分が寧波に残してきた空白を埋めるために至急に五人の若手の宣教師を送ることである。さらに向こうにいた時から教会伝道会のフレデリック・ゴウとやってきた寧波語ローマ字の新約聖書と賛美歌を完成して聖書協会の認可を受けて発行することである。寧波のブリッジストリートの教会にはジョーンズ夫妻が頑張っているし、洗礼をすませた信徒たち数十人や洗礼志望者がいっぱい待っている。テーラーは彼らのことを考えると一刻も猶予はできなかった。

テーラーは弁髪のためにそり上げた頭の毛がのびてもとの茶髪になってくると、髭をイギリス風にかりこんで、イギリス紳士の姿に戻った。まず寧波で世話になったドナーのウイリアム・バーガーのところに挨拶に行った。

バーガーはロンドン郊外のセイント・ヒルに広大な敷地をもつマンションに住んでいた。彼はコメ澱粉工場のオーナーで、株の売買もしており、経営は順調であった。彼は二人の兄とともにはやくからメソジストの運動をしており、事業に成功してからはあちこちにチャペルを寄贈したり、宣教師派遣の熱心なドナーになることが神に仕える自分の道だと信じていた。彼がテーラーを知ったのは、テーラーの派遣元の中国伝道会のピアース氏からしばしば献金の依頼を受けていたからであった。彼は、テーラーの寧波の病院が行き詰まったとき、進んで五〇ポンドを寄付した。

「あの時は本当にありがとうございました。おかげさまで無事に赤字を残さず病院の残務整理ができました」とテーラーが礼を言うと、バーガーは「あの金が生きたのはよかったよ。思わない遺産が入ったからね」と言った。

夫人が出てきて中国産の茶を入れてくれた。

中国情勢について雑談のあと、バーガーは「ところで明日からアイルランドに出張するからゆっくり話す時間がない。君のことはよく調べて信用している。またそのうちに話を聞くことにして今日は失礼する。まあゆっくりしていってくれたまえ」と言って部屋を出ていった。

クリスマスにテーラー一家はなつかしのバーンズリーの故郷に帰った。アメリアも王も同行して楽しい数日を過ごした。

父ジェームスはめっきり白髪が増え、太って身体がのろのろするようになっていた。母アメリアはマリアといういい嫁ができたことを心から喜び、グレイシアを抱きどおしで、金色の産毛を何度も撫でまわした。薬店は新しい店員が入り、忙しげに働いていた。このあたりはマンチェスターを中心として綿工業が発達し、シェフィールドは炭鉱夫が増え、労災事故による外傷や薬を求める患者が増えて忙しくなったという。テーラーは、このイギリス中部で生産される綿製品が怒涛のように海を渡って上海などの中国の港に押し寄せてゆく様を思い浮かべた。

テーラーが帰ってきたというニュースで教会仲間や友人が次々に訪ねてきた。また、あちこちでパーティによばれた。

テーラーはこの人たちを見るにつけ、なんとバーンズリーという街は小さくて平和な田園であることかと思った。あの中国大陸の巨大で、荒々しくて、時間が停止しているようでいて、人間が激しくせめぎ合っている猥雑きわまる世界とはなんというちがいであろう。自分が六年間に体験したことは、このバーンズリーの人たちには到底想像もできないであろうし、説明しても理解できないだろう。人々はいろいろ聞きたがったが、テーラーは上海城で経験したことや汕頭で自国のイギリス人がいかにあくどいことをしているかについては一切話さなかった。

父ジェームスの親友で統一メソジスト自由教会のリーダーをしているヘンリー・ベルが、パースで洗礼を受けたばかりのジェームス・ミードウという青年を連れて訪ねてきた。

「この男がさ、神に一生をお仕えしたいが、どういう方法でお仕えするのがよいのでしょうかと聞きに来たものだから言ってやったんだ。すばらしいところがあるぞ、海を渡って中国に行ってキリストの教えを広める仕事だと言ったら、こいつ、飛び上がって喜んでね。ぜひ教えてくださいってせがむものだから、ハドソンのところに連れてきたわけさ」

ミードウはイギリスの田舎にどこでもいるすこしおっちょこちょいで単純な若者であった。テーラーは五人の宣教師を急いで探さねばならなかったので、彼を見てまあ合格とした。それからもう一人のホワイトリーという志願者とも面接し、これも合格としたが、ホワイトリーは牧師になるといって後で辞退してきた。

年が明けると、テーラーはハルに足を伸ばした。ハーディ博士はすでに亡くなっていた。テーラーはここでも志願者と面接した後、そこから船でロンドンに帰った。ハンバー河口はあのころと同じように北欧航路の客船や漁船が水面をうずめるように輻輳《ふくそう》していた。マストの間をカモメが舞っている様子は昔のままであった。

ロンドンに戻ると、テーラーは旧師であるロンドン病院のクラーク博士を訪ねた。クラークは、テーラーが解剖時に指から細菌に感染して生死の境をさまよった時のことをよく覚えていた。

「君は成績優秀で、もうすこしで単位をとれるところだったのに、惜しいことをしたな。今度はきちんと単位をとって医師免許をとっていきたまえ」

彼はテーラーを診察した後で、

「肝臓、消化器、神経系統が相当にまいっている。いくら強情な君でも、ここ数年は外国行きは無理だな。ここでゆっくり病気を治さないともう永久に行けないどころか、命がなくなるぞ」と脅した。

しかし、テーラーが思い込んでいた肺結核ではなかったことで安心した。

そのあとで、ライセンス取得の相談に行った。六年前見習いだった同僚がそこの医師になっていて、温かく迎えてくれた。

「君は成績抜群だったのにいきなり辞めてしまったのには驚いたよ。もうすこしのところだったのにな」とクラークと同じようなことを言った。

「急に中国行きが決まったのでやむを得なかったんだ。やはり医師のライセンスがないとモグリだと思われてずいぶん損をした。ところで、王立外科大学の外科と産科のライセンスをとりたい。いったいその費用と時間はどのくらいかかるんだい」

友人の答えは、費用は父の出してくれる額ですみそうだが、時間はどんなに早くても一年以上かかると言った。テーラーの忙しさだと産科までとるには、まあ三年はかかるな、と言われてがっかりした。とにかく入学手続をすませて友と別れた。


テーラーはミードウという好青年を発見したが、アメリアとベンジャミンにあっさり断られたので、あと五人を見つけねばならなかった。

「寧波に五人」。テーラーは既存の教会やセクトを回って志願者を探して回った。五人が同意したら布教の訓練を施し、王に初歩的な語学のレッスンをさせるつもりであった。王は寧波語聖書の翻訳ばかりでなく語学訓練の講師として連れてきたのであった。

ちょうどこの時期、時代の風がテーラーに味方した。

一八五八年、アメリカのボストン、ニューヨーク、フィラルデルフィアなどの大都市で午後のビジネスタイムが完全に中断され、おびただしい数の店員や会社員や労働者たちが劇場や消防署や公園などに集まって静かに祈りをささげた。全市の教会の鐘が鳴り続けた。何度目かの大覚醒運動だった。かつてマサチユーセッツの野外シアターで行われた初期の集会のような巨大なファイア・ストームの回りで踊り狂う絶叫や駆け回りや血みどろの鎖の鞭打ちなどは見られなかった。成熟した人々は一九世紀が半ばを越してやっと奴隷が解放されたことを祝い、アイルランドのじゃがいも飢饉で二五〇万に及ぶ難民がアメリカ、カナダ、オーストラリアなどの新大陸に移住してきたことを歓迎し、彼らがカトリックからプロテスタントへの無事〝改宗〟を助けるための集団的な祈りに人々は愛の心を込めたのであった。

大覚醒運動は大西洋を越えたイギリスにも同時的に起こった。東ロンドンの貧民地区に住むキリストを知らない貧しい人たちに対するさまざまな伝道団体による布教活動が盛り上がった。運動の担い手たちは、国教会の正規の聖職者ではなく、非国教会のさまざまなセクトの活動家だった。大きなセクトもあれば、一人一セクトとよばれるくらいの小さなセクトも混じっていた。彼らは、互いに他の宗派とコラボレートし、およそセクトの区別はみられなかった。

スラム地域の広場には小さなテントを張ったにわか作りの祈祷所が並び、空き時間を借りた劇場におびただしい人々が詰めかけた。活動家たちは仕事にあぶれた労働者たちをそこに導いて、ちらしを配り、祈祷し、説教を行い、音楽を奏でて賛美歌を歌った。太鼓を叩いたり、笛を吹いたり、旗を立てて食事を配ったり、まるで祭りの気分だった。

テーラーを迎えたのはまさにこういう時代の空気で、これがテーラーの中国行き志願者集めに好都合にはたらいた。

テーラーが既成の宣教会に行って宣教師の派遣を頼むと、彼らはまずその必要性について同感を示したものの、断りの返事はどこも同じであった。

「残念ながらファンドが足りません。外国までミッションを派遣することは今のところ考えておりません」

肝心のメソジスト教会では、「中国のような国情の乱れた国に若い命を出して危険に遭わせるよりも、もっと安心して出せるところに出すことが神のご意思にかなうことです」と丁重に断られた。

しかし、急に広がったイギリスの植民地に派遣する宣教師はいくらでも必要だった。とくに天津条約で、中国の内陸にもパスポートさえあれば布教が可能になったので、宣教師の増派は焦眉の課題であった。大手の教会は大学卒業者や聖職者など教会に正式に叙任された者でなければ派遣を許さないので、適任者は極めて稀であった。

それで、非国教会系の宗教団体はこれまで行く資格がなかったアルチザン階層、つまり職人や下級事務員や無学歴の労働者に訓練を施して派遣することを考えた。ロンドン市宣教会やグラスゴウ宣教会ではそのことですばらしい成果を上げていた。

「長い人生のある限られた時間を外国に行って福音を伝えることは一生の思い出になります。神のご意思うにかなうことです」という語りかけが説得力をもった。多少生活に余裕の生じた事務員の人たちは、一時仕事を休んでそれをすることはいいことかもしれない、と考える人が増えつつあった。

テーラーはトッテンハムやハックリーのかつての宗教サークルの仲間を訪ねて回った。旧友たちはテーラーを温かく迎え、友情が復活した。彼らの中国に対する関心も衰えていなかった。

バプテスト宣教会のセクレタリーをしているウィリアム・レイウエスはとくに熱心で、「とにかくみんなを集めて君の中国報告会をやろうじゃないか」と、テーラーにもちかけた。テーラーは同意して早速ブライアンストン・ホールや組合教会やレイウエス関係の教会などでたて続けにしゃべって回った。

講演が非常に感動を与えたので、レイウエスは自分が編集しているバプテスト・ミッショナリー・マガジンに、その内容を寄稿しろと勧めた。テーラーは時間をつくって『中国は福音を待ち望んでいる』という題名で書きおろした。

三億人の民が一生、キリストを知らずに生き、惨めに死んでゆく。しかるに、プロテスタントの中国人信徒は五〇年の布教の努力にもかかわらずわずか三千人にすぎない。スコットランドには千人もの牧師がいるというのに、この広い大陸に福音を伝えるプロテスタントの宣教師はわずか二五人しかいない。われわれは彼らを暗黒の大陸に置き去りにして見捨てておいてよいのか、という内容を切々と心をこめて書いた。レイウエスはざっと見て、「これはいける。すぐ今月の号に載せよう」と興奮して原稿をひっつかんで出て行った。

翌日レイウエスがやってきて、内容はすごいが表現にもうすこし工夫が必要だ、と文句をつけた。

「たとえばだよ、中国には福音を知らない異教徒が三億人もいると言ったな。でも、スリーハンドレッド・ミリオンと言ったって、どのくらいの数なのか想像できるかい。

そこで三億人の中国人が万里の長城みたいにズラーッと一列に並んでいるとする。君が立っていて一人ずつ彼らにちらしを渡すとする。渡す時間は一人一秒間だ。一日に寝る時間と食う時間を省いて一六時間配るとする。すると全員に渡し終えるまでどのくらい時間がかかるか。いいかい、驚くなかれ、一五年間だぜ。これでいかに大変な数かわかるだろう」

テーラーはなるほどよく考えたな、と思った。それで、中国の広さは一人の人間が一日に三〇マイル歩くとすれば、端から端まで歩いていくのに四八三年かかる、ということも書き加えた。

パーカー医師がひょっこり訪ねてきた。彼はすっかり元気になっていた。話はいつまでも尽きなかった。パーカーは最近人づてに聞いた北京や上海の近況を話し、自分は近々再婚するが、そうしたらまた寧波に戻るつもりだと言った。テーラーはそれを聞いて嬉しくなった。寧波で頑張っているジョーンズの手紙では、彼の健康がますます悪くなっていることやCMSの友人のフレデリック・ゴウも妻の病気で帰国せざるを得なくなった状況を知っていただけに、もしパーカーが戻ってくれれば、千軍の味方が得られるなと喜んだ。

そのゴウがやつれきった妻を抱えて帰ってきた。ゴウは派遣組織はちがっていたが、寧波で一緒に伝道し、二人で一生懸命寧波語ローマ字聖書づくりをした。ゴウは歯をくいしばって病身の妻を連れてやっと祖国にたどり着いたものの、なんという運命の残酷か、メリー・ゴウは四日後にこの世を去った。

ゴウは妻を葬ると、テーラーの部屋で一緒に寧波で取り組んできた寧波語ローマ字聖書と賛美歌集の発行に身を入れだした。そうすることによって妻を死なせた悲しみから逃れようとしているかのようだった。テーラーの部屋には壁に大きく中国全土の地図が貼ってあった。二人は毎日、その地図の前で仕事をした。

ある夜、テーラーがふと筆をとめて、ゴウに言った。

「この広い中国の中で寧波はただの一点だ。俺たちはこの広い中国にくまなく福音を届けようと目指しているのに、俺たちはこの寧波だけにこだわっている。果たしてこれでいいのか、と疑問に思うことがある」

ゴウはテーラーに顔をキッと向けて言った。

「おまえはまだわかっていない。中国には何十という言葉があるんだ。北京語もあれば広東語もあり、福建語、蘇州語と限りを知らない。文字だって漢字で表現できない言語がいくらでもある。寧波語は比較的に流通範囲が広いのだ。漢字が読めない人たちにはローマ字を教えるほうが早い。そういうことで、まず最初に長江南部地域をターゲットにしようというのが、俺たちの合意だったじゃないか。おまえはそれを忘れたのか」

「そうだ。君の言うとおりだ」

「それならぶれたようなことを言うな」

「すまん。まあ、もっと広い中国全土に福音を届けるという初心を忘れないためにつぶやいただけさ」

「俺たちのつくった聖書で君の内地会のメンバーたちが伝道するのだぞ。よくわきまえておくがいい」

ゴウは忙しい男で、何かの用事があるとすぐ飛び出て行った。二日も三日も帰らないことがあった。だから仕事がすすまない。テーラーが文句を言うと、その代償みたいに二日ぶっ通しで徹夜した。テーラーはこれにつきあわされるのでまいった。

ようやく校正が終わったので、聖書協会はＣＭＳのお偉方のヘンリー・ベンのところでお墨付きをもらい、二千部の発行を応諾するという返事をもらった。テーラーは聖書協会の担当者に欄外に注釈を加えるように申し入れた。

「ここまで訳すのに一〇年も時間がかかったんだ。国教会の宣教師三人とアメリカン・プレシビテリアンの宣教師三人が汗水たらしてね」と余計な注釈までつけ加えて、彼らが期限までに確実に仕事を実行するよう念を押した。

何事も時間との競争だった。

テーラーは大学の入学が決まると、父の誕生日祝いに送った手紙で、大学の費用と薬の無心をし、近々バーンズリーに行くと伝えた。

クリミア戦争にロシア軍将校として参加し、『戦争と平和』を執筆中のトルストイの訪英中の談話が新聞に載った。トルストイは、ロンドンの繁栄は吐き気をもよおす、このような文明は自分にはいたたまれない、と遠慮のない発言をしていた。テーラーも同感であったので、その記事が印象に残った。

レイウエスの雑誌に載った論文が反響を呼び、バプテスト宣教会はテーラーに彼らの年次総会でスピーチしてくれと依頼してきた。バプテストは六人の宣教師を中国に送るので、その壮行という意味であった。

テーラーは約束を実行した。

この結果、テーラーとバプテスト教会の関係が密になり、彼らの機関紙にテーラーが彼らの中国布教に協力する旨承諾したかのようなインタービュウ記事が載った。さらに当然といった感じで、バプテスト派遣チームのリーダーになってほしいと依頼してきた。

テーラーはバプテスト宣教会のような大きな組織と関係すれば、資金的な苦労はまぬかれ、自分のチャイナ・インランド・ミッションの活動に利するところがあるかもしれないと思ったが、丁重に断ることにした。なぜなら、バプテスト宣教会のような大きな組織にはまり込むといろいろな制約が生じ、活動が思うようにいかなくなるおそれがあったからだ。

テーラーが事実そうであったように、現地に行けば、さまざまなセクトの宣教師が活動しており、彼らはセクトという壁を蹴飛ばしていた。ただ国教会（アングリカン）か非国教会か程度のものでしかなく、自己責任で動いている。自己判断で他のセクトの世話になったり、彼らを入れ込んだりする。テーラーは、自分が立ち上げようとしているチャイナ・インランド・ミッションはまさにそういう開かれた組織でなければならないと思っている。この時点で彼がバプテスト教会の申し入れに若干でも心が動いたのは、まだ彼自身の組織の立ち上げにしっかりした計画が定まらなかったからであった。

それを見越したかのように、ウイリアム・バーガー氏から呼び出しがあった。

テーラーが訪ねていくと、バーガーは散歩しながら話そうといって、二人で広い敷地内を歩き出した。敷地の中には林があり、農場があり、大きな池もあって白鳥が泳いでいた。池のほとりに沿っていくとあずま屋があり、そこで二人は向かい合って座った。メイドがコーヒーを運んできた。

「君はピアース氏のところから離れて内地会をつくって独立したいというようなことを言っていた話を聞いた。それなのになぜバプテストのようなところをうろうろ回っているのだ。今日は君の構想をゆっくり聞こうではないか」

テーラーは率直にまだ自分の構想が決まっていなかったと言って釈明した。

「バプテスト教会は自分のところからしかミッションは派遣しない。そんなことがなぜわからないのか。君はあやうく彼らに巻き込まれるところだった。君の計画がどんなものか、固まっていなくてもいいから話してみなさい」

そこでテーラーは、スペシャル・エージェントという構想を話した。

天津条約で中国の港湾の九市が外国に解放され、そこにはすでに租界ができて、プロテスタントの教会もできている。そこには神父がおり、宣教師もいる。条約ができると、外国の宗教界はすばやく租界の土地を安く買い占め、そこに教会や病院や乳児院などを建てる。それ以外に、居留民に貸す賃貸住宅を建てて家賃をとり、教会の運営資金に充てる。これで生活を保障された神父や宣教師は租界の中や周辺の安全な地域で布教に従事することになる。しかも、第二次アヘン戦争の結果、天津条約によりパスポートさえ持てば、自由に内陸に旅行して布教することもできるようになった。しかし、完全な安全が保障されないかぎり、彼らは危険を冒して内陸にまで布教しようとはしない。

「こういう安全圏内でのみ布教しようというのは、軍艦に保護されて、国家権力の旗の下に宗教活動をすることで、それは偽物のクリスチャンのすることです。宗教に国家の旗は必要ありません。保護も要りません。僕たちは神の呼び声に応じて中国のどんな地域にも出かけていって、福音を伝えようと思っていません。たとえ殺害されたとしても、それは神の思し召しにかなうことですから」

テーラーは何のよどみもなく何百回、何千回の質問に対して常にそう答えてきたように話した。

「たしかにそのとおりだ。宗教界でも、ドナーも君を認める人が出てきた。金を集めるにはしっかりした計画を彼らに示さないといけない」

テーラーは紙の上に図を描いた。

「僕たちは、すでに租界ができた省で既成の宗教界の人たちと競合しようなどとは思っていません。ヨーロッパ人のプロテスタント宣教師がまったくいない一二の内陸の省に二人のヨーロッパ人宣教師と同数の中国人神父を派遣します。この四人が省都にベースを設けてステーションに育てます。ステーションになったら新人にバトンタッチし、信徒が多く集まればそこに教会をつくります。次の段階で四人は隣り合ったより小さな都市や県に布教してそこにベースをつくり、ステーションに発展させます。ステーションが大きくなれば面としての教会になります。ヨーロッパ人宣教師が新しい土地の開拓を行い、ネイティブの神父を育てて、後を託します。そしてさらに新しい都市に活動を移していきます。

したがってこの計画のためには、最初の二四人のヨーロッパ人と二四人の中国人がどうしても必要です」

バーガーは、それだと内地会の費用は最大で年五千ポンドくらいかかるな、とざっと頭の中ではじいた。

「まず寧波から始めるとしても、どのような都市をどうして見つけるかだ。内陸に入って本当に安全が確保されるのか。活動がどこまで行えるのか。拠点にする住居はレンタルできるのか。彼らの生活物資はどこで調達できるのか。内陸にいる彼らに経常費用をどうして送金するか、などなどいろいろな問題がある」

テーラーはあっさり答えた。

「そういう問題は現地に行って調べればよいことです。寧波はすでに他の団体が入っていますから、僕は最初の根拠地を杭州にしようと決めています。そこから七つの都市に宣教師を出します。しばらくの間、彼らがそこで中国人と親しく交わり、信頼を得るにはどうすればよいかを勉強させます」

テーラーはこの間の試行期間が非常に重要だと力説した。

「われわれヨーロッパ人と中国人は、まるでコインの裏表のように考え方や習慣が異なっています。われわれが当たり前と考えることでも彼らは疑いの目で見、なにか裏があるかのように取ります。イギリスのマーチャントはアヘンを売買したり、中国人の奴隷輸出をしたりしているので、中国人の疑惑を取り除くには大変な努力が必要です」

バーガーはテーラーの理想はわかるにしても、イギリス人の非国教会の若者、それもアルチザン階層の人間が、言葉も習慣もちがう土地でどれだけやれるのかが心配であった。すぐに思い浮かぶのはみじめな失敗であり、撤退であった。

大手の宣教団体では、叙任された聖職者ないし教育を受けた宣教師ということが派遣の条件になっている。神の義を説くにはそれだけの素養と能力が必要であるというのがイエズス会以来の考え方であった。国教会とイギリス政府がつくったロンドン・ミッションのようなところは、そのような宣教師が集まる。しかし、テーラーの内地会のような非国教会の小さなセクトにはそういうエリートは応募してこない。やってくるのは職人や下級事務員のようなアルチザン階層である。カトリックでは宣教師は平信徒であるが、フランス革命とナポレオン以後は逆に聖職者を排除し、下級聖職者や平信徒を国家公務員のような扱いで海外に出していた。彼らは法王庁と国家の政策に従順な尖兵として働く。プロテスタント側でもチャールス・シメオンとジョン・ヴァンなどの宗教界のトップは、平信徒でもカテキズム（教義問答）ができる程度の素養のある者、あるいは叙任資格を得るために修行することを条件として、派遣を認めていた。

バーガーは話を聞いて、これは大変な冒険になると思ったが、テーラーのような男は二度と現れることがないと思い、ヨシュアのようなこの若者に賭けてみようと思った。

「これからもいろいろ話を聞こう。困ったことがあったら言ってきなさい。君が来やすいように部屋を用意してあげるからしょっちゅうここに来なさい」

帰り際にバーガー夫人が出てきて、「今度は一家でおいでなさい。庭でバーベキュウを楽しみましょう」

と言ってくれた。

ここでドナーと宣教師との関係を説明すると、それは神の前において対等であった。ドナーが金や物資を出し、宣教師がそれを費消する、といっても宣教師がドナーに依存し従属するというわけではない。ドナーが金を出すことは神の道にかなうことであり、宣教師がそれを受け取ることは神の恩寵を得ることである。宣教師が祈りを神にささげると、神がそれを聞き届けてドナーを動かす。宣教師がドナーに向かって、これこれの金品が必要ですから出してください、と頼むことはないとされた。

国教会や大きな教会は信徒数が多いので大口の、あるいは零細な寄付を集めて比較的に多くの宣教師を派遣する力があるが、小さなセクトは余裕がないから、少数の宣教師しか出せない。ドナーの献金にしても、この人とかこの部分に使うように指定して出した。テーラーの内地会のようなできたばかりの小さな会は、こういうドナーつきの宣教師も集めなければならなかった。

宣教師の派遣費用はドナーの寄付に依存したから、宣教団体はさかんに祈祷を行い、神がドナーを動かしてくださることをひたすら願い、集まった寄付金額の範囲内で派遣事業を行った。神のご意思は寄付金額の多寡において示された。多くの者が熱心に限りなく祈祷回数を重ねることによって、神への願いが通じる。かつてテーラーが、ハルのハーディ医師に給料の支払いを思い出させたように祈り、それが通じてドナーを動かそうとした。

「祈ってください」「祈ってください」とテーラーが常に多くの人たちに頼んでいたのは、神は祈りの総量が多ければ多いほど、気づいて恩寵を下す可能性が高いと信じていたからであった。

三月、マリアが第二子の男の子を産んだので、一家はアメリア夫妻の家を出て、ビューモン・ストリートの家に引っ越した。この家は病院に通いやすい位置にあるうえ、イーストエンドの貧民街に接していて、奉仕活動に便利だった。

しかし、環境のひどさはすさまじかった。

夏だったので、テームス河に流れ込んでくる腐敗物とヘドロの悪臭が周辺一帯に漂っていた。昼間から酔っ払って道路に寝ている男や手押し車にタバコや果物などの商品を積んで売り歩くボロをまとった少年、ふしだらな服装をこれみよがしにして歩く売春婦がいるかと思うと、おびただしい労働者が油ですすけた服を着て街路を歩いていた。

ミードウはこの家に同居して、テーラーから終日、宣教師としての適性の試験を受けることになった。テーラーがもっとも重視したのは信仰の深さである。ミードウはこの点で合格したので、今度は伝道の訓練と王来君から語学の訓練を受けることになった。ミードウは婚約者のマーサも中国に連れて行くことにしたので、マーサも一緒に受けることになったが、マーサはこのとき現れなかった。

ミードウがテーラーの家に一緒に住んで驚いたことは、テーラーが極悪な環境にまったく平気でいることだった。彼は服装をあまりかまわず、家具もベッドも食器類に至るまで粗末な安物で、石炭を節約するために暖炉の火もチロチロとしか燃えていなかった。料理や洗濯、床磨きまでせっせとしている中国人は使用人ではなく、れっきとした中国語聖書の助手で、かつ自分の語学の教師でもあったので驚いた。

ミードウは、こんな貧しい生活をしているテーラーがどうして自分とマーサを中国に送る費用を捻出できるのか不思議に思った。

テーラーは伝道の訓練のため、ミードウとマーサを東ロンドンの貧民窟に連れて行った。そこはいつも祭りかなんぞのように、さまざまな宗教団体が互いに競争するかのように、労働者をそれぞれの仮設テントの説教場に誘導していた。仮設テントの中には粗末な長椅子が並べてあり、一定の人数が集まると説教を始める。その後で、身の上相談、職業相談、小口の貸金庫、古着の配布、慈善鍋などのサービスが付随していた。

テーラーはミードウに、「あそこにいる人たちを誘ってみなさい」と命じ、ミードウが十数人集めると、テーラーはマーサに聖書の一節を朗読させてから、ミードウに説教を行わせた。大部分の人は聖書を読んだことも、教会に通ったこともなかった。終わってから、テーラーはマーサに朗読はただ棒読みでなく、相手によく伝わるように抑揚をつけて読むこと、ミードウには説教は身振り手振りも必要だし、いろいろな経験や例え話を加えて面白く話すようにしないと聞いてくれないんだ、と言った。それには絶えず聖書を読んで深く理解していないといけないし、いろいろな話題ももっていないとだめだよ、と教えた。

テーラーはこれ以外にミードウに簡単な医療知識も教えた。

一八六一年の暮れが押し迫った頃、超高速船のチャレンジャー号が出航間際だというニュースを聞いたので、テーラーは早速船長と交渉に入った。バーガーはミードウ夫妻の餞別に百ポンドを出してくれた。テーラーは一般客より二六ポンドも安く切符を買うことに成功したので、残りをミードウ夫妻の出費に与えることにし、バーンズリーに戻っていた二人に、出発まで二日しかないから大至急ロンドンに出てくるように伝えた。

年が明けた一月三日、ミードウ夫妻はロンドンで旅行の準備を整え、七日にグレイブセンドから乗船した。出航のドラが鳴ると、ミードウはものが言えないほど胸が詰まっていたので、テーラーに走り書きした一行のメモを渡した。

「僕と僕の妻は善良にして聡明な主の御手のうちに抱かれました。元気で行ってまいります」

パーカー医師と新妻は四日前に出帆したばかりであった。テーラーとマリアはミードウ夫妻が乗った船影が小さな一点になるまで埠頭で見送った。ちぎれた紙テープが大きく円弧を描いて空に舞っていた。

家に帰ると、去年の一〇月の日付がついたジョーンズの手紙が届いていた。家族は病気のしっぱなしで、赤ん坊のジョンが死に、娘のルイザも唇が麻痺する病気にかかり、まもなく死んだとあった。妻の健康も心配だとあった。ジョーンズは人生の最大の危機にあるというのに、いつもユーモアを絶やしてはいけないと思っている人で、あらゆる艱難にも打ち克っていきますからご安心くださいと結んであった。

テーラーはミードウ夫妻がどれほどか彼の支えになるかわからないが、まあ、何らかの手助けにはなるだろうと思った。

ジョーンズが手紙を書いた一〇月以後のニュースが現地帰りの人から伝わってきた。太平軍は上海の周辺から攻めようとし、一一月、いよいよ寧波の危険が迫ってきた。パークス領事はイギリス軍艦の派遣を要請し、外国人はすべて租界に避難するよう命令を出した。ホープ提督は南京に軍使を出して上海攻撃の停止期間を一年間延長するよう申し入れたが、最前線の将軍は拒絶した。太平軍は一八六二年一二月九日、簡単に寧波と杭州を陥れた。

判明したことは、政府軍との激烈な戦闘で周辺の街も村も灰燼に帰し、偶像を祀る寺院や廟はことごとく焼き払われ、その被害の様は想像を絶するとあった。次に来たジョーンズの手紙には、ブリッジストリートのキリスト教会は難をまぬかれたが、中の調度備品類がことごとく略奪されたこと、進駐してきた太平軍の将校は、われわれは外国人の生命財産は保護し、それに違反した者はその場で極刑に処していると語ったとのこと、太平軍には年端もいかない少年や子どもが多いが、もっとも乱暴なのは彼らで、捕虜を監視したり、暴行したりする振舞いは目に余るものがある。街頭では血まみれの死体が何体も見られたが、兵隊ではなく、普通の農民か苦力とみられる、とあった。

テーラーが免許取得のために通い始めたロンドン医専はロンドン病院の奥にあり、病院の門を入ると、小児患者が泣き叫ぶ声が聞こえ、喧嘩や事故で運び込まれる患者が多いことは六年前と変わりなかった。しかし、一八六一年だけでロンドンで赤痢とコレラによる死亡者は数千人に達し、隔離病棟も患者で一杯であった。当時はまだコッホによるコレラ菌は発見されず、コレラの有効な治療法はなく、ただ消毒、隔離して下剤などを飲ませ、阿片や甘汞《かんこう》などの薬剤を用いたが、治療してもしなくても致死率は四〇%から六〇%に達した。上海でもコレラが猖獗《しょうけつ》し、世界中に蔓延したのはイギリスの軍隊がインドからあちこちに伝染させたものと各国から非難されていた。

テーラーはとくに伝染病に対する予防と治療の勉強に力を入れた。

授業はもっぱら臨床による実習で、テーラーは他の学生よりはるかにベテランであったから、旧知の教授は特別扱いしてくれた。授業料も後半期はフリーとなった。

その後の寧波の情報が伝わってきた。一八六二年五月一〇日、前年一一月に中立を守って太平軍に対する攻撃を控えたイギリス海軍エンカウンター号デユー艦長の率いる陸戦隊が寧波に上陸し、フランス軍と合同して寧波城を砲撃し、激烈な戦闘となった。太平軍は激戦の末、一二マイル西方の余姚に撤退し、イギリス軍も相当な損害をこうむった。コーンウエル大尉が戦死し、傭兵軍隊長のワードが太平軍に参加していた外国人義勇兵によって狙撃されて死んだ。寧波の再奪取により、ようやく寧波に平和が回復した。

ワードの戦死により、前年まで天津のイギリス租界で測量建設に従事していた工兵中尉チャールス・ゴードンが司令官になった。曾国藩の湘軍、李鴻章の准軍と協力して、大砲の威力と連発銃を駆使することによって連戦連勝し、ゴードンの軍隊は常勝軍といわれるようになった。太平天国の大動乱もいよいよ先が見えるようになった。

テーラーはミードウ夫妻を送り出すと、さらにあと三人を見つけるべく奔走した。統一メソジスト自由教会はようやく中国への宣教師派遣を決定し、中国行き志望者を推薦すると連絡してきた。テーラーはその一人、地方説教師のウイリアム・R・フラーと面接し、語学の能力と薬剤の知識についてただすと、かなり適切な人物であることがわかった。フラーは今すぐにでも行きたいというので、テーラーはロンドン病院に医療のトレーニングをしてもらうよう頼んだ。

もう一人現れたのは、うってつけの男であった。スコットランド高地人のジョン・スチーブンソンで、彼は南太平洋の食人種の島に布教に行ったジョン・バートンの話に感動して、自分も彼に習おうと南洋語のボキャブラリーを収集していた。二〇歳になって大学に上がる準備をしていた時に、テーラーの論文を読んで布教の目的地を南洋の島から中国に変える決心をし、テーラーに手紙を出した。

テーラーはそれを見て、たまたまスコットランドに旅行中のバーガーに会ってもらうことにした。バーガーが彼の中国行きの志望が固いことを確認したので、スチーブンソンは喜び勇んでロンドンにやってきた。天性の語学力があり、寧波語の新約聖書をわずかな時間で正確な発音でそらんじてみせたので、テーラーとゴウは舌を巻いた。しかし、この有能な人物はすぐには出さず、大学を卒業するまでロンドンで仕事をさせることにした。

医療の勉強をしていた王来君はめきめきと成績を上げてきたので、テーラーは嬉しくなった。ジョン・

マラとリチャード・ツルーラブという青年も志願してきた。続々と志願者が現れる気配を察して、ピアース氏は「落ち穂拾いと奉仕の案内」という宗教雑誌に、テーラーと母アメリアとの六年間の往復書簡を編集して連載したらきっと理解者が広がるだろうと勧めた。テーラーは六年間母に送り続けた手紙はまさに僕の布教の歴史にちがいないと思い、応じることにした。

この連載が始まると、読者の反響はすさまじかった。毎日のように問い合わせがあり、訪ねてくる者が多くなった。ビューモン・ストリートの家は手狭になったので、住宅地区にあるコボーン・ストリートの三階建ての家を借りることにした。この家はたちまち、若者たちのセクト横断のアジトになった。アングリカンあり、バプテストあり、メソジストあり、プレシビテリアンありで、四六時中、興奮した会話や笑い声が途絶えることなく、ときに応じて歌いだす賛美歌で家全体が湧きかえるようであった。

現在までに集まってきたメンバーはフラー、スチーブンソンのほかに、ジョン・マラ、ジーン・ノットマン、ステファン・バーチェット、リチャード・ツルーラブ、ジョージ・クロンビー、それに二人の女性ジェーン・ボールデンとエミリー・ブラチェリーなどで、いずれも中国語の勉強を怠らず、ある者はロンドン病院に通って解剖学や簡単な医療の知識を学んでいた。わけてもバーチェットとツルーラブは中国スタイルに変身し、熱狂的だった。

このうち、フラー、王来君、ノットマンが先に出発した。

一八六四年夏、ついに一四年間にわたって中国全土を震撼させた史上最大の叛乱となった太平天国の乱が終結した。おびただしい人間が夢を見、おびただしい人間が恐怖し、何万という都市や村が破壊され、数千万という死者が出た大動乱がついに終わった。中国浪人ジョン・スカースは帝国文理院の教授の職についていたが、太平天国に万感の思いをこめて著書に記した。「イギリスさえ中立を保って介入しなければ、今頃は中国はキリスト教国家になっていたであろうに」

平和が回復したので、空白になっていた布教地にむけてロンドン・ミッションはじめ欧米の宗教団体が活発に動き出した。


一八六五年三月、宣教師用の格安船コリア号のラッセル船長から、渡航者はプリモス港まで来てほしいと連絡が入った。なんでプリモスなのかと聞くと、ビスケー湾を航海中、漂流中の廃船をプリモスまで曳航して積載していた石炭をただで頂戴したので、おたくたちの要望どおりの船賃でＯＫですよ、という返事であった。

早速、バーチェット、ツルーラブ、マラ、クロンビー、クロンビーと婚約したアンが乗船することになった。このうちツルーラブは土壇場になって行方をくらまし、乗船を断念した。どうしても決心がつかなかったのだった。

船は四月に出港し、七月に寧波に着いた。実に速い船足だった。

テーラーは寧波送り五人の目的を果たしたのでようやく肩の荷が下りた。しかし、息をついたのは束の間で、雑誌の執筆、わんさと来る講演の依頼、ひっきりなしに来る中国行きの問い合わせや志望者の面接、寧波語ローマ字聖書の校正などで地獄のような忙殺の生活に戻った。

七月三一日にテーラーは王立外科大学の修了ライセンスを得たが、さらに産科のライセンスコースを申請した。

九月、ミードウから最初の手紙がついた。ジョーンズの健康がすぐれないので、寧波郊外の安全地帯であるティンドンで療養しているとあった。ミードウはすこしずつ中国語が理解できるようになったが、説教までは到底無理でローマ字聖書の読書会とお祈りの会をやっていますとあった。夫妻はブリッジストリートの家をなんとか修理して住んでいること、マーサはメイドから習って片言くらいは言えるようになったとあった。

ブライトンの渚

この頃から、テーラーはひどい懊悩に陥った。

眠れない夜が続いた。

寧波ファイブが無事着いてほっとしたが、懊悩はやむことがなかった。

テーラーは内地会という壮大な気球をぶち上げたものの、未経験で言語も通じない若者をいきなり現地に押し出したのである。はたして問題が起こらずにすむものかどうか、到着すれば、住居が直ちに必要であるし、衣食が保証されなければならない。もし彼らが立ち往生したら、自分は責任をとらねばならない。事故が起こったらどうするのか。彼らにモチベーションを燃やして活動してもらうよう経費を確実に送り続けなければならないが、そういうことがうまく運ぶのかどうか。

心配しだすと無限にそれが拡大してくる。

イエスが十二使徒に「イスラエルの家の失われた羊のところに行って『神の国は近づいた』とのべ伝えなさい。……帯の中に金貨も銀貨も銅貨も入れて行ってはなりません。旅には袋も二枚の下着も履物も杖も持って行ってはなりません。働く人が食べ物を向こうから受けるのは当然です」と異邦人に伝道を命じたとき、使徒たちは心配しておろおろと泣きごとを言った。

「知らない土地に行って食べ物を得るにはどうしたらいいでしょうか。寝るところがあるのでしょうか」

　イエスは弟子たちを叱りつけた。

「野の鳥を見なさい。種も蒔かず、刈り入れもせず、倉に収めもしないのに、天の父は養っているではありませんか。あなたがたは鳥やけものよりも価値がある者ではありませんか。だから、何を食べようか、何を飲もうか、何を着ようか、と言って思い悩む必要はありません。天の父はあなたがたが必要なものはご存知です。何よりもまず神の国と神の義を求めなさい。そうすればこれらのものはすべて与えられます。だから、明日のことまで思い悩む必要はない。その日の苦労はその日だけで十分です」

　中国の奥地に入ったヨーロッパ人宣教師が、身に一銭も携えず、医療を施したり、伝道したりすれば、さまよえる羊である中国人たちが彼らに食事や衣料や雨露をしのぐ家をかならず与えてくれるのだろうか。神はかならずお助けくださると信じれば、そのようなことを案じる必要はない、とテーラーはリクルートたちに言いきってよいのだろうか。

　彼はかつてハル市のハーディ医師を使って神を試したことがあった。半クラウン貨を貧しい一家に与えたところ、半ソブリン貨が何者かによって送られてきたことを思い出した。あのときと同じように神はきっと必要なものを与えてくださるのだろうか。神を信じよう。しかし……。

　夜になると、耳元で悪魔のささやく声が聞こえた。

「お前は純真な何も知らぬ若者たちをあの暗黒の国に連れて行こうとしている。彼らはお前を信じてこの危険な道を選んだが、見知らぬ国で食も衣も得られずに餓死して果てるのは目に見えているではないか。あるいは悪い病に冒されて死ぬであろう。彼らは死ぬ前に万感の恨みをこめてお前をののしるだろう。テーラーという男にだまされたとな、お前はそれでも彼らを連れて行くのか。このかたり者めが」

テーラーは毛布をはねのけて、悪魔をどなりつけた。

「黙れ、悪魔め。神のなさる大業の道をふさぐな」

それでもテーラーの心はちぢに乱れた。責任の重さを感じるにつれて、テーラーはむっつりと押し黙るようになった。いつもの軽口も出なくなった。バーガーやマリアに心中を打ち明けることもしなかった。病状は好転せず、ますますやせ衰えてきたので、マリアは心配になった。

テーラーが昼間も部屋に閉じこもって異様に長い時間、祈りをささげていることもマリアは心配だった。

「何か心配事があるにちがいない……」

バーガー夫人からもマリアに連絡があった。

「テーラーさんはちっともお見えにならなくなりましたけれども、お身体の方に支障でもあるのでしょうか。バーガーが心配しています」

マリアはテーラーに言った。

「あなた、気晴らしに旅行でもしてきたら。ヒルズさんが一度遊びにおいでなさいとおっしゃっていたじゃないの」

ヒルズは以前の中国伝道会の秘書で今は証券会社に勤めていた。成功してブライトンというロンドンに近い海水浴場にマンションをもっていて、前々からテーラーを招いていたのであった。

「そうだったな。ヒルズにも久しぶりに会いたい。気晴らしに行ってくるか」

「そうなさいよ。命の洗濯をするのよ」

テーラーがブライトン駅に着くと、ヒルズはテニスンを迎えに出してくれていた。テニスンは以前バーンズともじっこんの仲だったので、馬車の中でバーンズの話題ですっかり話が弾んだ。ヒルズが建てた丘の上のマンションから青い海が見渡せた。コロニアルふうに造ったテラスで、テーラーとヒルズとテニスンは楽しい時間を過ごした。テーラーは熱っぽく内地会の構想を話し、話題は尽きなかった。その日はヒルズの家で泊まり、翌日、テニスンが「バプテスト会で講話するからあなたも来てほしい。そこで君のアピールをするつもりだ」と誘いにきたので、テーラーも出席することにした。

出てみると、参会者は皆恵まれた暮らしをしているハイクラスの紳士淑女たちであった。男は鼻下に髭を蓄え、上等なスーツを着、しゃれたネクタイにピカピカの靴を履いていた。女は羽飾りのついた幅広の帽子をかぶり、裾が床を引きずる袋のようなスカートをはいて日傘をさして歩いていた。それを見てテーラーはすっかり興ざめした。こんな連中に内地会のアピールをしても仕方がないなと思い、抜け出して海岸に行った。海は油絵のように紺碧に広がり、空には真綿のような雲が浮かんでいた。

テーラーは波打ち際にたたずんでピチャピチャと寄せる渚の音を聞いた。誰もいない白浜を歩き出すと、靴の下で湿った砂がへこみ、打ち寄せてきた波の先端がそのくぼみを消した。

テーラーは突然天から舞い落ちてきたようなインスピレーションを感じた。

「神がわれわれを中国の奥地にお送りになられるのだから、われわれは喜んでそれに従うのみである。たとえわれわれすべてがそこで餓死したとしても、それは神が思し召したことであるから、何をか言うことがあろうか。迷える中国人を一人でも救えるならば、それはそれでよいではないか」

風が起きて白い雲がかき乱されるようにちぎれ、その間に青空が見えた。熱い太陽の光線が白砂にささっていた。

「もしわれわれがそこで餓死したとしても、それはわれわれの責任ではない。神の責任である」

テーラーは砂浜にひざまずいて両手をにぎりしめ、声をあげて叫んだ。

「主よ。どうかこの重荷を背負ってください。一切の責任はあなたにあるのですよ。私はあなたに完全におまかせします。あなたがすべての責任を負われるのです。そして私と同志たちをあなたの事業にお使いください。喜び勇んで私たちはあなたに身を捧げます」


テーラーは早速、バーガー邸を借りて内地会の立ち上げの会をしたいと申し入れた。

その日、バーガー邸にテーラー一家、ブルームホール夫妻、レイウエス、ピアースなどが集まった。バーガー夫妻は彼らを海の見えるダイニングルームに招じ入れた。

テーラーは開口一番、一同に宣言するように言った。

「内地会は僕がやる事業だと思っていたことは、完全に誤りでした」

バーガーは、テーラーが何を言い出すのかと、穴のあくほど彼の顔を見つめた。

「内地会は神みずからが行う事業です。僕が行う事業ではありません。だから絶対に成功します。僕らは神のいわれるままに行うだけです。ですから、この事業の責任は神にあります。僕に責任はありません」

聞き方によっては、主宰者の責任放棄ともとれる言葉であった。

すぐにテーラーの言葉を理解できないまま、沈黙があたりを支配した。

ややあってベンジャミンが口を開いた。

「つまりハドソンが言おうとしていることは、自分がこの事業の全リスクを背負おうとして悩んでいた。しかし、リスクは神ご自身が背負われるのであるから、ハドソンはそんなことに悩むことはないという結論になった。そうだろう、ハドソン」

「そうだ。神が行う事業に失敗はあり得ない。だから僕らが心迷うことはない。僕らが向こうに行ってたとえ全員が餓死しようとも、神がそう望まれたのなら、喜んで受け入れるだけのことです」

テーラーは続けた。

「僕はこれまで内地会の構想について、ここにいる皆さんにはほぼ語ってきました。しかし、今日はじめていままで言わなかったことを言います。これはお願いでもあるのです」

一同は固唾をのんで聞いた。

「プリンシプルとプラクチス。内地会の原則と行動規則を承認してほしいのです。僕はこの中で中国の現地における経験と知識はいちばん豊富です。それに神にいちばん近いところにいる人間として、いちばん大きな決定権をもちたいのです。普通の組織はだいたいロンドンにいる本部が現地に指令したり、采配したりします。しかし、内地会の場合は現地における本部が最高の力をもち、ロンドンは現地の意志に従うものとします」

ベンジャミンが言った。

「つまり君がいる中国の現地がジェネラル・エージェントで、ロンドンはサブ・エージェントだと言いたいのだね。現地の方が上位にある……」

「そうしないとうまくいきません」

テーラーの言い方に一切のゆらぎは見られなかった。

それまでじっと聞いていたバーガーがはじめて口を開いた。

「つまり、イエズス会でいえば、君がイグナチウス・ロヨラだ」

「そのイグナチウスは、ロンドンでなくて、現地にいる」とベンジャミンが付け加えた。

しばらく誰も口をきかなかった。語られた言葉が大地に深くしみていくように時間が経過した。

「これですっきりした。それでよい。いずれ、枝葉のことは後で決めればよい」

バーガーはそう言って祈り始めた。一同は、ひざまずいて両手を固く握りしめて聞いた。

「天にまします尊いお方。私はただ今、ジェームス・ハドソン・テーラーというあなたのしもべの子を助けることを誓います。私の財産の半分を傾けても悔いはありません。あなたの偉大な事業に参加させていただくことを誇りといたします。アーメン」

テーラー、スコットランドに乗り込む

一八六五年九月、テーラーはスコットランドのパースで行われた第三回全スコットランド・キリスト教振興大会に出席することにした。

スコットランドが異常な伝道熱に盛り上がっているのはリビングストン効果とよべるものであった。ディビッド・リビングストンは探検家ではなく、もともとはロンドン・ミッションの宣教師だった。スコットランドのラナクシャー地方の貧しい家に生まれ、一〇歳で紡績工場で働き始め、独学でグラスゴー大学に入って、ギリシャ語、神学、医学を学んだ。彼はギュツラフに憧れて中国行きの宣教師を志望したが、アヘン戦争が起こったため、南アフリカのクルマンにやらされた。任地で先任の宣教師モファトに可愛がられ、部落ごとに異なるいくつもの現地語を直ちに覚えてしまうほど驚異的な語学の才能を示した。彼は献身的に住民に医療伝道を施したので、住民は彼を信頼してさまざまな奥地の情報を教えてくれた。

「北の方に行くと、ヌガミ湖という土地神のいる湖があるよ。そこら一帯は肥沃な緑の土地が広がってい

て、誰もそこに行きたがるが、まだ一人として行きついた者はいない」

「俺はぜひそこに行ってみたい。そこの土地神に会ってきたい」

「途中、さまざまな困難に遭ってとうとう帰ってこなかった者が何人もいる。それでも行きたいのか」

「死んでもかまわない。行きたい」

リビングストンは一八四九年、ハンターのオスウエルを誘ってその地を目指すことにした。二人はカラハリ砂漠を越え、二年間の艱難辛苦の末にやっと理想の地に到達した。リビングストンはそこに二年滞在した後に、西海岸にむけて旅し、ロアンダに到着した。彼はそこで大勢の荷運び土人を雇い、ザンベジ川を下って東海岸に出るアフリカ横断の旅に出た。途中ビクトリア大瀑布を発見し、無事東海岸にたどり着いた。

リビングストンのアフリカ奥地の旅行記は、さながらギュツラフの『中国沿岸航海記』に匹敵するほどの影響をイギリス各界に与えた。

注目したのは宗教界のみではなく、中部アフリカで綿作が可能かどうかに関心を寄せる産業界や土地の物産や安い労働力の利用に食指を動かした商業界であった。

テーラーがスコットランドに入った頃、ちょうどリビングストンの二作目の本『ザンベジ川と支流』が出たばかりで、異例の五千部近い売れ行きを示していた。

リビングストンとちがってテーラーは無名に近い。たった一通のリード神父の推薦状を持って強引な割り込み宣伝を行うために、事前にアバジーンという風光明媚な海浜の空気にふれて心の準備をした。

スコットランドは自由教会、合同長老教会が強く、われこそは真正の国教会の精神を受け継ぐものであるという自信の高さでイギリス全土の宗教界を見下す勢いにあった。

テーラーが会場に着くと、二千人もの人が埋め尽くし、熱気でわんわんしていた。彼らの多くは教区の牧師たちや活動家たちで、著名な宗教界の大物も含まれていた。大会は、大司教による祈祷から始まり、大物たちの訓話があり、各地の報告が行われた。そのたびに拍手がわいた。大会は結末に近づき、いよいよ時間を余すところが少なくなった。テーラーは主催側の一人と司会者のホーランド神父に推薦状を見せて交渉した。ホーランドはそれを見て
「なに、新しい中国伝道会の志願者を募集するって？　この大会はそんな会ではないよ」

と一蹴した。テーラーが熱心にくいさがったので仕方なく、「ではリード先生の推薦状もあることだから、明日ならそういう機会がある。今日はこれでお開きだから、テーラー君に最後の祈祷をやってもらおうか」と言った。

司会者のホーランドが「では、最後のお祈りを内地会代表のハドソン・テーラー氏に導いてもらうことにします」と会場を見回して言い、テーラーの登壇を促した。

いよいよ終了に近づいたので、皆ほっとした空気になり、誰もハドソン・テーラーがどういう人間なのか詮索しようなどという気は起こさなかった。

登壇したテーラーはこんなに大勢の聴衆を相手にしたことがなかった。演台に両手をついてやっと身体を支えられる状態で、足ががくがくした。しばし目を閉じ、一呼吸おいてからゆっくりと話し始めた。その話しぶりは余計な言辞は一切ないが、人の心に深い親愛の情を投げかける響きがあった。満場の聴衆たちはシーンと静まり返って、はじめて見る若い男の祈りに従った。

テーラーの祈りのリードがすばらしかったので、感心した聴衆が解散後テーラーのところにやってきた。「とてもいいお祈りでした」と老婦人が感謝の言葉を述べた。将軍の一人はテーラーをディナーに招待し

たいと申し出た。

翌日も会場が割れんばかりに人がつめかけた。やがてテーラーが許されて報告をする番になった。

テーラーが話し始めると、会場はシーンと静まり返った。

テーラーはかつて自分が実体験した上海から寧波に行く船旅で起こったハプニングの話をした。

「船上で人々がにわかに騒がしくなったので、私が船底から上がってみると連れのピーターがいませんでした。彼は足を踏み外して海に落ちたのです。この若者は数日前から深くキリストを信仰するようになり、私の寧波の教会で働いてもらうために同行していたのです。私は彼を救うためにすぐ衣服を脱いで人々が指し示すあたりに泳いで行き、もぐって探しましたが、どうしても彼を探しだせませんでした。船に戻り、近くで網を打っている漁船に救助を頼みました。

網をこのあたりにすぐ打ってください。人が沈んでいます」

「今、手が離せないからだめだ」

「人がおぼれているのです。すぐやってください」

「今は無理だ」

「あなたがたが獲る魚代は僕が払います。すぐ網を打ってください」

「いくら払うのか」

「そんな交渉をしている時間はない。五元だ」

「少ない。二〇元ならやってもいい」

「そんな金は持っていない。人の命がかかっているんだ。僕が今持っている金を全部払う」

「いくらある？」

「だいたい一四元くらい」

それで彼らは魚の網を打ち、沈んでいた若者を船に引き揚げました。

私は彼を必死で人工呼吸しましたが、時間が経ちすぎていたので、彼は回復しませんでした。私は漁夫に、君たちの行為でこの若者を殺してしまった。もうお金は払わないよと言うと、彼らはブツブツ文句を言いながら去っていきました」

ここまで話してテーラーは静かに会場を見渡した。怒りの感情を表している人、驚きあきれたという表情の人たちがじっと視線をテーラーに集中していた。

テーラーは言葉を継いだ。

「肉体は霊魂より尊いでしょうか。われわれは今この漁夫を非難しています。たしかに彼らは地獄に落ちてもいい罪人です。すぐ助けられる網を持っていたにもかかわらず助けなかった。ひるがえって思うに、今中国の何億という人たちが救われずに暗黒の海に沈んでいます。今後何年も何年もです」

そこでテーラーはもう一つの話をした。

私はある中国人の商人に洗礼を施しました。この人はある日、私にこう言いました。「あなたの国ではこの教えはいつごろから広まったのですか?」「もう何百年も前からです」。その人は「えっ、そうですか」と驚いた顔をして言いました。

「何百年も前からあったというのに、あなたがたはどうしてもっと早く伝えてくれなかったのですか。私の父親は一生涯真理を探し求めましたが、とうとう探し求めることができずに死にました。もっと早くこの教えを知っていたら、彼の人生は満足すべきものになったことでしょう」

テーラーはここで息を入れて、聴衆を見回した。しわぶき一つ聞こえなかった。

「ここにおられる皆さんは福音を早く知ったからこそ、すばらしい人生を送ることができています。しかし、何百年もこの福音を知ることなく何億という人が生まれ、死んでいくのです」

ここでテーラーは中国という国がいかに広く、いかに人口が多いか、全部の人口が目の前を瞬時に通り過ぎる時間を一人二秒間としても、全員が通り過ぎるには二三年かかる例をあげて説明した。この広い中国にロバート・モリソン以来キリストの教えはすこしは広まったものの、プロテスタントのヨーロッパ人宣教師はわずか百名にも足りない。しかも活動の範囲は一省が大ブリテン全部より大きい七省だけで、あとの一一省は放り置かれたままである。

「先ほどの漁夫はおぼれる人を救える網を持っていたにもかかわらず見殺しにしました。私たちはこれと同じではないでしょうか。彼らを救う福音を伝える力があるにもかかわらずです……」

としめくくって内地会の宣教師募集のアピールをした。

テーラーの演説は絶大な効果を起こした。報告の後、テーラーは次々に押し寄せる人たちの握手ぜめに遭い、案内のプリントは全部消え去った。

テーラーの著書『中国は救いを求めている』はどんどん売れ始め、テーラーは講演にひっぱりだこになった。ロンドンで週に何カ所もこなした後、バーミンガム、マンチェスター、リバプール、リース、グラスゴーと北上し、アイルランドへ渡り、ユーターンしてバーミンガム、オックスフォードからロンドンに戻った。

テーラーは巧妙な演説家ではまったくなかった。どもるような話し方でとつとつと話した。しかし、テーラーが話す自身の六年間の経験は、イギリス人を想像もつかない世界にいやおうなしに引きずり込んだ。

テーラーの講演会には、中国ふうのデザインで彩られたポスターやちらしが用いられ、演壇の背後には大きな中国の地図が掛けられるようになった。テーラーはその前で例のチャイニーズスタイルで登壇し、話の後に余興として箸などを持ち込んで使うしぐさを見せたり、筆に墨をつけて紙に漢字を書いて見せたりして人々をなごませた。人々は講演の内容もさることながら、まだ見たことのない東洋の国に親しみを感じた。

テーラーの講演はいつも数百人以上の人が集まった。しかし、テーラーは会場での寄付集めを一切禁じていた。ある会場で、どうしてこんなにいいチャンスを利用しないのかと不満を感じていた主催者がしめくくりにあたって、

「まことにこの意義深い会を閉じるにあたりまして、紳士淑女の皆様にご寄付を訴えます。テーラー神父もよもや反対なさらないと思い、私の一存で……」と言いかけたとたん、テーラーが待ったをかけたので、寄付集めは止めになった。主催者は散会後、テーラーにやわらかく抗議した。

「テーラーさん。もしあのとき寄付をアピールしていたら少なくとも五百ポンド以上は集まったはずですよ。宣教師の渡航費用になったのではありませんか」

それに対してテーラーはこう答えた。

「もし寄付を訴えたら、人々は財布の中からなにがしかのお金を出したでしょう。そのことで内地会に協力した気持ちになり、満足した気分になります。そしてそれでおしまいになります。私が今日来た人々に期待するのは、中国には救われない何億という人がいることにこれからもずっと思いをかけ続けていただくことです。そして彼らの中から一人でも中国に行くという人が現れることです」

ブライトンの渚での回心以来、神の行う事業だから神にまかせよ、というテーラーの信念は澄み渡って

きた。内地会のことをことさら宣伝しようとしなくなった。人々に神が行おうとしている御業を知らしめれば、おのずから人々は理解するはずだという考えをもつようになっていた。

先立つものは金である。寧波に宣教師を送り込むには船賃がいる。滞在費がいる。当座の給与も支払わねばならない。そこで、仲間の一人が「いったい何人の同志が必要で、いくらの経費を集めなければいけないのでしょうか」と尋ねると、テーラーは、主が三人の経費をお与えくだされば三人を送り出します。一六人の経費をお与えくだされば一六人を送り出します。それは、神がご自身で判断して決められることですから」と答えた。

神は自分の事業を進めるにあたって必要な人数分の経費をドナーを動かして与える。そのためには、大勢の者が心を一つにして祈らねばならない。テーラーはそのためいつも「神にそのことを祈ってください」と会う人ごとに言うのを忘れなかった。

テーラーは二二人のミッションを目標に考えていた。それには二千ポンドが必要であった。神がそこまで必要だとお考えになるよう、彼は自分を含め大勢の人々に祈ってもらった。ある日、彼は寄付金がどれだけ集まったか出納簿を調べてみた。最初の五週間のキャンペーンではわずか一七〇ポンドしか集まっていなかった。しかし次の五週間のキャンペーンが終わってみると二千ポンド近い金が集まっていた。

テーラーはその日、船会社から一通の手紙を受け取った。ラムモア号の全席を内地会に提供するという内容だった。テーラーは最終的な乗船者の選考にかかった。

一〇月初め、先発組の八名が寧波に渡り活動を始めた。資金はバーガー氏の醵金《きょきん》と蓄積した小口の寄付金でまかなった。

年が明けると応募者が三〇名に達し、毎週数が増え続けた。彼らの職業は鍛冶屋、大工、石工、セメント工、小学教師、家庭教師、会社事務員、商店員などさまざまであった。しかも驚いたことに三分の一が女性であった。テーラーは一六名を採用した。

バーガーは未婚の女性を海外に出してもいいのかと不安になってテーラーに質した。

「女性の活動家は絶対に必要です。中国では女性は家にいて外に出ません。したがって家庭の中にいる女性に接するためには、われわれ外国人の男性では不可能です。女性の活動家なら彼らは喜んで家庭に引き入れるでしょう」

しかし、この問題はのちのちまでイギリス人社会に問題視され、テーラーの無謀と非難されることになった。

テーラーは内地会を旗揚げするために規約をつくった。

「会員は神の呼びかけに応えて中国に行き、多くの人に福音を伝えること。すべてを神に捧げ、他人に依頼心を起こさず、私心を持たず、ひたすら神の国と義を求めること」

「得た寄付金は、テーラーが神の裁量において各人の求めに応じて分配すること」

テーラーは会員に対して絶対服従を求めた。

「会員たちをいつどの地点に派遣するかはすべて頭首が決定する。自分はどこそこに行きたいとか、自分の適性はこれこれであるからこういう仕事をしたい、というような個人的希望は受けつけない」

「もし命令に不服であるならば祈りによって頭首の考えを変えるか、自らの考えを変えるかである。そうでない場合は内地会から脱退して帰国すること」

このような独裁制は、イグナチウス・デ・ロヨラのイエズス会の血盟と同じである。テーラーは会員に誓約書を回して署名させた。

彼らはテーラーに心服した。

「テーラー神父がどんなに困苦を堪え忍んでここまで来られたかをしみじみと感じます。私はこの方を信じてどこまでも進む覚悟です」

「テーラー神父には神が宿っています。私がテーラー神父にひかれるのは神の力にひかれるからです」

テーラーはブライトン以来、かつてアレキサンダー神父が言った「この小男はひとたび神のお声がかかれば鋼鉄の男に生まれ変わる」といった予言どおりになりつつあった。カリスマ性が断固とした物言いや挙止動作に現れるようになった。

第6章 ラムモア号の出航

最終的な乗船者が決まった。
〈テーラー家〉
ハドソン・テーラーとマリアおよび四人の子ども、ナースのマリー・ベル
エリザベス・ローズ
〈スコットランド組〉
レィウエス・ニコル（鍛冶屋）と妻エリザ・カルダー
ジョージ・ダンカン（石工）
ヨシュア・ジャクソン（服地屋）
ジェームス・ウイリアムソン（大工）
〈ロンドン子〉
ジェーン・ホールデン
エミリー・ブラチェリー（家庭教師）
メリー・ボウヤー（店員）
〈アイルランド〉
スーザン・バーネス
〈その他各地〉
ウィリアム・ルドランド（機械工）
ジョン・セル（牧師）
メリー・ボウサム

ルイズ・デグラズ
ジェーン・マクレーン
合計二二人であった。
このうち、女性は一二人であった。親族の同意がとれなくて乗船が間に合わなかった者は、数人にのぼった。

テーラーとバーガーがいちばん危惧していたものは、はたしてこのテーラー家以外の一六人の志願者が全体としてうまく融和するか、内地会の原則と規約を完全に守れるかどうか、テーラーに完全に服従するかどうか、であった。

全員は気質的にはブリティン島各地の性質を色濃くもっている上、出自も環境も職業も異なっていた。スコットランド高地人とロンドンっ子は月とスッポンほども気質がちがった。女性家庭教師と店員、バプテストとプレシビテリアンはまったく気心が合わないたとえとして引用された。そういう人間たちが団子になってまったく未知の国に行こうとしていた。

何より各人の強い信念と固いチームワークが必要であるが、それはまだ未知数である。

テーラーはことあるごとに、「僕を信じるのではありません、神を信じるのです。なぜならば、これは神が行う偉大な事業だからです。何事も神の御心のうちにあるからです」と繰り返し訴えた。

当時、宣教師になって外国に行く一般的なモチベーションは何だったか。多くの者があげた動機は、長い人生の間に一度は知らない土地に行って見聞を広めたい、先進国の文明を未開国の人に教えてやりたい、なにかいい人生のチャンスをつかみたい、というものが多く、異教徒に福音を伝えたいというのは、回答のうしろのほうに挙げられた。正式に叙任されたエリート的な宣教師は安全な租界で、コックとメイドを雇い、豊かな生活を楽しみながら神父としてふるまえばよいのとはまた異なっていた。

内地会はいわば素人の非国教会派のアルチザン階級の人間をはじめて宣教師として派遣するのであるから、ひとつの実験であった。信仰に燃えて身を投じてきた者たちの集団ではあっても、人間の集団であるから、応募してくる者がいちばん関心を寄せたのは給与の問題であった。

テーラーもバーガーも精神論ばかりでなく、着るものはどうするか、食はどうするか、住居をどう確保するか、いくら給与を支払うかという生活保障の面をはっきり認識させなければならない立場にあった。

テーラーは出航者を集めて最終的な説明会を行うにあたり、こうした条項を書面にしておくのが妥当であると思った。自分とジョーンズがかつて所属した中国伝道会がまったくそういう約束を実行しなかったことを苦々しく思い出した。バーガーはそうした書面上の契約に制約されることを嫌い、そこは店主と従業員の関係のようにゆるやかにしておいたほうがいい、と主張した。バーガーは誠実な人柄であるが、石橋を叩いて渡るタイプの人間だった。二月二日、全員がミーティングを行った。

テーラーは、それぞれのメンバーの顔を見ながら、噛んで含めるように説明した。

「私たちは偉大な神の事業のお手伝いをし、中国の人たちに献身することを申し出ました。神が私たちをお支えくださることを信じ、決して自分個人の考えに寄りかかってはなりません。私たちには、現地の生活に何の保証もありません。皆さんは、私の指導に従っていれば安心だということもありません。しかし私は、神のお導きに忠実に従い、神から授かった資金を最適に用いるようにいたします」

テーラーは中国を詳しく知っており、経験があるのは自分とマリアであるから、自分の命令に絶対に従ってほしい。私は神の声を聞いて事を行う。中国に着いたのち、誰がどういうポジションにつき、どういう遠隔の地に行くかは、この私が決める。このことについて私に従ってほしい。そして、どうか自分を支えてほしい、熱心に神に祈ってほしいと言って、最後に次のように締めくくった。

「皆さんが私の指導のもとにこの事業に参加することができないと思われたならば、どうかすぐにでもミッションから身を引いてください。皆が力を合わせてミッションの仕事をするのですから、いささかも不協和音があっては困ります。私は指導と会の方向付け、必要なお金や物資の配分に責任をもちます。しかし人間のやることですから、突発的な事態やミスが起こることを先に読むことはできません。そのとき次第で対処するしかありません。どうかそういうときに冷静にご自分を律してください」

以上、テーラーが言ったことは自分の独裁を認めろということであるが、このことに全員が同意した。テーラーとバーガーはさらに日を変えて、一人ずつ個別に同じ内容を説明して同意を得た。バーガーは事業の維持費用は年間五六〇〇ポンドと見積った。これ以外に渡航費がかかる。この費用はドナーが大口の金額を拠出し、残りは零細な寄付を集めた。その後、各自は荷づくりなどの渡航準備にかかり、親族、友人とのサヨナラパーティなどに出た後、一行二二人が顔をそろえ、コボーンストリートの家の裏庭で記念写真をとった。そのあと、パスポート用の個別の写真を一枚ずつとった。

このときの写真が残っているが、男は一張羅の背広に蝶ネクタイ、女は黒のスーツにつりがねスカートのいでたちで、テーラー夫妻が中央で子どもを抱いている。後列にひときわ背の高いダンカンが立っていた。

ラムモア号の一行

一八六六年五月二六日の早朝、二二人の集団がリバプール港からラムモア号に乗り込んだ。服装はまちまちだった。聖衣をいかめしく着た者もいたが、背広や普段着の者が多く、いったいどういうグループなのかいぶかしく思うほどの雑多な人々であった。一見して服装は粗末で、下級事務員か体つきから肉体労働をしてきたことがわかる出身の人たちであることが見て取れた。彼らはそれぞれが持てるだけの荷物を手に下げていた。

見送り人もたくさんデッキに上がってきた。送る者を囲んで家族や友人たちの話がいつまでも尽きなかった。子どもたちは甲板で飛び跳ねた。彼らに終わりの時を告げたのは、出航のドラであった。人々は甲板にひざまずいて最後のお祈りをした。それから最後の抱擁をし、ある者は目がしらをぬぐい、ある者は何度も振り返りながらタラップを下りていった。船が埠頭を徐々に離れ始めると、船上と埠頭との間で互いに声をはり上げて別れを告げた。声が届かなくなると、帽子やハンケチをちぎれるほど振った。やがて互いの像も視界の中の一点となり、消えていった。

青い空の下、鏡のような海を南に向けてすべってゆく初段の航海は快適であった。一行は意気軒昂だった。なにもかもが新鮮に感じられ、感動的だった。ふだん口にしないような高級な食事に舌づつみを打ち、冗談を言い合い、甲板に出て雑談に興じた。

これから三カ月の船上生活が始まる。彼らは毎日決まった時間に集会してお祈りをし、はずむ声で賛美歌を歌った。決められた研修の時間にテーラーの中国語のレッスンと中国事情を聴き、マリアが現地に行ってから気をつけねばならない注意事項をこまごまと教えた。

それ以外のあり余る時間を彼らは談笑やゲームをして過ごした。

熱心な者は船員を相手に布教活動を行った。洗礼を受けていない船員がいると、たちまち彼らの折伏の対象になって攻め立てられた。

まるで東ロンドンの貧民区で行った伝道実習が船上に変わったかのようであった。

「ピーチクパーチクと小鳥がさえずっているかと思ったら、今度は賛美歌だよ。何かというと神様だ、何だと小うるさい。これではアジアまで行くうちに俺たちは一〇回くらいキリスト教徒にさせられるよ」と船員たちはこの異様な集団にもて余し気味であった。

乗船当初の興奮した時間も、ひと月も経つと、アンニュイな空気に変わってゆく。アフリカの腹を回って赤道を過ぎる頃になると、一行は暑気と船酔いで疲れ、倦怠にうんできた。船室に閉じこもりになり、次第に気分もとげとげしくなる。

ある日、船員の中で受洗を求める者が出たので、洗礼式を行うことになった。テーラーはその男をドラム缶の中に入れ、頭までどっぷり浸かるように指示した。ところが国教会派の二人の女性がこれに猛烈に噛みついてきた。幼児洗礼を受けた者に再洗礼を施すというのは、特定宗派の習慣の押しつけになるというのだった。テーラーがいつも言っていた他宗派の習慣にも柔軟な理解を示さねばならないというのがここにきて、ひとつの蹉跌になった。

二人の女性は強硬だったので、テーラーはすっかり頭を抱えてしまった。

結局、幼児のとき受けた洗礼は信仰もないうちに行われたのだから、成人になってキリストの道に入る意思をはっきりもったときに行う洗礼は意味のあることではないか、決して再洗礼派の考えを押しつけるものではない、と話し合ってようやく決着を得た。

一行の中でスコットランドのグループがいつも固まっていた。年長のニコルとダンカン、ジャクソン、セルの四人組であった。

ある日、テーラーは彼らに呼び出された。

「バーガーさんに言われた支給品リストの中にストッキングがありましたが、支給された中にはありません。ストッキングがなくて本当に困っているんです」とダンカンが言った。

テーラーはすなおにストッキングが抜けていたかもしれないことを察して、「忙しかったのであるいは抜けていたのかもしれませんね。バーガーさんのリストを見せてもらえませんか」

するとニコルが無愛想に言った。「私は長老会の宣教師の支給品リストを見たことがあるが、とてもじゃないが、あんたの会とは大ちがいだね。わしらは大英帝国を代表して向こうに行くのだろう。ちゃんとした聖服をなぜ支給しないのだ」

ジャクソンが追い討ちをかけた。「内地会の宣教師のユニフォームをどうしてくれないのですか。僕らはあこがれの宣教師になったのですよ。こんな民間服で宣教師をやれというのですか」

テーラーはこれを聞いてしばし開いた口がふさがらなかった。

「スーツを支給しないのは、向こうに着いたらすぐ中国服一式を支給するからです。われわれの会は長老会とは目的も方法もちがっています。皆さんはそういうことを承知した上で志願されたのでしょう」

「われわれは向こうに行って中国人のような恰好をさせられるわけですか。そんな約束をしましたっけ」

「それはこれまで何度も言ってきたことです。現地に行って伝道するには、住民の着る物を着、食べる物を食べてはじめて彼らの心をつかむことができる。これは僕の六年間の伝道経験ではっきり確信したからこそ皆さんに約束していただいた。いいですか。中国の人はキリスト教はいいが、キリスト教徒になったら外国人みたいにみられて迫害されることを大変恐れているんです。キリスト教は服装とは関係ありません。ですから、そういう不安を取り除くために、僕らは西洋風のものをできるだけ取り去らなくてはならないのです。それに中国内地で暮らすようになれば、洋服の洗濯も修理もする人間もいないのですよ。ですから中国服を着るよりほかないのです」

洗礼の事件と四人組のクレイムが知れ渡って、テーラーの独裁に反発する空気が次第に強まってきた。マリアほか数名が病気で倒れるし、船酔いで食事時間になっても来ない者が増えた。研修も閑散となった。船員との行き違いは生じるで、テーラーはストレスがたまって疲労困憊の極に陥った。

これから新天地で運命をともにしようと固く結ばれたと思ってきた会員たちは、実は鉄の集団でも何でもなく、思惑のちがったバラバラの集団だったのかもしれない。テーラーは目的地に着く前にこの集団は空中分解してしまうのではないかという危機感がつのった。

テーラーはこれまでそういう機会がなかった職人や労働者階級の人たちに海外布教の道を開き、彼らは熱意に燃えて応募してきたと信じていた。しかし実際は、彼らの中には思惑をたがえた者がいたのであった。海外宣教師になれば、ひそかに自分も今の段階から抜け出せるかもしれないという世俗的な欲望がひそんでいたことを知って、愕然とした思いにかられた。

テーラーは以来一行の一人一人と毎日、膝詰めで時間をかけて話し合った。胸襟を開いておのれを語った。ねばりづよくやったのでだんだん皆の理解がすすむようになった。四人組に引きずられていた者もテーラーへの信頼を取り戻してきた。

暴風雨に遭う

三カ月後にようやくジャワに着いた。久しぶりの陸地だった。くすんだ北国のイギリスに比べてここはなんと太陽の光が明るいのだろう。ものみなすべてが濃い原色の世界だった。はじめて見るヤシやバナナの木、紺碧の海、珊瑚礁の磯が油絵のように広がっていた。一行は嬉々として遊び戯れ、中国人の店に入って珍しい品を買い、ブッディストの寺を見学した。はじめて食べる料理をおそるおそる試食し、パパイヤやマンゴーなどの果物に舌づつみを打った。何もかも珍しいものばかりだった。久しぶりに幸福な時間が戻ってきた。

台湾を越え、いよいよ上海も指呼のうちというあたりで暴風雨に見舞われた。船は木の葉のように揺さぶられ、波が船室まで襲ってきた。衣服も荷物もずぶぬれになった。円窓からみる水面が斜めに上がったり下がったりした。立っていられなくなった。甲板に出ると吹き飛ばされるほどの強風で、高波が甲板を洗った。そのうちギイという音を立ててマストが二本とも根元から折れてしまった。

テーラーは一行を船倉の一カ所に集め、皆で祈り続け、賛美歌を歌い続けた。互いに励ましあったので、うろたえる者はいなかった。そこに船長がピストルを持って入ってきた。

「船員たちが仕事を放棄してしまいました。私がいくらどなってもがなっても服従しません。こうなったら命令違反の者を射殺して働かせるしかありません。皆さん、救命胴衣を着用してください。この船はもうもたないかもしれません」

「万一にもピストルを撃つようなことをしてはいけませんよ」

テーラーは断固として船長をおさえ、数人の会員と甲板にかけ上がった。折れたマストが横たわっており、船具がデッキ一面に散乱していた。船首の水夫室に行くと、船員たちは押し黙ったままかたまっていた。テーラーはにこやかに話しかけた。

「主はかならずこの苦難の時を乗り越えさせてくださいます。主はあなたがたが人事を尽くすかどうかを見守っておられるのです。それが尽くされてはじめて主はお救いになるのです。皆さん、主を信じてお祈りしてください。かならず主は救ってくださいます」

船員たちはテーラーを鼻であしらった。だが、テーラーが倒れたマストの下敷きになって瀕死の状態の水夫を手術して命を救ったので、やっと数人が甲板に出て部署についた。次第に他の者もそれに従った。嵐は次第におさまり、船は危機を脱した。マストがないためしばらく漂流したあげく、九月三〇日によたよたになった船体を曳航されてやっとコーヒー色の海に入り、黄浦港に着いた。

上海の雑踏に降り立った一行の目に入ったものは、まるで母国とはちがう光景であった。彼らは口をポカンと開けたまま、目を皿のようにして見続けた。耳をつんざく波止場人夫たちの喧騒、異様な臭気、ガリガリの背骨が突き出た痩せた野犬の群れ、狭い道路を押し合いへし合いして流れて行く群衆。穀物の袋を積んだ手押しの一輪車を押してゆく男、弓なりになった天秤棒を担いでゆく苦力、鞭打たれて小走っていくロバの荷車、弁髪を垂らした男たちがまるで喧嘩をするかのように大声で怒鳴りあっている異様な光景などが、いっぺんに視界の中に飛び込んできた。

ジェーン・ホールデンは、「まるで物語の世界に来たみたい、夢うつつの中にいるよう」と最初の印象を語った。

テーラーの最初の仕事は一行の宿泊を決めることであった。運よくウイリアム・ギャンブルという長老会の神父が自宅と隣接した倉庫を貸してくれた。

死生をともにしたラムモア号の船員たちと一行は抱き合って別れを惜しんだ。一行はまだ乾ききらない衣服や持ち物を洗ったり干したりして数日を過ごした。テーラーはその間に二人の子どもを連れて寧波に行った。

テーラーが寧波に着くと、ミードゥはじめ先着の会員たちが声を上げて迎えてくれた。一目見て六年前の寧波とはすっかり変っていた。激戦地になって街はあらかた破壊され、六年前の落ち着いた環境は消えうせていた。テーラーは会員たちと相談したあと、この地に新来の会員たちを下ろすことは困難であると察して、杭州に行くことにした。杭州は寧波と上海の間にあり、歴史のある文化都市で治安は良好であった。外国人も多い。何かと便利なところがあった。

テーラーは二日後に上海に戻り、中国服一式を買いそろえたり、内陸に入るための通行証を発行してもらうために役所通いをしたが、これがなかなかスムースにいかず難渋した。

中国装に着替える

内地会の原則は全員が中国装に着替えることであった。衣服のみでなく、男は頭を剃って弁髪に伸ばし、髪の毛を黒く染め、女も相応の中国装を着用するようにテーラーは命じた。

一同はこのことをロンドンにいた時から言われていたが、いざ目の前にチャイナドレスが支給され、剃り師がやってくると、複雑な気持ちになった。嬉々として従う者、決められたことだからと従う者が多かったが、ニコルの仲間と二人の女性が拒否の態度を示した。テーラーは表立って咎めることはしなかった。

その日は、宿舎のホールは朝からまるで仮装舞踏会のように湧いていた。

一行の到着を祝う中国人信徒が黒山のように押しかけてきた。そこに中国装をした西洋人がファッションショーをするみたいに姿を現した。まっさきに出てきたのは二〇歳のルドランドだった。その姿を見て、会場にどよめきが起こった。なんともいえぬ滑稽感で笑いが絶えなかった。

「あなた、前よりずっとかっこよくなったわ。ハロー、ジェンテルマン」とエミリーが言うと、ルドランドは「俺って、俺でないみたいだ。いつから俺はチャイニーズになったんだい」と言ってクルリと身体を反転させてポーズをとったので、信徒の間でまたどっと笑いが起こった。

ウイリアムソンのかかとのない布靴がペチャンと地面に吸い付いている。早速彼は覚えたての中国語をしゃべってみせ、見てきたばかりの中国人のジェスチュアーをたくみに演じたので、やいのやいのの喝采になった。

ダンカンは背が飛びぬけて高いので、短いズボンからスネ毛の長い足がのぞき、まるで案山子のようであった。

ルドランドは洋服を着ていた時に犬に吠えられたが、チャイニーズスタイルになったら吠えなくなったぞ、と言って笑わせた。

目の青い変な中国女が二人現れた。赤い中国服に髪を黒く染めてお下げに結っている。背の高い彼女たちが大股でさっさと歩く様は、どうみても纏足でよちよち歩く現地の女とはちがっていた。

中国装の者たちが出そろうと、互いの姿を見て、転げ回って笑い合った。

しかし、別室にいるニコルたち少数の男女は見にくることもなかった。

テーラー一行のニュースが直ちに上海の外国人コミュニティに伝えられると、たちまち非難の声があがった。児戯に等しい茶番、メンバーの半分は女であり、女たちをチャイニーズスタイルにさせて危険な奥地に送り込むというのは何たる無謀かと、テーラーの無責任さを叩いた。

「あのエキセントリックな男が帰ってきてまた何かをしでかそうとしている」

「あの男一人の奇行ならまだ無視できるが、二〇人もの集団奇行となるとゆゆしい問題である」

現地の英字紙は次のような社説をのせた。

「個人的野心を実現するために、宗教的な訓練も語学の訓練も受けていない男女に道化師のような恰好をさせていきなり野蛮な奥地に送り込むという行為は、文明国イギリスの恥をさらすことであり、彼らの生命の安全をふみにじる行為である。即刻やめさせなければならない」

テーラーにとってはこうした非難攻撃は織り込み済みであったので、ごうも気にかけることはなかった。

ケンペル神父の所属するアメリカ北長老会はテーラーの勇気を誉めたたえ、応援する構えをみせた。

テーラーは北長老会の歓迎会に出て、次のような挨拶をした。

「洋服を着ようがチャイニーズドレスを着ようが、キリスト教徒はキリスト教徒であります。われわれはイギリス人であるよりさきにキリスト教徒であります。キリスト教徒が現地の人に受け入れられやすいようにするために中国人が着る物を着、中国人の食べる物を食べ、信者と起居をともにしながら生活するのは当たり前のことではありませんか。洋服を着て伝道するなどは西洋人であることを売り物にしているだけで、何の効果も期待できなかった経験を私はずっとしてきました。この国にキリストの教えを広めるためにはまず中国人の牧師を数多く育てることが必要です。やがて彼らがこの地で彼ら自身の言葉で福音を伝え、教会を運営するようになるでしょう。われわれはそのときには忘れられても一向にかまいません。われわれは地の塩となってただ最初のお手伝いをするだけですから」

テーラーは一刻も早くこの上海を離れるべく、民船をチャーターして、根拠地に定めた杭州に向かった。

杭州で貸家を探すのは大変だった。一行は船を宿舎代わりにし、運河を移動してあちこちに上陸して伝道しながら物件を探したが、よい物件に巡り合わなかった。ようやくある業者が元大臣の旧邸宅だという物件をもってきた。中国式家屋の二階家で部屋は二〇もあったが、動乱であちこちが壊されており、修理が必要だった。しかし静かな環境にあり、すこし行けば商店街もあって便利だったので、テーラーは気に入り、一階に診療所と集会場、二階はメンバーの住居に使えるなと喜んだが、家賃や保証金を目玉が飛び出るほど高く吹っ掛けられた。テーラーはすぐ断り、別な物件を探しにいった。しかし、数日して業者は上客を逸する恐怖にとりつかれたのか、大幅な値引きをしてきたので、テーラーは契約することにした。

ここまでくるまでに十数日も船の中に泊まり、イギリスを発ってから六カ月もの船上生活で一同は疲れ果てていたので、この契約を喜び、男たちは得意な大工仕事をして壊れた壁を修復した。女たちは家具を購入して部屋づくりをした。

一階を診療所と教会、集会室、寺子屋規模の学校、印刷室にし、二階をメンバーの住居にし、各人の部屋割りをした。

杭州ではアメリカ長老会の二人の牧師とイギリス国教会から派遣されてきたジョージ・モール牧師(注)の三人が伝道会をつくって活動していたが、攘夷活動が強くて布教はほとんど進捗していなかった。そこに内地会一行がやってきたので、三人は早速歓迎してくれた。とくに同国人のモール牧師は親切に世話を焼い

（注）Moule.George Evans（1828—1912）イギリス国教会牧師。１８５８年来華、華中にて布教。１９０８年帰国、著書『杭州紀略』（*Notes on Hangchow Past and present*）1907.

てくれた。しかし、モールは一行の男女の多くが中国スタイルなのを見て、自分たちの方式と異なるのを知り、疑惑をもった。とくに一行の中の二人は国教会の訓練学校を出ているにもかかわらず、正式に国教会から叙任された自分に対する紹介状も持参せず、関係の深い長老会に対する挨拶もなかったので疑惑が激怒に変わった。いったいこの連中はどんなやつらなのか。いったい何のためにわざわざこの国にやってきたのか。若者たちの粗野な態度や洗練していない言葉づかいをみるにつけ、彼の内地会に対する不信感がますます募った。

テーラーの戦略

テーラーが立てた戦略は、まず杭州を本拠にして近隣の小都市や町にステーションをつくる。そこに一名か二名の会員と同数の中国人牧師を派遣する。そこをベースにして周囲に伝道し、信徒を増やすとともに彼らの中から活動家を育てステーションに育てる。さらに信徒が増えれば、彼らの中からネイティブの牧師を育て、彼ら自身の教会にしてゆく。会員は目的を達した時点でさらに他の都市の開拓に赴き、同様の過程で面的にキリスト教を広げていく。

杭州を本拠にして、近隣の町村に会員を派遣するのはテーラーの専管事項であった。テーラーは遅れて到着したスチーブンソンを紹興に派遣した。ミードウには引き続き寧波を固めさせ、必要に応じて動く遊撃手とした。バーチェットはなかなか中国語が覚えられないので、寧波でミードウの仕事を手伝わせ、ちらしや聖書の印刷の仕事をさせることにした。

次にミードウとクロンビーを蕭山に派遣して調査と伝道をさせ、そこに家を借りて伝道所をつくらせた。

そこにニコル夫妻を常駐させ、ウイリアムソンをベースを回って歩く巡回牧師に命じた。台州と温州にはミードウとストットを派遣して伝道所をつくらせ、両名に受け持たせた。ダンカンは湖州に出すことにした。各エージェントは決められたことに絶対服従を誓うが、諸経費や物資の補給はテーラーとロンドンのバーガーが責任をもった。

女性たちは、杭州の教会とそのエリアで活動させることにした。

一八六七年二月初めに開所した杭州診療所で西洋医の治療が無料で受けられるとあって、連日、二百人を超える患者がつめかけた。テーラーは休むひまもないほど多忙になった。天然痘、赤痢、疫痢、マラリアなどの患者が運び込まれ、トラホーム、白内障などの眼病も多かった。テーラーは連日数人の手術を行い、くたくたになった。

診療を受けて回復した患者は喜んでキリスト教徒になった。日曜のミサも同じくらいの人が集まり、一カ月後には一二人の洗礼希望者がでた。

白人の女たちの活動は大変好評であった。彼女たちが中国のコスチュームをして、家庭の中に入って主婦や子どもたちとともに働き、半分手真似で話しながら伝道する姿は感動的でさえあった。ロンドンの裕福な家に育った美しいジェニー・ホールデンは福姐（フージエ）と呼ばれて、彼女の快活さが愛された。彼女はロンドンでセッツルメント活動をしていたときと同じように、「私は杭州女。あなたがたと同じ服を着て、同じ物を食べて、あなたがたの言葉で話すのが好きよ。私たちは姉妹ですものね」を口癖にしながら、主婦たちと一緒に中国料理をつくった。エミリーは幸姉さんという愛称を与えられた。好奇心の強い彼女はさかんに中国のことをいろいろ聞いたり、自分のいたロンドンのことを話して聞かせた。うちではこうしていたのよ、とクッキーのつくりかたを教えたりした。

しかし、ラムモア号の船上で兆しを見せ、一時はテーラーの必死の説得で沈静したテーラーの専制に対する不満が次第にくすぶり始めた。どうしても中国装は嫌だという一部のメンバーの感情を抑えつけることができなかった。

このような不満がモール牧師の策動と結びつくことになった。

ニコルはスコットランドの鍛冶屋の仕事をたたんで、夫婦でロンドンに出てきたとき、しがない地方の鍛冶屋に比べて海外宣教師の仕事は光り輝く存在に映った。内地会に入ると、このいかつい体つきの世俗に長けた男はすぐスコットランド・グループの頭になり、テーラーに対して遠慮なくものを言うようになった。

ニコルは伝道に行った嘉興の街が気に入り、そこで働きたいと申し出た。そこは風光明媚で外国人も多かった。しかし、嘉興はすでに長老会のクレアーが進出することを決めていたので、テーラーはニコルを代わりに蕭山にやることにした。このことにニコルは猛烈な不満をもった。

エミリーは、ニコルの部屋にスコットランド・グループの男たちが夜な夜な集まって騒いでいるのに不審感を持った。セル、ウイリアムソン、ジャクソンはいつも金魚のフンのようにニコルにまとわりついて、テーラーの悪口を言っているのをエミリーは盗み聞きした。

モール牧師は、船中で、ストッキングが支給されなかったクレイムのときに、テーラーはニコルたちにノーストッキングの跣足を見せて、「ほれ、僕はこのとおりストッキングなど履いていませんよ」と言ったとかいうことを聞かされた。さらにモールの想像を最大限に逞しくさせたのは、エミリーとジェニーのお休みキッスの問題であった。エミリーとジェニーの部屋がちょうどテーラーの部屋の真向かいにあり、エミリーとジェニーは寝る前にそれぞれ、おやすみなさいを言いにテーラーの部屋にきて、キスをするという話であった。モールはこれはキスだけに終わらず、テーラーに限らず、この男女の集団内部で夜な夜なおそるべき乱脈が行われているのではないかとまでに想像をふくらませた。もしこのような噂が中国人の間に広まるならば、彼らの軽蔑を招き、ヨーロッパ人宣教師全体の信用を失い、歴年の自分たちの努力も水泡に帰する。そう思いつめたモールは矢継ぎ早にイギリスの宗教界の重鎮に告発の報告を送った。テーラー自身にも男女の住居を直ちに分離すること、さもなければ内地会を解散するよう直言し、若者たちには直ちに内地会から脱退するよう勧告した。この男の狷介ぶりはさらに徹底した。イギリスに休暇帰国すると、宗教界で猛烈なテーラーへの誹謗を開始した。変質者、危険で独善的な考えの持ち主、会員の私信を開封してプライバシーを侵し、あろうことか未婚の女子にわいせつな行為を強いる偽善者、イギリスから無智の平信徒をかどわかして連れて来た詐欺師という最大限の悪罵を行った。

バーガーはモールの態度に激怒し、テーラー、モールの共通の友人にこの問題の真偽をただしたところ、友人たちはそのような疑惑を一蹴した。テーラーをあまり知らない友人だけが態度を保留したが、やがて彼らもそのような疑惑を取り下げた。

ニコルはお休みキッスの問題から始まって、ジェニーとエミリーが写真の中で左右からテーラーの手を握っていたとか、肩に手をやっているのを見たとかの話まで捏造し、それがグループ内に漏れ出たので、エミリーは半狂乱になり、ロンドンのテーラーの母やバーガー夫人にまで手紙を書いて自分の潔癖を訴えた。しかし、ジェニーのほうは平静であった。

こうした時期に、蕭山でニコルの事件が起こった。

粛山事件

ニコルは村の鍛冶屋で蹄鉄をつくり、馬の脚にとりつけるなりわいをしていたので職人気質が身についていた。しかし、中国語はいつまでたっても上達しなかった。粛山に派遣されてからは中国装をし、庶民的な気安いタイプであったので中国人の受けも悪くなかった。ところがニコルは、通訳として雇った小学教員あがりの周牧師が住民に人気があり、住民たちがニコルを彼よりも上位の人間とみなしていないようにみえたことに著しく自尊心を傷つけられた。親しく付き合い始めたモール神父は住民から神様のように高い尊敬をかち得ているのに、どうして自分はそうではないのか。その原因はどうやらモール神父がいつも詰め襟の牧師服を着ていて威厳があるのに比して、自分はテーラーが強制した中国装にあるのではないかと思い至った。そこで、野蛮国の住民たちに文明国の宣教師の威厳を示してやろうと中国装をやめて洋装に戻り、通訳を呼び捨てにし、傲慢な態度をとるようになった。

ある日、数人の見慣れない男がいきなり粛山の教会に踏み込んできて、何かを調べてまわった。この頃、中国全土で外国人宣教師が赤ん坊を買い取って眼をくりぬいて薬用にして輸出しているという噂が広がっていた。粛山の教会に幼児の死体を入れた箱がいくつも運び込まれた、という噂を調べに男たちがやってきたのであった。ニコルは激怒してそんな馬鹿なことがあるかと男たちを門から突き出した。ニコルのこの尊大な態度が一挙に彼らの反感に火をつけた。

その後、たまたま巡回牧師のウイリアムソンが粛山に巡回に来た日の夕方、提灯をもった一群の役人がどかどかと入りこんできた。役人の長は、ニコルが出した茶を押し返して「洋夷の茶は飲まぬ。ここに洋人は何人おるか」と居丈高に聞いた。ニコルが外僑自由通行証つまりパスポートを見せると、それをわきに押しやり、「われわれは全室の捜査を行う」と部下に命じ、部下が室内を調べ始めた。さらに役人は「お前たちはここにどんな目的で来たのか」と訊問した。周牧師が説明すると、役人はこの二毛子《(注)》め、とさげすみの視線を投げ、「ヤソ教は人心をまどわす宗教である。伝道を禁止する」と宣言した。そして周牧師に「そこにひざまずけ」と命じた。棍棒を持った警吏が周牧師のズボンをまくり上げ、思いきり尻に百打の杖刑を行った。周牧師の尻の肉の皮が破れて真っ赤な血が流れ出した。彼は痛さで一打ごとに悲鳴をあげ、やがてそれがうめき声に変わった。役人は周牧師の弁髪をつかんで顔をあおむかせ、さらに鞭で顔をひっぱたいた。顔中が血だらけになり、見ていたニコル夫人は恐ろしさで卒倒した。

「止めよ」でようやく杖刑が終わった。

役人は「明朝までここを立ち去ることを命じる。実行しない場合は全員を追放処分に処する」と命令して引き揚げた。翌朝、警吏が再びやってきて周牧師を拘束して行った。ニコルも役所まで同行した。そこで外国人は改めて粛山から立ち退くように命じられた。ニコルが迷っていると、一日置いて知事の強制退去令状が届いたので、テーラーはやむなく粛山の伝道所を閉じることにした。

テーラーはこの事件を上海のイギリス領事に報告したので、その文書が北京に回り、イギリス公使オルコックは粛山の地方政府の条約違反事件として、彼は現地を視察し、外交問題に発展することになった。

テーラーはニコルに言った。

（注）二毛子（アルマオズ）　外国人を毛子（マオズ）と蔑称し、外国人に雇われている使用人や親密な関係の中国人を第二外国人（アルマオズ）といって嫌悪した。

「あなたは洋装のほうが安全だと言っておられましたが、洋装は中国人の反感をもろに浴びることがわかりましたか。僕はあなたがたの安全のために中国装を勧めてきたのです。実際に中国人たちは、中国装をしていることにとても信頼感を感じ、これで気心が通じ合うようになっています。これからも中国装をしてもらいますが、あなたはどうしますか」

ニコルはやはり中国装は嫌だと言い、租界に行かせてくれと言った。ニコルはテーラーが応じないので、長老会のクレアーのところで働きたいと言いだした。

テーラーはモールの告発とニコルの問題で最大の試練を受けることになった。事業が崩壊していく危機感に日夜さいなまされた。しかし、思い通りにいかなくなっても以前のように感情を爆発させたり、怒鳴ったりすることはなくなった。ひたすら忍耐し、租界に行きたいというニコルを除名せずに説得を続け、ニコル夫人が病気になった時は親切に診療した。モールに対しても謙虚に振る舞った。以前の感情の起伏の激しいテーラーを見てきたマリアは、テーラーの心中を察してひそかに涙を流した。

テーラーはよき妻マリア、忠実な会員たちに支えられ、毎日の多忙な診療の中でストレスを忘れ去ろうとした。休日に郊外で鴨猟を楽しむ時だけがテーラーの唯一の癒しの時間であった。

テーラーは寧波のイギリス領事フォレストから呼び出しを受けた。

「君のところがもめている原因は、君があまりにも中国装にこだわるからだ。それが嫌なメンバーもいることだから、個人の自由を尊重したらどうか」とフォレストは勧告した。しかし、テーラーは絶対にゆずらなかった。

「中国人が外国人を嫌う理由は、アヘン貿易をやったり、奴隷貿易をやったりするからです。だから外国人のやることは何でも不信感でみてしまいます。したがって僕たちが洋服を着て布教するなどしたら成果が上がるでしょうか。彼らと同じ物を着て、同じような物を食べて、同じような習慣を身につけることで彼らの信頼感を得ることができます。医療はさらにそのことを保証します。三角屋根の上に十字架を建てる教会などは外国風をわざわざ強調するもので、外国人がこの国ではやってはいけないことをやっているのです」

強烈な国家主義者のフォレストはうんざりした顔で聞いていた。

「カトリックの宣教師は全員が中国装をして奥地に入り込んで成功しているのですよ。どうしてプロテスタントの宣教師にそれができないことがあるのでしょうか。これはプロテスタントの完全な敗北です」

テーラーが言うと、フォレストは、生意気な口をこれ以上きくなと怒りを露わにして言った。

「君は、いつもトラブルを起こして排外感情を巻き起こしているのがフランス・カトリックなのを知らないのか。おかげでわが国もそれで困っている。イギリス国家にとっては中国との貿易で齟齬なく相互に国益を満たすことを願っている。なにもフランスと宗教のことで競争をするつもりはない。フランス国家は、貿易で中国利権を追求できないから、全土をカトリック化してわが国に対抗しようとしているにすぎない。いずれにしても、条約で決まった内陸における不動産の取得やレンタルについては、大筋では合意しているが、パスポートの発行手続事項やこの国の下部機構に対する通達が徹底していない。今度の問題は明白な条約違反であるから、徹底的に先方と交渉するつもりであり、すでに中国側は補償に応じると言ってきている」と言ってテーラーを去らせた。

またしても国家が顔を出してくることにテーラーはうんざりした。テーラーがライバルと思うカトリックの宣教師が、フランスの軍事力をバックにしている事実は上海の経験で百も承知している。だが、テーラーはイギリスの権力に頼ろうなどという気持ちはまったくない。かえって迷惑だと思っている。自分たちは神の事業を行っているのであるから、神がかならず保護してくださる。国家は不要であるというのがテーラーの確信であった。

テーラーに不幸がまたも追い打ちした。最愛の八歳の長女グレイシアが夏の盛りに急死した。アジアの風土に慣れないで死ぬ欧米人の死亡率は高かった。テーラーはふさぎこんで口もきかなくなった。

「僕の小さくてかわいいグレイシア、僕は毎日、朝から夕方まで君の甘くてとろけるような声を聞いて心を和ませてきた。僕が散歩に行くときはいつも君がついてきて、僕のまわりで跳びはねていたね。お祈りがとても上手だったね。その君がもういないなんて！　家の中は静まりかえってまるで死の家のようだ。もう君のちっちゃなお手てを握ることも、お話を聞くことも、あのいたずらっぽい眼を見ることもできないのだね」

テーラーのうちしおれた姿を見て、彼を攻撃していた連中も勢いがそがれ、同情する会員たちの力がまさるようになった。

オルコックと新任の寧波領事フォレストの外交交渉で、中国側は条約違反を認め、ニコルの粛山教会の原状回復と周牧師への損害賠償を認めた。しかし、ニコルは粛山に復帰しなかったので、テーラーはニコルの除名を決め、ニコルは上海に行き実業界に入った。セルは天然痘で急死した。セルと結婚したジェーン・マクリーンは内地会を脱退し、他の伝道会に移った。中国装を拒否したスーザン・バーネスも去った。ダンカンはニコルと決別宣言をし、ジャクソンもニコルと離れてテーラーにつくようになった。これでようやく異分子が去り、内地会は立ち直ることができた。モール牧師もロンドンの宗教界の裁断で抑えられ、沈黙するようになった。

テーラーは改めて会員たちと話し合い、今後の運営方針および活動の配置を決めることにした。最大の問題は給与問題と中国装問題であった。給与問題といっても毎月の手当がいくらという契約ではなく、決まった額を決めない、書面による契約はしない、その月にロンドンから送ってきた寄付金をもとにテーラーが分配するというものである。中国装の問題では、ウイリアムソンは「ニコルは洋装の方が危険から保護してくれると言いましたが、僕はそれを認めません。テーラーさんのおっしゃる中国装に賛成です」と言い、ルドランドも「テーラーさんがミッションのジェネラル・リーダーですから、決めたことに従います」と言い、口べたのダンカンはつまりながら言った。

「僕はずっと中国装の問題については心の中で疑念を抱いていた。しかしここにきてはじめて僕は馬鹿だったことがわかった。この国の習慣に従ってこそ、僕らは伝道の成果を上げられる。中国人がキリスト教に反対するときは、それは外国の宗教だと思うからだ。この国が外来の宗教に非常に寛大なのは、仏教にしてもイスラム教にしても、それが中国化していて彼らは自分たちの宗教の一つだと思っているからなんだ。キリスト教に外国もくそもあるもんか。中国人のものでもあるわけだよ。だから僕らはキリスト教から外国風のものをできるだけ取り去っていかねばならないという考えに賛成だ。テーラーさんがロンドン時代からおっしゃっていたことが、僕はここにきてはっきりわかった」

教養も学歴もない石工のダンカンがここまで理解したことは拍手ものであった。こうして全員がテーラーの原則に従うことになった。

皆が受け入れたことで内地会はファミリーになった。しかもそれぞれの者は互いに遠くに住んで活動しているので会うことも少ない。しかし、そういう同志愛と相互の信頼に基づかない限り、逆境に陥った時に誰も助けてくれないということを皆が感じるようになった。

テーラーはこの精神を内地会の「プリンシプル・アンド・プラクティス（原理と実践）」と銘打って、会の基本原則にした。

攘夷感情の高まり

浙江省では攘夷の風がますます高まり、いたるところで外国人は石を投げつけられ、暴行されて怪我を負った。被害がいちばん大きいのはカトリック宣教師で、全土で何人もの宣教師が殺された。

寧波、杭州エリアでこれほど攘夷の風が強いのは、仏英米軍が中立を破って太平軍との戦争に介入し、とりわけゴルドンの指揮する常勝軍つまりならず者の外国人傭兵が、太平軍からの寝返り派を取り込んで破壊と略奪の限りを尽くしたからであった。このため内向していた士紳階級と住民の外国人排斥感情がすさまじく表面化してきた。

宣教師は誘拐犯から幼児を買い上げ、殺して目玉をくりぬき、女子の腎臓を取り出して薬用にして密輸出しているという噂が全土に広まった。教会伝道会のバレンタインの薬剤所で塩漬けにされた七人の幼児が発見されたとか、長老会のグリーンは自宅の二階に女子を連れ込み、大きなナイフで女子の胸を開いて死に至らしめ、死体を家の裏手に埋めたなどという噂が身近なところで広がった。

当時の中国では、育てられない嬰児を江戸時代の日本のように間引きせず、山野や川あるいは拾ってもらえるように人目につきやすい街の中に捨てていた。それをカトリック教会が連れ帰って幼児洗礼を施し、衰弱して死んだ多数の嬰児を院内に葬り、死なずにすんだ一部の子どもは乳児院で育て、里子を募集する事業を行っていた。捨て子が多いフランス本国の習慣を中国で適用していたのである。こういうことは中国人からみたら余計なことをしているととった。そういう反感から、宣教師は幼児誘拐犯から幼児を買い集めて大量に処分しているというデマが意識的に流された。プロテスタントは幼児の救済事業はしないが、中国当局や住民はカトリックもプロテスタントも区別がつかないので、粛山事件のようなことが起こったのであった。

テーラーはグリーンの事件は手術ミスだと想像したが、思い至ることがあった。それですぐマリアを呼んだ。

「あの人体解剖模型の展示はすぐやめよう。中国人はあれを見て誤解する」

テーラーは西洋医学を説明するのに、精巧につくった人体模型を使っていた。それはバラバラに臓器を取り外すことができるようになっていた。地方に巡回するときも、それをかばんに入れて持ち運んだ。模型があまりにも精巧につくられていたので、中国人は実物を塩漬けにしたものではないかと疑ったのかもしれない。テーラーはすぐそれらの模型を焼却することにした。

男たちの活躍

新来の仲間、ジョン・マカーシーとマーガレット・マクリーンが到着した。マーガレットはセルと結婚したジェーンと双子の姉妹であった。

ミードウ、スチーブンソン、ダンカンの語学の上達は早く、地方習慣にも慣れ、テーラーの力強い片腕となった。ミードウは王来君とともに寧波のブリッジストリートの教会を有数の教会に育てた。マカーシーは杭州教会を守り、スチーブンソンは紹興をベースに周辺に広く布教して成果を上げた。ウイリアムソンは人柄のよさと無私な態度が中国人に愛され、湖州で貸家を獲得してステーションをつくろうとしたが、知事の非協力と攘夷勢力のために撤退するはめになった。クロンビー夫妻は奉化で実績を上げ、臨海、天台を将来の活動の視野に入れていた。ジャクソンは性格の弱さと怠惰なため、ミードウが彼を台州に連れていって訓練した。ルドランドはキリストに対する愛と熱情は誰にも負けなかったが、信徒を導いたり教育したりするのは素質的に不得手で、聖書やちらしのプリンティングをもっぱらにした。テーラーはルドランドの霊性の高いこと、困難に遭ってもくじけない強さを評価し、たとえ素質的に得手不得手があろうと、神はあらゆる働き手を適材適所にお用いになるのだと励ました。

ジョージ・ストットは語学が達者で中国人の人気が高く、教会、男女の学校、育児所などを建てて地元の有力者として遇されるようになった。

テーラーはダンカン、マカーティ、周牧師を連れて湖州に行き、銭塘江上流の建徳県まで長期の探索旅行をした。テーラーは他のプロテスタント宗派が入っている地域は外し、誰も入っていない処女地を探した。

一行が新しい地域に入ると、白人の宣教師が来るだけで珍しいので、大勢の人が集まってきた。子どもたちがぞろぞろとついて回った。

「僕は日没まで、くたくたになるまで説教した。聞いているほうもいい加減疲れただろうと思って引き揚げようとすると、誰もその場から動かないのだね。そこで僕は彼らがまだ聞きたいのだなと思って説教を続けた。そしていい加減疲れたのでおしまいにした。しかし、彼らはそれでも帰ろうとしない。そこでまたひとしきり話した。とうとう僕は、もう時間だからあなたがたも家に帰ってお休みなさいと言って別れた」

テーラーはマカーティを厳州に残し、ダンカンを蘭渓に常駐させて伝道を続けさせた。

ロンドンでは、バーガー夫妻は重荷を背負って高速で走る機関車だった。自分が金を出すだけでなく、知り合いのドナーたちから寄付を集めて送金した。ベンジャミンとアメリアと数人の会員が機関誌を発行し、急速に増えた志願者と面接して人選と派遣の業務を行った。一方で杭州教会のための土地購入資金の捻出をする仕事も行った。

寧波ファイブが先発し、ラムモア号が上海に到着してからほぼ一年四カ月の間に、江蘇省と浙江省で活動した会員は延べ六〇名に及び、五〇人以上の受洗者を出した。寧波教会は王来君が完全に中国人自身の教会として運営することになった。このほか、実績を上げた半分以上のステーションが中国人牧師にバトンタッチされた。

第7章 揚州事件

杭州周辺における攘夷の高まりはついに湖州で爆発した。一八六七年一一月一三日、マカーシーと助手の李と劉が湖州の茶館で休んでいると、数名の男に取り囲まれ、「このヤソ野郎め」と口汚く悪罵された。その中の一人は完全に泥酔していた。険悪な雰囲気になったので、マカーシーはパスポートと宣教師を保護する旨の布告書を彼らに見せた。すると、一人の男が李の弁髪をつかんで顔をのけぞらせ、二、三発平手打ちを食わして出て行った。知らせで警吏がやってきて、李を連行して行った。マカーシーが一緒に行こうとすると、群衆はやめたほうがいいと引き留めたが、マカーシーは彼らを振り払って劉と一緒に役所の門まで行った。先ほどの暴徒が追いかけてきて、今度は劉に殴るけるの暴行を加えた。劉は大声で助けを求めたが、役所の門は閉ざされたままであった。

テーラーはこの事件をフォレスト領事に報告したので、直ちに外交問題になった。県知事は非を認め、容疑者を逮捕したと言ってきたが、マカーシーが首実検したところ、別人であった。

県知事は内地会側の要求を入れ、湖州における内地会の居住と布教の権利を認めた。

この事件は、かなり上級の地方官と士紳階級によって仕組まれたものであることがわかった。攘夷行動は湖州でその後も再び発生したので、テーラーは湖州から撤退することに決めた。

ダンカンは蘭渓での活動で三つの方言を話せるようになり、中国人以上だといわれるほどになった。一年前にニコルについていた時のダンカンとはまるでちがう人間に変貌していた。

第二次アヘン戦争の結果、天津条約が結ばれ、新たに営口、天津、煙台、汕頭、海口などの六港と揚子江沿岸の鎮江、南京、九江、漢口の開港およびイギリス租界設定が決まった。これらの租界は、英国政府と中国地方政府との協定により租借面積および地租が決められ、租借期間は九九年とされたが、イギリス人はイギリスの永久領土に等しいと考えていた。鎮江は揚子江に面した大型船も入る良港で、商工業が発達し、南京、合肥、安慶、無錫、蘇州などへの船便が発達したハブになりえる都市であった。英米の副領事も居住しているので万事好都合であり、テーラーは鎮江を杭州の次の根拠地にした。さらに近くの大都、南京にステーションが作れるかどうかをダンカンに調査させた。ダンカンは南京でレンタル可能な家を探して歩いたが、結果的に南京は外国人に対する拒否感が強く、ダンカン個人の宿泊さえ得るのがやっとという有様だった。

テーラーは鎮江で貸家を見つけたので、道台が許可し、副領事も領事館に登録したが、府知事が最後に許可しなかったので、副領事アレンのつてで対岸の揚州に適当な家屋を管理している中国人と交渉して、道台の認可を得てそこを借りることにした。

テーラーは揚州に行ってみてすぐこの静謐《せいひつ》な古都が気に入った。揚州は隋唐以来の古寺院や陵墓が多く、有閑階級や文人墨客の隠居地として知られていた。テーラーはこのような古都にキリスト教が根づくならば、中国のどのような地方に行っても成功のモデルになるだろうと思った。

六月初め、瑾花観通りに診療所と教会を開くと、連日患者が多くつめかけて来た。教会に話を聞きに来る者も増え始めた。移った当初はテーラー自身が病気に倒れ、三人の子どもが麻疹にかかったりして難儀な時期があったが、マリアの献身的な愛と看護で乗り切った。

この新拠点にテーラー一家六人と、スウェーデン国籍をもつルイス・デグラス、エミリー・ブラチェリー、マリー・ベルの三人の若い女性と一九人の中国人の牧師および使用人がまず移動し、遅れてダンカンとヘンリー・レイドがちらしや広報紙を刷る印刷機を運び込んで加わった。ルドランド夫妻もやってきた。

しかし、この新天地にやってきた内地会一行は、一八六八年八月二二日と二三日にわたって攘夷暴動の被害を受けることになった。この事件は揚州教案として、テーラーの名を歴史に刻むことになった。

この攘夷暴動は、カトリック宣教師ジョセフ・セッキンゲルが一八六六年一一月に揚州市内三義閣などに土地を購入して建設した教会、学校、薬局、育児院がターゲットであった。この年、育児院で幼児の伝染病による死亡が多かったために、幼児の目玉をくりぬいて薬用にしているらしいという流言が広がり、暴徒が襲ったのだが、セッキンゲルらはいち早く鎮江に逃れていたので、暴徒は対象をテーラーの教会と診療所に向けた。

事件が起きて二日後にイギリス副領事アレン、フランス副領事キャニイ、アメリカ副領事サンドの三人が鎮江から揚州に来て現場を観察し、テーラー一行に事情聴取を行った。新任の上海領事ウオルター・メドハーストは八月三一日、テーラーたち被害者四名から直接事情聴取し、調査報告書をテーラーたちの署名を得た上で、大使オルコックに提出した。これがイギリス議会に報告された。この公文書によると、事件の経過は以下のとおりである。

事件の顚末

テーラーに家を貸した不動産業者は、外国人に家を貸したことで攘夷運動家から脅迫を受けていた。八月に入って士紳階級が群衆を扇動して外国人駆逐を企てているという噂を聞いて、業者はこわくなり、テーラーにどうしたものかと相談に来た。テーラーは自分は道台の許可を得て開業しており、地元の人からも喜ばれているからそういうことはありえないと答えた。しかし、診療所のガラスが投石されて割られる事件が続けざまに起こった。そのたびに修理していたが、だんだん不穏な空気が増してきた。

そのうちに、付近のあちこちに短冊型のビラが貼られ出し、見慣れない群衆が付近をうろつき始めた。

何人かが玄関の前にたむろするようになった。患者や信徒たちの動揺が高まったので、内地会のメンバーは、たむろしている群衆に、この医院は噂のようなことは金輪際ありえないことを懇切に説明したので、彼らはいちおう納得して立ち去った。

やがて短冊型のビラ以外に大きなポスターが貼られるようになった。このポスターには外国人宣教師が診療所で子どもの目玉をくりぬき、妊婦の子宮を切り取って薬用に供していると書いてあり、宣教医ふうの外国人が寝台の上に寝かせた子どもの目玉をメスでえぐり取っているおどろおどろしい絵が描かれていた。

それでまた付近が騒々しくなった。数人の者が断わりなしに二階に上がってきて、あちこちを覗いたり調べたりして出て行った。彼らの不作法をいくらとがめても聞かなかった。テーラーは危険を感じて八月一四日、府知事孫恩寿あてに至急このような事態を鎮静させるように書状で訴え、証拠品としてはがしたビラを同封し、すぐ返事をよこすように使いにもたせた。

翌日、府知事から返事がきた。次のようなことが書いてあった。

「揚州の人間の中には軽佻浮薄な者がおります。役所は禁令を出すことはできますが、一人一人の個人にまで徹底することは困難です。しかし、私は両江総督の名で禁令を出すように手配致しますから、少々お待ちください」

同じ日に匿名の人物がやってきて、「明日、暴動が起こりそうだから、すぐ避難しなさい」と警告して立ち去った。そこで、内地会側は全部の入口にバリケードを築き、男性が二人ずつ入口に立って二四時間監視体制をしいた。

翌日朝、百人から二百人とおぼしい群衆が中に押し入ろうとしたので、スタッフは声をからしてデマのようなことは絶対にないことを説明し、暴力に訴えるようなことはしないでほしいと訴えた。しかし群衆は、それならばなぜ中を見せないのかと反論し、交渉が続いた。二、三日して役所から人がやってきて群衆を帰らせた。

日曜日になって、テーラーたちは最悪の場合の備えを固める必要に迫られた。ルドランド夫妻、ルイス、ダンカンたち屈強の男女が加わったので心強かった。男たちで終日入口を固めた。群衆の中にときどき身なりのよい青年が姿を見せ、彼が扇動者であることが見て取れた。ドアが数回にわたって蹴破られそうになった。窓ガラスは石やレンガの投石でめちゃめちゃになった。表にさらに新しいポスターが登場した。

「野獣キリストが中国を食おうとしている」

判明したことは科挙の試験がこの地で進行中であり、全国から大勢の士紳階級の受験者が集まっているということであった。排外思想の持主である彼らが、群衆を扇動していることが明らかになった。

月曜日に群衆が減ったのを機に、内地会側は逆にビラをつくって彼らに配った。

「あなたがたは愚かな流言にまどわされている。私たちが門を開けて内部を見せないのは、修理中の足場や壁が倒れる危険があるからである。二、三週間後に修理が完成すれば、内部をくまなくお見せする」

これは効果が上がったかにみえたが、火曜日になると再び群衆が騒ぎ始めた。

「子どもの目玉をくりぬく化け物野郎！」

「子どもと女の子宮と脳みそを食らう悪鬼」

と叫んで、家の後ろ側からも投石機をつかって大きな石を飛ばしたので、窓枠や屋根が破壊された。一九日の水曜日にはもはや手がつけられない状態になった。会員たちの生命の危険が予想される事態になったので、テーラーは府知事あてに抗議と緊急の救援を依頼する書状を書き、聞きだした扇動犯の個人名を書いて至急彼を逮捕するように訴えた。

府知事からまたもや煮え切らない返事がきた。調査中である、犯人を特定できない、両江総督の通達が出なければ動けない、などの言い訳が並べられていた。明らかに地方官は、外国人側に立っているようにみられることを極度に恐れている様が見て取れた。

内地会、襲わる

八月二二日、アメリカ副領事とアメリカの貿易商人二名が視察に来たことがまたもや群衆を刺激した。二四人の子どもが連れ去られ、食用にされたというデマがあっという間に広がった。

午後四時、使用人の一人がテーラーのところに、すぐ逃げてくださいと血相を変えて駆け込んできた。見ると、暴徒化した群衆が外門を壊して内門まで入ってきていた。宣教師たちは彼らを押し返して門をふさいだ。大工が壊された門をすぐ補強した。

暴徒たちは石を投げ始め、暗くなってからも彼らの乱暴はますます高じてきた。テーラーはすきを見て二人の使用人を救援を乞うよう役所に走らせたが、彼らは帰ってこなかった。救援隊も現れなかった。

後ろの塀がどうという音を立てて倒れた。

もう暴徒の侵入を防ぎきれないと悟ったテーラーとダンカンは、役所に走って救援を求めることにした。二人は暴徒の間を突破して隣家の庭をつきぬけ、間道を走り抜けてうまく暴徒たちをまくことに成功した。しかし大通りに出ると、たちまち群衆に見つけられ、投石の雨を浴びた。それでも夜の闇に助けられてやっと役所の門にたどり着いた。背後に暴徒の喚声が迫っていた。役所の門は閉まっていた。二人が必死になって叩くと門番が開けてくれた。二人は折り重なるように中に倒れ込んだ。

この危急の際に、なんと二人は役所の応接室でおよそ四〇分ほども待たされた。府知事がやっと出てきて聴聞を始めた。その間中、外で暴徒の喚声がかまびすしく聞こえていた。

聴聞は、二人が我慢の限界に達する寸前まで根ほり葉ほり聞かれた。あまりにも下らない詮索であったので二人はどなりつけたい衝動にかられたが、救援を頼みに来た以上、忍耐をし続けなければならなかった。

「あなたがたは病院で子どもに対してどのようなことをしたか」

「他の患者同様、親が連れてきた者に対してしかるべき診察と治療、投薬を行った」

「子どもを買ったか否か」

「そのようなことはない」

「それは何人か」

「そのようなことはない、と今言ったではないか」

「暴動の原因となるような何事かをしたか」

「診療所では診察と治療、教会では集会と説教を行っており、夕方、英語の教育も行っている」

「それ以外に何か行っていることがないか」

「何も行っていない」

同じ質問を府知事はあの手この手で何べんも執拗に聞き出そうとした。

テーラーはこのような馬鹿げた質問に我慢できなくなって叫び声を上げた。

「暴動の原因はあなたがトラブルを初期の段階で解決しなかったからだ。今すぐ暴徒たちを鎮圧しなさい。われわれの仲間の命がある間に救ってください。こんな下らない聴聞にはもうこれ以上答えない」

府知事は「ごもっとも、ごもっとも。すぐ鎮圧します」とあわてて出て行った。それからテーラーたち二人はそこで二時間あまりの間、いらいらしながら待ち続けた。やっと知事が戻ってきた。

「暴徒を鎮圧しました。屋内に侵入した数人の犯人を逮捕しました。ご安心ください」

二人は輿に乗せられ、護衛を付けられて帰宅した。その途中、仲間は皆殺しにされたのではないかと胸の動悸を抑えることができなかった。家に着いてみると、惨憺たる有様だった。焼けただれた屋根材が崩れ落ちて放火が行われたことを物語っていた。塀が倒壊し、診療所の中にあったすべての物が持ち去られていた。カルテや書類や本などが踏み荒らされて泥んこになって散乱し、二目と見ることができなかった。

仲間たちはどうしたのか。

殺害された跡がないかどうかを調べたが、わからなかった。しばらくして彼らが全員避難したことがわかったが、どこに行ったのかわからなかった。そしてやっと県知事のはからいで隣家に逃げ込んでいたことが判明した。テーラーは彼ら二人がいない間にどのような事態が進行したのかを、それぞれの仲間から生々しい経過を聞いた。

テーラーとダンカンが役所に走ったあと、レイドとルドランドと使用人たちが入口のドアをふさいでいたが、ついに押し破られてしまった。二人はさらに玄関から奥に入れないよう阻止したが、内ドアも壊されて侵入を許してしまった。その間に窓という窓は投石で壊され、塀も倒された。

入ってきた暴徒は略奪に熱中し始めた。彼らの目的は殺人や傷害ではなく略奪であることが見て取れた。レイドとルドランドはそれぞれ一階と二階で監視を続けた。暴徒たちが一階の家具の中の物を運び出している間に、数人の者が二階に上がってきて寝室の物を手当たり次第に袋に入れ始め、重たい衣裳箱を一階に運び下ろし始めた。一階にいる者が放火したので、二階は煙でいっぱいになった。レイドが下からむせ込んだ声でマリアに、「飛び降りてください。彼らは火を付けています。僕は助けにいけません」と声を張り上げた。二階にいた妊娠中のルドランド夫人、マリー・ベル、子どもたちがシーツや毛布を縄代わりにして寝室の窓から下に降りた。

マリアは侵入してきた屈強な男に、「あなたがたは女子どもを苦しめて恥ずかしいと思わないのですか」と叱りつけた。男は自分は役所の者であり、あなたがたの命を助けるから、いくら金をくれるかと交渉した。マリアは交渉に応じるそぶりを示して時間をかせいだ。その間にルドランドがシーツを縄代わりにして子どもたちを下ろし終えた。

ベルは赤ん坊を抱いて一階に駆け降り、火の中をかいくぐって外に逃れた。

男は交渉が成立しないと知るや、ブラチェリーのポケットから金を、デグラスから髪飾りを、マリアから結婚指輪を奪い取った。

この間に煙はますます濃くたちこめ、壁が倒れる音、投石で窓ガラスが割られる音、暴徒等の叫び声などで辺りは阿鼻叫喚の極となった。デグラスは毛布を伝って下りた。男はルドランドを殺すとおどし、マリアとブラチェリーにもっと金目の物をよこせと迫った。

このとき下にいたレイドがマリアたちに、「下で僕が受けますから早く飛び降りてください」と叫んだ。ルドランドが一階の屋根に下り、シーツを縄代わりにして、下にいるレイドとリレーで女たちを飛び降りさせた。レイドはなんとかマリアを受け止めたが、このとき煉瓦の破片が眼に当たって見えなくなり、ブラチェリーを受け止められず、彼女は石畳の上にたたき付けられ、しばらく身動きできなかった。ルドランドは最後に飛び降りたが、棍棒でしたたか殴られた。彼は痛みをこらえながら、女と子どもたちを連れてなんとか隣家の庭に逃げこむことができた。

以上の経過を仲間たちはこもごもテーラーに語った。

深夜中、役所から派遣されてきた兵士が見張り番をした。明け方に彼らが立ち去ると、群衆がまたもや集まってきた。略奪の味を覚えた彼らは再び機会をうかがっているようだった。

テーラーは直ちに役所に行って府知事に救援を求めた。知事はおらず、代理の李修梅県知事が出てきた。

「あなたがたはいますぐ揚州を離れないと人命が危険です。それで府知事あてに、自分たちは子どもを買い入れた病院ではないことを述べ、詳細は立ち入らないで、昨夜のことは単なるいざこざとして府知事に措置を求める申請書を書きなさい。そうすれば府知事は私に、数人の護衛を出し鎮静するように通達を出すでしょう。そうすれば、あなたがたは無事ですよ」と言った。

さらに彼は命令するように言った。

「明日までに負傷者と女子どもを送還したいならば、すぐこのことを実行しなさい。あなたも一緒に行くか残るかは、あなた次第です」

李はテーラーの帰宅に同行した。帰ると、別な塀が壊され、群衆がまたもや建物のまわりに集まっていた。事態は昨夜より悪化していた。

テーラーは直ちに、不当な侵害を受けた実状を述べ、緊急の救援を依頼する府知事あての手紙を書いて李に持たせた。この手紙は封をして親展にしたにもかかわらず、李は勝手に開封し、内容が李が言ったとおりでないと言って送り返してきた。テーラーはすぐさま役所に行って、君が犯人に対して寛大に扱いたいのはかまわないが、事実は曲げられないと抗議すると、李は居直って答えた。「あなたがそれほどその手紙を府知事に届けたいなら、私はもう関与しません。あなたはあなた自身で身を守ればいい。しかし警告しておくが、あなたがたはおそらく皆殺しにあいますよ」

テーラーは仕方なく彼のいうままに書き直した。府知事の緊急措置によって全員が無事だったことを感謝するくだりまで付け加えた屈辱的なものであった。

翌日昼、府知事は四隻の小舟と荷物運搬人を出して、一行を南門まで護送し、そこから鎮江行の船に乗るように手配した。途中、揚州に迎えに来つつあったアレン副領事一行に出会い、一緒に鎮江に戻った。

以上が事件の経過である。

ウオルター・メドハーストの恫喝外交

揚州市庁は、テーラー一行の損害については善処し、家屋も修築すると約束したにもかかわらず、翌日になって県知事は元の場所に戻ることを許可しないと言ってきた。

テーラーの揚州の資産は、鎮江の道台から揚州の知府あての推薦状により、同官から条約に基づいて正式に認められたもので、二百ドルの保証金を支払って居住権を得、貸借契約を結んだものである。この契約書は鎮江のイギリス副領事館にも記録されている、ということも付け加えた。

一方、上海通商大臣曾国藩は江都県知事から次のような報告を得た。

「フランス人カトリック宣教師ジョセフ・セッキンゲルが運営する城内三義閣の薬局・育児院で幼児の死亡が多く出た。七月初め、使用人の李得義は死児二体を旧城空地に運んで埋めた。これを見た者が江都県役所に通報したので、県知事の松亭が自ら埋めた場所に行って掘り返させたところ、同院が以前埋めた一二体の幼児の死体が出てきた。全部女児であった。そこで検視させたところ、最近の二体は病死したものので、眼玉や脳をくりぬいた痕跡は見られなかった。それ以前の一二体のうち、六体は腐乱していて判別できず、残り六体は病死と判断された」

　要するに二体の眼玉はくりぬかれてはいなかったが、あとの一〇体以上はわからないので、あるものは心臓を、あるものは目玉を、あるものは脳髄をくりぬかれていたという捏造がここからつくられた。たまたま外国人がやってきたことと二四人の赤子の行方が知れないこととが結びつけられて群衆が騒ぎだした、という報告であった。

　上海領事ウオルター・メドハーストは直ちに上海通商大臣の曾国藩に、揚州で当事件の解決のための交渉を始めたいので、しかるべき代表を送れと要求した。彼は事件五日後に鎮江に入り、二日後に揚州で現場調査を行った副領事アレンとテーラー本人から詳細な報告を聞いた後、交渉案をつくって公使オルコックの許を訪れた。

「オルコックさん。今度こそこの国の排外主義者どもを徹底的に叩き潰しておかなければなりません。ここ一連の事件の黒幕は四名の上級の高官です。そやつらの名も調べがついています。そやつらが手先をつかって愚民を煽動し、地方官が見て見ぬふりをしている構造をつくり出しているのです。僕は曾国藩を追い詰めて徹底的に暴露してやります。

　今度の事件は明らかな条約違反ですから、相当の損害賠償をとり、担当官を厳罰にしなければなりません」

　オルコックはメドハーストが箇条書きにした案を見て言った。

「ジュニア、わが国民が重大な災禍を受けたのであるから、正当な賠償を要求するのは当然だが、問題は宣教師が条約港以外の内陸地で家屋をレンタルしたことが合法だったかどうかをおさえておかないと、この点が議会で問題になるおそれがある」

オルコックが上海領事をジュニアと呼んだのは、彼が宣教師メドハーストの長男だからである。ウオルターは一六歳の時に父に連れられて上海で育った。アヘン戦争の頃は舟山列島でイギリス政府要員の通訳をつとめた。二五歳でアモイ領事になり、とんとん拍子に昇格して三七歳で上海領事になった。父に似て俊秀であり、現地語にも長けている。しかし、中国人を見下す態度が尊大であり、典型的な帝国主義官僚であった。

「その点は問題はありません。今回の場合は、鎮江でテーラーが借りようとした物件を道台が許可したにもかかわらず、土壇場になって知府が許可しなかったことに第一原因があります。そこで、やむなく揚州に行った。外国人がレンタルしたのでなく、中国人信徒が好意的に外国人に貸したケースに該当します。しかも鎮江の道台が認可しており、副領事が確認し、公文書の写しが副領事館に保存されている以上、条約違反にはなりません。さらに言うと……」

オルコックはジュニアを押しとどめた。

「さらに言うと、カトリックの神父たちは堂々と揚州で土地建物の購入をしている。最恵国待遇によってイギリスも無条件でそれが認められるようにすべきだ、というのが君の持論だからな。君は宣教師の子だからな」

ウオルターはにやりと笑って、

「そのとおりです。よくおわかりですね」

「しかし、フランス人が内陸で土地を取得したり、レンタルできるというのはインチキだぞ。中国文にはあってもフランス文にはないから、やがて中国側も気づくだろう。そうなったらわが国としてもまずい」

「フランスはわが国のように貿易しているわけではありません。彼らは宗教問題がすべてです。フランスは宗教問題を条約上の権利として強引に推し進めるためにトラブルをまき散らし、わが国はそれによって甚大なとばっちりを受けています。

それはともかく、テーラーの事件では一人が片目を失明したんですよ。この際、徹底的にこらしめなければなりません。彼らは条約港をターゲットにして、組織的な外国人追い出しをはかろうとしています。赤ん坊の目をくりぬくとかなんとか馬鹿げたデマを流して無智蒙昧な群衆を扇動しているのは、宣教師の医療活動を破壊するのがねらいです。これが彼らの常套手段です。彼らにこの際、断固たる打撃を与えなくては、女王陛下のイギリスの面目がたたないでしょう。そこで大使、頼みがあるんですよ」

「なんだ。頼みというのは」

「オルコックさん。海軍を使用させてください。使用するといっても、ヘネージ長官にたのんで軍艦でちょっと旅行させていただくだけでこの問題は解決します」

オルコックは一瞬、返事を保留した。ジュニアは俊秀で交渉を完璧にやり遂げるだろうが、軍艦をつけてやると、やりすぎて中国人の反感に火を注ぐ結果になり、まかりまちがうと戦争になりかねない。しかし、ぬらりくらりとした中国人の地方官を相手にするには強行措置が必要であることは、自分も百も承知している。老練なヘネージ艦長なら軍律正しく水兵を管理するし、突飛な行動はしないであろうと踏んだので、「あまりゴタゴタにするなよ。海軍の方には話をつけるからこの件は君に全面的にまかせることにする」と言った。

「おまかせください。中国官船を拿捕する程度ですみますから」

ウオルターは早速イギリス艦隊司令官ヘネージの全面協力を取り付けた。ヘネージはウオルター一行が安全な環境で交渉するためにも、軍艦と万一の武装水兵は必要であろうと考えて九〇名の水兵と野砲一門をつけてウオルターをモラルサポートすることにした。
ウオルターは九月八日、曾国藩が指名した交渉相手の張開祁と鎮江で待ち合わせて一緒に揚州に行く約束を反故にして、いきなり軍艦リナルド号に乗って揚州に上陸した。完全武装した水兵九十余名が市内の目抜き通りを行進したので、いったい何事が起こったのかと揚州の市民たちが騒ぎだし、大群衆が見物に出た。

全権をまかされたメドハーストは大芝居をうつ野心に燃えて、いきなり張開祁に四名の高官名をあげて懲罰せよと迫った。

メドハーストが挙げた具体名はすべて四品以上の高官と現場を指揮した葛という姓の生員であった。その他の要求は、担当地方官の処分、物件の損害および負傷者の医療費を含む賠償二千両、破壊された建物の完全修復、さらにイギリス国民が揚州に居住する権利を明示し、これを加害する者は厳罰に処する旨の布告を紙や木板でなく恒久的な石碑にして被害者の住居前に設置すること、テーラー宣教師に揚州への帰還を請願する公文書を出すか、あるいは人を派遣して懇願すること、などであった。

メドハーストが挙げた高官名はすべて張開祁からみると雲の上の高官だったので、張は眼をパチクリさせるだけであった。ウオルターはこの相手では役にたたないので、この場を棚上げし、南京総督の曾国藩と直接会談して上述の要求を行うことにした。

曾はメドハーストが上げた四人の高官については、条約の重要性を十分わきまえ、もののわかった人たちであるから、そんなことをするはずがないと一蹴した。それ以外の要求については、一度に多数の幼児が死んだことから疑惑がもちあがり、民衆が憤激して事件が起こったことは遺憾であるから、被害者に見舞金千両を差し上げたい。破壊された建物は修復する。地方官が条約を遵守する義務は条約中に明記されているので、改めて布告を碑刻する必要はない。テーラー殿には家屋の修築が完成するまで二カ月ほど鎮江でお待ち願いたいと返答した。

メドハーストは軽くあしらわれたことに憤激し、一〇日後に再度強硬な談判を行うつもりであったが、乗艦リナルド号の艦長のブッシュが急病になり、上海に帰らねばならなくなったので、やむなく交渉を中断した。ブッシュの急病というのは実は疑わしい。ブッシュはこの時期に上海に一隻の軍艦もないことに責任を感じて、いちおう交渉が成功したのであるから早く帰りたい、女王陛下の軍艦を威嚇手段にもちいるウオルターのはねあがりにこれ以上つきあいたくないから帰った、ということを後に海軍部内でもらしている。

一一月五日、メドハーストは改めてロドニー、リナルド、イカルス、スタニーの四隻の軍艦を従えて再度、南京に赴き、砲艦外交に出た。今度は海軍は協力的で三百名の水兵が上陸して交渉場所である興教寺に進駐した。曾国藩は屈服して揚州府知事と県知事を更迭したあと、新任者を交渉に当たらせ、四名の高官の処罰を除くすべての要求をのんだ。メドハーストはさらに約束の完全実行と犯人の期限をきっての逮捕、処罰の担保として曾国藩の持ち船である側輪型蒸気船を拿捕した。こうして宣教師の子であるメドハーストとオルコックは、海軍をフルにつかって損害の実額をはるかに上回る二千両の賠償金をもぎとった。

宣教師は引き揚げよ

年が明けて、現場指揮者の葛姓の生員が逮捕された。これ以外に二名の実行犯が逮捕され、二年の禁固と軍隊労働の処分を受けた。

この事件がイギリス議会に報告されると、上院議員のクラレンドン卿は、事件が終わった後に数隻の軍艦をつかって交渉した点を問題にした。イギリス国家が高額の経費をかけて極東まで海軍を派遣しているのは、租界の防衛と貿易船を海賊から守るためで、一宣教師の起こした事件のためではない。イギリス国家は在留している国民の生命財産が差し迫った危機にあるときは軍艦の使用は当然であるにしても、今回はそういう事態ではなく、威嚇の手段として海軍を現地の外交官が勝手に使ったとしてかみついたのである。

クラレンドン卿は、イギリスの宣教師が内陸に入って不動産などをレンタルするのは条約をはみ出した行為であるから、彼らには条約港内での布教のみに限定し、イギリス国家の出先機関のコントロールが及ばない内陸に入ることを禁じよ、と議会で演説した。それがロンドン・アンド・チャイナ・ニュースに大きく報道された。

クラレンドン卿は日頃から、海外に出ている宣教師は程度の低い連中だとみなしていた。彼らはトラブルばかり起こす苦々しい存在で、英清関係を不必要に阻害すると感じていた。それで、大使のオルコックに条約上、内陸の不動産をレンタルする権利があるかどうかを再調査するように命じた。

オルコックは次のように苦しい弁明をした。

「……たしかにフランスと清国との条約では、外国人が内陸で不動産をレンタルしたり、購入したり、寄進を受けたり、建設したりする権利が中国文テキストでは認められておりますが、フランス語原文にはありません。これは改竄《かいざん》であることは明らかですが、中国当局はそれに気づかずに地方官にそのまま下達し、フランスの既得権になっています。しかしそれには条件がついています。名義人は外国人であってはならず、中国人修道会か教会であること、さらに曾国藩は鎮江の地方官に対し、地方行政長官に報告され、地方行政長官が認可したもののみに限ると通達しています。しかし、この認可条件は地方官が扱いにくい案件だと判断すれば彼らは許可しません。そこでフランスの場合は大使の圧力で押し通しております……」

さらにオルコックは長文で縷々《るる》説明したあげく、イギリス人宣教師がフランスと同様な権利を主張することは危険であり、宣教師の殉難を招きかねないからイギリスは宗教方面では差し控えるべきである、どうしても言うことを聞かない宣教師の保護責任を負うことはできないから、内陸に入る入らないは彼らの自己責任としたい、と進言した。

クラレンドン卿はグラッドストーン内閣の外相に就任すると、この回答に満足し、女王陛下の政府は、フランスが条約文の不正な書き換えによって内陸で不動産をレンタルしたり、購入したりする権利は主張しない、宣教師の布教は条約港の租界の範囲内に限り、それに不満な宣教師は帰国するか、自己リスクで行動するよう宣教師に通達せよ、とオルコックに命じた。

さらにこのような重要案件については現地外交官と海軍が勝手に動いてはならず、イギリス政府と中国当局との平和的なテーブル交渉を原則とすべきである、と釘をさした。

クラレンドン卿の現地宣教師の自己責任云々の発言が知られると、上海のイギリスのキリスト教界は一斉に反発した。

ロンドン・ミッションのエドキンスとダジオン、チャーチ・ミッションのバーオンとコリンズの四名は連署してオルコックに長文の反駁文を送った。その要点はぐさりとイギリスの対中政策をついていた。曰く、「政府筋が強調したのは、中国人士紳階級の敵愾心をあおっているのはカトリック・フランスの詐欺的で強引なやり方が一つの原因であるとしているが、それよりはるかにまさっているのは、主にイギリス商人によってなされている忌むべき苦力貿易とアヘン貿易である。ちなみに一八六七年における密輸入を含むアヘン貿易額は四五〇七テールであり、同年、中国が全世界向けに輸出した茶と絹の輸出額四九四八テールに匹敵する数字である。しかし、最初にインドのアヘンが輸入されてから需要は急増し、約半額で買える国内産のアヘン生産量は輸入量の三倍に達し、全中国のいたるところで栽培されるようになった。かくして西洋諸国との度重なる軍事的敗北の上に、西洋諸国によって中国人が心理的、精神的、肉体的に退廃を強要されている危機感が中国人を怒らせている。

したがって、彼らの怒りが向けられているのは、プロテスタント宣教師ではなく、〝外国商人〟に対してである。プロテスタント宣教師はなんら悪いことをしていないにもかかわらず、イギリス商人に対する怒りをそのまま受け、フランス人カトリック神父と外見上区別がつかないために甚だしい被害を蒙っている」

四名は、忌むべきアヘン貿易の維持を優先するために、宣教師の活動をあたかもそれを阻害するかのような言い方をしたことに憤激したのであった。そしてイギリス政府はフランスが享受しているものと同等の権利を最恵国条項によって認めるよう交渉せよ、と要求した。そして、われわれは砲艦外交などによって国家に保護してもらうつもりはさらさらない、と付け加えた。

四人はさらに、在中プロテスタント宣教師が行った翻訳事業や辞書の編纂などによる文化交流活動や献身的な日常の貧民医療救済活動を例にあげて、クラレンドン卿が言い放った「宣教師はトラブルばかり起こす程度の低い連中」という放言にまっこうから反駁した。

しかし、これはイギリス人宣教師全体の意見を代表したものとはいえなかった。

内地会の危機

鎮江に避難したテーラー一行は、地元の駐在イギリス人たちから温かい保護を受けた。テーラー一家とエミリー、デグラズ、アニーはフランス領事の家に、ダンカンは税関宿舎に、ルドランドとレイドはサンド船長の家に一時避難が認められた。

テーラーは揚州の足場を失い、医薬品など莫大な損失を受けたばかりでなく、内地会の活動を存続できるかどうかの最大の瀬戸際に立たされた。

一二月一日付ロンドンタイムスは、テーラーは英清戦争を引き起こしかねなかった危険人物であると糾弾した。クラレンドン卿は、イギリス政府は在華イギリス人宣教師を全部引き揚げるよう通告せよと要求した。

無名であった内地会は一躍その名を全英のみならず全世界で知られるようになった。しかしそれは悪名としてであって、非難讒謗《ざんぼう》の限りを尽くされた。

上海のプロテスタント教会は「あの変人がついに禍を起こした。彼のせいでイギリス人在華宣教師全員に迷惑が及ぶ」と非難し、イギリス本国では、タイムスが「テーラーは意図的に領事に介入を要請し、事態を誇張して伝えたので砲艦さわぎになった。テーラーとオルコックの軽卒は戦争にみちびきかねなかった」と推定記事を書いたので、貴族院のサマーセット公爵は皮肉たっぷりに「一宣教師の要請でイギリス国家の砲艦がくるなら、われわれはキリスト教を大砲で宣伝したらよかろう。中国人どもに、君らが宣教師にトラブルをしかけるならすぐさまガンボートがやってくるぞとな。われわれが彼らに知らしめることは偉大なわが国の文明と進歩であり、キリスト教はそのつけたしにすぎない。宣教師がこのことを履きちがえるなら、われわれは彼らを全部呼び返したほうがよい」とぶった。

この結果、内地会に対する寄付金は激減し、志願者は減り、親しかった支持者や友人たちが離れていった。テーラーの内地会はどん底の状態にまで陥った。

テーラーの友人たちは宗教界の要人を動かして、タイムスの編集部の重大な誤記事の訂正と謝罪を求めた。タイムス社は、砲艦の出動はテーラーの要請に基づいたものではなかったとやっと訂正した。しかし、その後も悪宣伝が続けられたので、バーチェット、バーネス、マクリーン姉妹は会を脱退した。

テーラーは造反する会員の志の低さに嘆息し、バーガーに手紙を書いた。

「愚鈍で粗野な人は最初から無理ですが、聡明で誠実だと思われた人でもこちらに来るとなかなかこちらの環境にとけこめません。現地の最劣悪な環境においては、よほど智恵の働く人か霊性の高い人でないともちこたえられません。われわれの目標はどんどん内陸に入って福音を広めることですが、宣教師のかっこよさとかロマンチシズムに憧れるような人には来てもらう必要はありません。ペアでくる場合でも夫人が真正のクリスチャンでなく、単なる主婦、あるいはガールフレンド程度であるなら最初から採用しないでください。語学の習得率の低さは問題です。少なくともこちらに来るまでに、中国語で簡単な聖句の説明ぐらいができる人でないと使えません……」

テーラーは会員たちが落ち込んでいないかどうかを心配して、精力的にステーションを回った。ところがモラールは落ち込むどころか、逆に燃え上っていた。ミードウ、スチーブンソン、ウイリアムソン、ダンカン、マカーシー、ルドランド、新しく来たジュド夫妻はすぐれた伝道者に成長していた。女性もホールデン、ブラチェリー、デグラス、メリー・ボイヤーらも意気軒昂だった。しかし一方で、だめな男たちは洋服を着ていたほうが外国人だとわかって安全だと言い出し、洋服の着用に戻った。ジャクソンがそうだったし、ミードウでさえ一時的にそうした。ニコルと通じ合っていたスーザン・バーネスとマクレーン姉妹は内地会を脱退して、上海のロンドン・ミッションで働くことになった。

杭州ではマカーシー、ホールデン、王来君の三人が杭州教会をつくりつつあり、ホールデンは女も入れる小学校の運営に夢中だった。スチーブンソン夫妻は紹興を一二人の信徒で固めて、周辺都市に活動を発展させた。寧波教会はミードウとマカーシーが維持し、クロンビー夫妻は奉化と寧海にステーションを建設中、コードンとレイドは蘇州で活躍した。だめなジャクソンも一つだけ取り柄があったのは、冗談を言ってふざけることができるほど土地の方言を操れるようになったので、台州で人気者になっていた。

この一年でとにかくステーションを築いたのは、温州、蘇州、鎮江、揚州、寧海などであった。

揚州の施設は賠償金で修理することになった。賠償金を受け取ることに関してテーラーは躊躇したが、条約に従って失わされた財産を回復する権利を行使すべきであるという領事の勧告に従った。

宣教師活動にしばりがかかる

一八五八年の時点で、中国の沿海および長江流域では一〇の港市が外国人の居住と貿易に開放されるようになった。とくにイギリス政府が強く求めたのは、長江の奥深く船舶を遡行《そこう》してイギリス商品を売り込む権利であった。当時は鉄道がなく、物流は河川による大小の船による輸送しかなかったので、大陸の奥深くまでイギリス商品を浸透させるには、イギリス船が長江やその支流をさかのぼって行けるところまで行くことが必要であった。

このために中西部における拠点港として鎮江、九江、漢口の三市に租界を置くことを実現した。これ以外にも営口、煙台、宜昌、蕪湖、温州、北海などが加わった。

イギリス政府はまるでテーラーの政策を先取りしたかのように、一省にかならず領事館を置くことを政策目標にした。イギリス政府の重んじるところは貿易である。中国全土にイギリスの綿織物と毛織物を売り込み、網の目のように市場を広げ、中国全土をイギリスの植民地同様にすることであった。

したがって、イギリス政府はテーラーの内地会が勝手に飛び出していって、中国政府と不必要な摩擦を起こすようなことを好まなかった。

一方、中国政府は、中国人信徒がテーラーの内地会のような団体に不動産を貸したり、あるいは地方官がワイロをとって不動産業者に外国人に不動産を貸すことを許したりすることで、無原則的に外国人の不動産取得が広がることを危惧した結果、ある筋を使って攘夷運動を起こさせたというのが一般的な観測であった。

テーラーの揚州の拠点は、メドハーストのとった砲艦外交によって合法的な取得を確認できたが、面子を傷つけられた中国側が今後、どのような反撃に出るか不気味であった。新たに公使に昇格したワードは、宣教師の活動の背後にイギリスの軍艦がついているという認識があまねく中国人に広まってしまった今、テーラーの内地会が内陸で活動することは国益上、得策でないと考え、イギリス外務省を通してロンドンのバーガーにもプレッシャーをかけてきた。

上海の総領事に就任したマークハイムはワードの意向を受けて、テーラーに対して数カ月以内に、それとなく静かに揚州を引き揚げるよう勧告した。あわただしく引き揚げるとかえって中国側に勝利感を与えるので、この事件がこれ以上騒がれず人々の記憶から消え去るのがよいとした。

テーラーは困って私信で次のような憂慮を伝えた。

「私たちが揚州を引き揚げると、私たちが築いてきた他のステーションからも引き揚げざるを得なくなることです。それこそが曾国藩のねらっているところです。われわれは伝道者として内陸に伝道することを放棄することはできません」

テーラーは中国側の策謀に乗せられないようにするため、内地会の今後の活動方法について説明した。

「カトリックが問題を起こしているのは、彼らが内陸をすでに一九の教区に分けてあたかも決まったバチカンの教区のようにしているからです。私たちは、福音を伝え、中国人クリスチャンが彼ら自身の教会をつくる手助けをするのが目的ですから、私たち外国人が教区の司教か司祭のように地域を采配する必要はありません。ステーションを巡回するだけで目的は達せられます。しかし、あまり長い間、巡回しないと中国人信徒たちは、内地会はこわくなって逃げてしまったのかと不安に思うでしょう。巡回間隔を短かくし、頻繁に来ると思えば、彼らは不安を抱かないですみます」

テーラーは対案として揚州の学校を閉じて、鎮江に移すことにした。これは女性会員の希望に従ったものだが、こうすればワードの意向に沿えると考えた。

ワードはにわかに強硬になってきた中国政府の態度を利用して、テーラーと内地会を抑えることで、グランヴィル外相の意向に沿おうとしていることが見て取れた。

一八七〇年に天津でフランスのカトリック教会と育児院が襲われ、多数のフランス人が殺害される大事件が起こった。直隷総督になった曾国藩が事件処理にあたり、調査したところ、襲撃の原因となった幼児誘拐の事実はないと判断して、フランス国王への謝罪特使の派遣、破壊された教会の修復、被害者に対する賠償金など総額五〇万両に及ぶ賠償金を決めた。さらにフランス公使の砲艦外交で、一六名の消防夫が証拠も定かでなく下手人とされて処刑された。曾国藩の屈辱外交はあまりにも許し難いという非難が、普通なら起こり得ない朝廷の要人からも起こり、中国人の外国嫌悪感がますますつのった。北京の中国外務省は「ミッション問題を解決するための画期的計画」という覚書をつくり、その骨子が新聞に報道された。「ミッションの女性は全部帰国させる。各セクトの信徒は四五人までに制限する。洗礼を受けた者は登録させる。宣教団体が役所と交渉するときには、内国の規則に従わせる。具体的な措置は中国外務省が外国と協議して決める。さらに、教民（中国人信徒）の子どもは中国の託児所に入れる。女性は教会から離れさせる。修道女は中国に入国させない。外国人宣教師と教民に対する殺傷害事件に対して過重で常軌を逸した刑罰を要求させない。フランス人宣教師に対して発行したパスポートは特別な地域に限定する。中央の公務員は日常的に外国宣教団体の財産を検査し、地方官吏は相談を受けて、外国人が購入する以前に土地を調べ、風水に反しないことを保証する」

カトリック向けにとられたこれらの強硬措置はプロテスタントにも適用されることがわかり、キリスト教界は猛反発した。もし、これが通ると、地方官は拡張的な措置をするようになるから、中国布教は実質上できなくなる。列国公使の抗議に押されて中国側は覚書と通達は単なる参考的な文書であると釈明せざるを得なくなった。

ウイリアムソンは早速奉化から次のようなレポートを送ってきた。

「寧波の道台が当地の地方官にこんな通達をしたという噂が広がっています。外国の宗教に加わった信徒の人数と彼らが加わった理由、犯罪歴の有無などを調べるというのです。このような噂はたとえ根も葉もないにせよ、私たちの布教にとって重大な障碍です」

中国側保守層が極端に嫌っているのは、外国人がつくった教会や学校に男女が平等に参加することであった。中国では伝統的に男尊女卑で、男主女従を制度化しており、女子は学校に入れず、家庭から出ることを禁止している。しかし、中国の女性は日本の女性のように男に盲従する風は少なく、かなり強く反発する。保守層は慣行が崩れて伝統が崩壊することを恐れ、外国からも女は来てもらいたくないと思っている。もし、キリスト教界の女性が全員引き揚げてしまえば、とたんに困るのは託児所と乳児院の運営であるが、外国人経営の乳児院をことごとくつぶしてしまいたいと思っている中国側は、むしろ望むところであった。

ワードは外相のグランヴィルにまわりくどく次のように具申した。

「中国人はカトリックとプロテスタントの区別がわかりません。外国人と外国人の区別さえわかりません。中国政府はすべてのミッションを自己のコントロール下におきたいというのが本音です。宣教師に対する士紳階級の敵意に対応するには、二つに一つしかありません。それは徹底的に軍事力でミッションを保護するか、あるいは特定の制約を課した上で保護する、たとえば、活動領域を制限するとかです。カトリックは普通の中国人にいわせれば、あれはフランスの宗教だと言っています。フランスの政治的な優位性を楯にしてカトリックの教民がフランス国家の権力の下に保護されているのは、中国の主権を侵害するものである。したがってそれを排除するというのが、中国側の覚書の骨子になっております」

グランヴィル外相は、中国側覚書は宣教師の不法行為については一般的に述べたもので、イギリス宣教師について述べたものでない。われわれはすでに締結された条約以上に、イギリス国民の特権あるいは免除を要求することについては興味をもたない。さりとて、女王陛下の政府は、キリスト教の信仰に対して迫害が加えられることをよしとしないし、女性が教会に通ってお祈りするのがいけないというのは、条約で決めた権利の侵害である。女王陛下の政府が、そのような女性や修道女の気高い行いを規則でしばるようなことを容認しないのは当然である、と述べた。

しかし同時に、グランヴィルは次のように述べた。

「宣教師は条約で決められた権利以上のことをしないほうがよい。中国の法律と慣行に挑戦するようなことは許すべきではない。しかし、内陸に入っていく人たちを禁止するのはこれまた不可能である。遅かれ早かれ、彼らはそうするからだ。中国にとって本当は、彼らの活動を制限することよりも、便宜を図ってやって、もしイギリス人宣教師が不適切なことをすれば、彼らを卑近の都市のイギリス領事に引き渡し、罰を与えるようにしたほうがいい。これは悪徳イギリス人に対する措置と同様である。外相と領事が中国におけるイギリス国民をコンロトールすることができないと証明されるまでは、イギリス政府は現存の条約をおぎなう程度の措置を行うだけでよい」

つまりワードは中国における貿易商人のスタンスに立ち、かつ中国外務省の意向に沿ったのである。テーラーはもしステーションの設置が制限され、巡回説教師がそこに滞在するのが一日くらいに制限されれば、巡回回数をうんと増やさなければいけなくなるな、とスチーブンソンにこぼした。


ロンドンの新聞は宣教師を叩く側に加わったが、一方で、イギリス政府はイギリス人宣教師に命令するだけで、フランス・カトリックには何も言えないではないかと論じた。宗教雑誌のCMSインテリジェンサーは女子修道院がいけないというなら、アヘンでもうけた商人のぎっしり詰まった倉庫も取り締まるべきである。ヨナを海に投げ込んだだけでは、目的は達せられない、と論じた。

一一月八日、攻撃の矢面に立たされたテーラーは注意深く考えて、ステートメントを発表した。

「ワード総領事のご意向に沿って、われわれの活動はほとんど放棄したと同じくらい縮小しています。揚州では最近騒動はありません。あったとしてもまったく些細なもので、人々の生活に影響を及ぼすほどのものはありません。

マークハイム氏はわれわれの活動を調査した結果、われわれが現地の人々の尊敬を集めている事実をみて大変満足されました。さらに、われわれが揚州を離れることが逆に中国側に誤認を与えて敵意を助長することになりかねないことでも意見が一致しました。一、二年前、われわれは内陸に入って活動をするなら、自己責任でやれと言われました。もしそのとおりにしてもらっていたら、われわれはもっと自由にやれたことでしょう。

ついでにお知らせしておきますが、アメリカ領事とフランス大使はわれわれが揚州から撤退することは、かえって危険が増すと私に注意してくれました。鎮江の大手の商人もそのように言っております」

テーラーにとっては暴動を受けたことは打撃であったが、人命の被害はなく、砲艦外交は余計なことであったと思っている。彼は賠償を辞退したほどであり、それほどありがたいとは思っていない。しかし、それは言わず、自分たちが自己責任でやるというのは、神の保護を受けているという確信のもとにそう考えるのであって、たとえ殉難しても神のご意思によるものであるから喜んで受け入れる、という考えを婉曲に表明した。アヘン貿易をやっている商人を保護するために動いているイギリスの出先官憲が、一方で自分たちの活動に介入して押さえつけるのはごめんこうむりたい、ということまでは言わなかった。

テーラーは現地の会員の士気が落ちていないので安心したが、いちばん困ったのがバーガーからの寄付が途絶えたことであった。他のドナーからの寄付も激減し、会の将来はどうなるだろうかと、絶望的な気持ちになった。しかし、仲間や家族、新しくやってきた若いチャールス・ジュド夫妻の明るいはしゃぎっぷりで癒された。

ジュド夫妻はテーラーの悩みなどをよそに、毎日コメディアンのようにふるまっていた。ジュドはギャグをとばすのがうまく、夫人はまるでマンガ本から抜け出てきたようなおきゃんな人だった。夫人はゴキブリやゲジゲジを見るたびにキャーッと大げさな声をあげて誰かれとなくしがみついた。

「こわい。あんなのイギリスにいない。こわくて二度と見れない。もう絶対に嫌」

「この国は昆虫の博物館だな。僕はこの前はじめてゴキブリの女王を見たよ。あれ、大きな白い貝殻が歩いているなと思って見ていたら、その後ろからゴキブリの侍従たちがフロックコートを着てゾロゾロと……」

「イヤーッ、やめてッ」と、また夫人がジュドにしがみついた。

この二人は秘書役としてテーラー一家の事務や身の回りの雑用をてきぱきとこなし、逆境にあるテーラーを和ませた。

ジュドはテーラーがあまりにも純粋で、過剰な責任感から無限の苦労を背負いこんでいる様を見て、あれでは息がつまるのではないかと思っていた。

「僕もテーラーさんのような純粋な人間として生きられたらいいなと思っていますが、おっちょこちょいなものですから、だめですね。こうして無駄口ばかり叩いておりますが、まあ、僕の精神的健康法の一つだと思っています」

「君が思うほど僕は純粋ではないよ。心の貧しい人間だから、神の馥郁《ふくいく》とした限りない豊かさを分けていただきたいといつも祈っている。しかし、なかなかその望みがかなえられずに苦しんでいる」

「テーラーさんにしてそうなら、僕はゲジゲジ並みですね。いや、ゴキブリ並みかな」

「ゲジゲジとかゴキブリなんてもう言わないでッ」と脇からミセス・ジュドが声をはり上げた。

テーラーは次の根拠地をどこにするかについてスタッフと協議した。四川省まで行ってきた教会伝道会のワイリー神父は、成都か重慶がいいよと言ってくれた。テーラーは湖北省、湖南省にまたがる漢口が上海、南京へのアクセスもよく、南北にのびる可能性があるので、まずそこに至る飛び石として安慶を確保しようと思い、ミードウとウイリアムソンにそこにベースをつくらせることにした。

二人が乗ったジャンクが安慶に着いた時、たまたま李鴻章の一行が旅館を独占していたので外国人は宿がとれず、二人は同行の信徒を残してさらに百マイル南下して九江に行き、そこで調査を終えて、再び安慶に戻った。運よくウイリアムソンは貸家を借りることができたので、四月にミードウは家族を呼び寄せてここにステーションを開くことに決めた。

テーラーはこの落ち着いた美しい環境の地に宣教師の語学研修所をつくることを計画し、その準備を進めたが、一一月、安慶で科挙の試験が行われることになり、全国から大勢の青年たちが集まってきた。試験会場になった公会堂に大きく張り紙が出た。

「学生諸君に告ぐ！　一一月五日に外国宗教侵略者の教会をぶっつぶそう」

揚州の二の舞いが起こる可能性が強くなった。

ミードウとウイリアムソンが道台に保護を求めに訪問すると、道台は会見を拒否した。近くの試験会場から大勢の受験生たちがデモを組んで街を練り歩き、「洋鬼を殺せ！　洋鬼を叩き出せ！」と連呼した。

この日、安慶のカトリック教会は廃墟と化すまで破壊され、宣教師一名が殺害された。内地会のステーションも襲われ、家具や木箱などでバリケードしたドアは簡単に打ち破られて、あらゆる物が略奪された。夜になってミードウ一家とウイリアムソンは小さな川船で九江まで逃れ、そこでイギリス人カトリック神父の計らいで快速船の切符を入手して鎮江に帰った。

ラムモア号の一行がやってきてから四年の間に、粛山、湖州、台州、揚州、安慶とほとんどの地域で暴動に遭い、攘夷運動の火だるまの中にいかに彼らが飛び込んで来たかを知らされた。

テーラーは漢口への発展の道をふさがれ、すっかり落ち込んでしまった。

それから数日して、朝食を皆で囲んだ時、一同はテーラーがすっかり明るい顔をしているのを発見した。

「昨夜はマカーシーの手紙を読んで僕はすっかり救われた。みんな、その手紙を読むから聞いてくれたまえ」とはずむように言って朗読を始めた。

マカーシーはアイルランドの貧農の子でレスラーのように屈強な身体つきをしていた。内地会に入った頃はまだ荒くれの抜けない男だった。無口であるが、人を攻撃するときは情け容赦ない酷薄ぶりを示すので、霊性に欠けると言われた。普通ならおよそ伝道者には向かない性格としてはねられてしまうタイプだが、テーラーは彼が示した唯一の神を追い求めようとする真摯な渇きを受け入れた。

「僕はすさんだ少年時代を送ったあと、聖書を読むようになり、内地会に志願して寧波までやってきましたが、いまだに自分は自堕落な人間で伝道者としての資格がないと思っています。自分も聖潔な生活をしたいと思って一生懸命神に祈っていましたが、ある夜、夢うつつの中でキリストが現れたような気がしました。救いがおとずれたのかなと喜びましたが、起きてみると、単なる夢だったことがわかってがっかりしました。自分は絶望的でした」

ここまで読んで、テーラーは、かつてマカーシーと夜遅くまで話しあったことを思い出した。そのとき話し足りなかったので、マカーシーに『キリストのすべて』という本を貸し与え、その本に書いてあるように真の信仰を得るには聖潔な生活をすることを心がけなさい、と教えた。

テーラーがマカーシーの手紙を見つけたのは、机の上にうず高く積まれていた未決の書類や郵便物の山の中からだった。それはずいぶん前に出されたもので、開けてみると次のようなことが書いてあった。

「聖潔な生活を送る方法について、あなたが僕に話してくださったことがずっと僕の頭を占領していました。僕は今、聖潔な生活を送る方法は、努力して、恋い焦がれて、ひたすら望んで、それを追い求めるというふうなのは正しいやり方ではないと思うようになりました。よりベターなのは、ガツガツと追い求めて自己満足することではありませんね。あなたからお借りした『キリストのすべて』にこんな文章が書いてありました。その一部を引用します。

『信ずる者よ、罪をひたすら克服しようとする頑張りは厭うべき下策である。救いはキリストの懐に抱かれる中にある。キリストに興味をもち続けなさい。キリストの中に命を棄て、キリストの中に罪の罰を支払い終わった者こそが、完全な神のみ業との一体感を楽しむことができる』

僕はこの意味がなかなかわからなかったのですが、最後のセンテンスで一切がわかりました。僕はだめな会衆ですが、それを直そうと思ってガツガツ努力してもだめなんですね。そんなことに囚われていたら、かえって神を見失ってしまう。それで、この僕の中にでも、神の力が備わっていることを信じ、その力で僕の内部のすべての退廃に打ち勝てることを信じ、全知全能の神に身をまかせることですべてをなしとげられそうな気がします」

ここまで読んだとき、テーラーは豁然《かつぜん》と悟ることがあった。このことは二〇年前にバーンズリーの穀物倉庫の中で感じたことと同じことではなかったか。四年前にブライトンの浜辺で悟ったことと同じことではなかったか。それをどうして自分はいつの間にか忘れてしまっていたのだろう。テーラーはマカーシーに教えられたと思った。

「ジュド君。僕はマカーシーの手紙で、神の枝の一つになった。枝は幹から生え、幹は根を張り、天空に葉を茂らせる。神がこの大木だとするなら、枝も葉も根もすべて神の一部だよ。一部でありながら全部でもあるんだ。枝に口があるなら、俺は枝ではない、木だぞと言うだろう。葉っぱは自分は小さな葉っぱにすぎないなんて謙遜して言うだろうか。冗談じゃあないよ、俺だって木だよって、胸を張って言うのではないかな」

「つまり、おっしゃることはこういうことですか。葉っぱが自分はしがない葉っぱだと思って一生懸命努力してあの枝になろうなろうと思っている、枝も一生懸命頑張って幹になりたいと思っている、根もひたすらそう思って地上に出て幹になりたいと思っている。しかし、そんなのはまちがいで、葉っぱも枝も根も俺は大木なんだと思っているのが正しい、ということなのでしょうか」

とジュドが言うと、テーラーはポンとジュドの肩を叩いて言った。

「そうなんだよ。君は聡明だ。僕は先週、上海の銀行に小切手を両替に行った。窓口で僕が手に小切手をもって差し出す。銀行員は僕の手に五〇ドル紙幣をにぎらせる。そのときまさか銀行員は今あなたの手にお札を渡しましたが、それはまちがいなくあなたの手ですね、なんて疑ったりはしないよね。もしこんな銀行員がいたらどうなんだ。私はあなたに五〇ドル渡す義務がありますが、あなたの手には渡せませんとね」

「口にくわえたら、まちがいなくＯＫですとね」

ジュドが口をあんぐりあけてみせたので、まわりがどっと笑った。

「そうなんだよ。ジュド、僕の手は僕につながっている。つまり手は手でなく僕そのものなんだ。誰もそれを疑ったりはしないよね。それと同じように僕は神の枝であり、葉であり、幹であるんだ。神の一部なんだ。それなのに神が離れたところにいると思ってそこにひたすら近づこう近づこうとしていた。そうではない。僕は神の一部だと思えばいいんだ。そうすれば疑ったり悩んだりしなくてもいいよな。神が僕の中にいて、僕は神の事業をしている。その事業の過程でいろいろなことが起こるだろう。しかし神はそんなことはあらかじめ折り込みずみなんだ。僕は気張らないでそれに従っておればいいんだ。落ちこんでいるひまなんかないんだ。マカーシーはそのことを教えてくれた」

テーラーは有頂天になって腰に両手をあててスキップを始めた。

ジュドも合わせて踊りだした。それからというもの、テーラーはジュドとペアの漫才師になったように軽口がいつも口をついてでるようになった。スタッフたちは、テーラーがまるで変わったことに驚いた。ある者は神々しいオーラがテーラーを包んでいるようだと表現した。

揚州事件、天津事件が起こって以来、在留外国人はパニックに陥り、帰国する者が相次いだ。台州のジャクソンは危険だからと早速洋服に着替えた。カードウエル、ハーベイ、ミードウまで外国人は保護されるからと言って洋服に戻った。テーラーは彼らの心変わりを嘆息したが、責めることまではしなかった。

テーラー一家にまたしても最大の苦難が訪れた。一八七〇年の夏は記録的な暑さで、スタッフの間で赤痢、疫痢などの病人が続出した。テーラーは家族の健康をおもんぱかり、九歳のバディと七歳のハーディ、五歳のサムエルの三人をイギリスに帰すことにした。ブラチェリーが親代わりに付き添って帰ることになった。しかしサムエルは、長江を航行中に病状が悪化して死んだ。テーラー夫妻はサムエルの亡骸を鎮江の海を見下ろす小高い丘の墓地に葬った。

七月、妊娠していたマリアのお腹がますますふくれ、分娩が近くなった。マリアは肺結核を病んでいたので、それと出産が重なって二重の消耗を強いられ、猛暑で食欲がなくなりやせ細った。

七月七日、テーラーがウイリアムソンを安慶に送るため埠頭まで行って帰ってくると、ルドランドが興奮して「産まれましたよ。まるまる太った坊ちゃんですよ」と言った。テーラーがマリアの寝室に駆け込むと、マリアはにっこり笑って赤ん坊を顎で指した。テーラーは病身のマリアが心配になり、脈をとると異常に低かった。彼は買ってきたブランデーを水に溶いて彼女に飲ませた。マリアは昏々と眠りに落ちた。唇は血の気を失って紫色に変わっていた。

産まれた子にテーラーはノエルと名づけた。まるまると太っていて、髪は母親と同じ黒色だった。つぶらなひとみ、長いまつげがかわいかった。母親の乳がでないので、テーラーは八方乳母を探し回り、やっと連れてくることができた。しかしノエルは衰弱し、生後一三日めで命を終えた。

暑気は容赦なく、すだれで隣のルイスのベッドと仕切っただけの狭い室内は蒸し風呂のようになった。マリアの病状は進み、意識の混濁が始まった。

マリアは嘔吐と下痢を始め、身体中の水分を排出し始めた。テーラーの狼狽ぶりは激しく、「もうこれはもたない。ルドランド君、どうかお祈りをしてください」と言った。マリアの呼吸があえぐようになった。テーラーが緊急処理をするといくらか取り戻した。

「頭が焼けるように熱いわ」

「髪を短く切ってあげよう」

マリアの豊かな黒髪は汗でじゅくじゅくになっていた。テーラーはそれを鋏で思い切り短く切った。

「この髪をイギリスの子どもたちに送ってあげよう。何か子どもたちに言うことはない？」

「ミス・ブラチェリーの言うことをよく聞くように言って」

彼女は短く切られた髪のあたりを手でさわって言った。

「さっぱりしたわ。しかし変な恰好だったらあなたの責任よ。でもあたしは誰にどう見られようとかまわないたちだからいいの。あたしはあなたのものだから」とテーラーに接吻した。それからすぐマリアは昏睡におちた。

翌朝未明、テーラーが流動食をもってマリアの寝室に行くと、マリアはほてるような高熱だった。テーラーはあわてて井戸水で頭を冷やした。四時半にマリアは一口だけ流動食を食べた。

七月二三日の朝はしらじらと明け染み始めた。ろうそくの火がうすらいでいた。

マリアの顔はもう死相に変わっていた。テーラーはマリアが神に召されようとしているのを知った。

テーラーは顔を近づけて言った。「僕の愛するマリア、君は死のうとしているのだよ」

「死ぬって？　あなたそう思うの？　どうしてそう思うの？」

「僕はそう思っているんだ、マリア。君の元気も最後だよ」

「本当？　あたしちっとも苦しくない。ただだるいだけ」

「君はこれから天国に行くのだよ。すぐキリストの許に行く」

「あなたはあたしのようなパートナーがいなくなって、重たいお荷物をしょって一人でやっていけるの？

あたしは苦労を全部しょって主の許に行ってあげたい。あなた一人残してごめんなさい」

「イエスのところに行くのだから、ごめんなさいじゃあないよ」

午前九時、マリアが痙攣を起こして去るとき、テーラーはベッドの下にひざまずいて神に感謝を捧げた。

「私に一二年半の間、またとない伴侶であるマリアをお与えくださいましたことに感謝を捧げます。どうかお身許にお近づけくださり、あなた様の新しいご事業にお手伝いさせていただきとうございます」

マリアは僅か三三歳であった。宣教師の子としてマラッカで生まれ、マカオで育ち、イギリスで学んだのち、一八歳で再び中国に来て、テーラーと知り合った。斜視の相が変人テーラーと結ばせたのかもしれない。五人の子を産んで育て、海外宣教の苦難の生活をテーラーとともにした。果敢な人生であった。

マリアとノエルの葬儀は七月二八日、暑さがいくぶん和らいだ夕刻に行われた。八人の人夫が担いだ重たい中国式の棺の前にフィッッとハーベイが、その後をテーラーと会員たちが長い列をつくって従った。全員が白衣を着用し中国式の葬儀にならった。マリアの大きな棺とノエルの小さな棺を並べて埋める時に、テーラーは穴の縁に立って弔辞を読んだ。独身のスタッフたちは、マリアが彼らの母親代わりになって繕い物をしてくれたり、よごれものの洗濯をしてくれたことを思い出して涙を流した。大勢の英米の外交官、税関吏、在留の英米人や商人たちが弔問した。

マリアの死がロンドンに伝わると、バーガー夫妻は口もきけなくなった。バーガーはヨーロッパの戦争で株が暴落して大損をし、内地会に送金もままならず、とうとうセイントヒルの豪邸を売却しなければならなくなった時期だけに、打撃はあまりにも大きかった。さらにミス・ホールデンの母親が、娘の身を案じるあまり早く帰してと矢の催促をしてきたことも精神疲労を大きくしていた。

「僕の神経はずたずただ。僕の荷物はあまりにも重い。毎年毎年身体がまいっていくことが手に取るようにわかる」

テーラーはバーガーを支えてロンドン・カウンセルを立て直さねばならないと思った。自身も心身ともに疲労の極に達していたので、ミス・ホールデン、ミードウ親子とともに八月五日、帰国することにした。

テーラーの再婚

テーラーとマリアは、ジェーン・ホールデンとエミリー・ブラチェリーを妹のように愛していた。マリアを亡くしたテーラーが独身で活動を続けることは困難だった。母アメリアは息子に再婚を勧める手紙を書いてきた。テーラーがもし再婚するならジェーンかエミリーかであった。杭州でお休みキッス問題といわれて、モールが疑惑を雲のように増大させたことがあったが、そのようなことはなかったにせよ、二人の若い女性が達せられないほのかな恋心をテーラーに抱いたことはまちがいなかった。二人の心の奥底で恋のさやあてがあったかもしれない。エミリーはバーンズリーでテーラーの子どもの世話をしていたが、病に冒されて活動はできなくなっていた。ジェーンは活発な性格で寧波ファイブのときにぜひ行かせてほしいと懇願したが、どうしても両親の許可がでなかった。しかし、ラムモア号で杭州に行ってからは目を見はるような活躍をし、杭州の教会を育て上げ、仲間と信徒から絶大な敬愛を受けていた。もし結婚するなら、ジェーンのほうがリーダーであるテーラーのパートナーとしてはふさわしかった。

船はシンガポール、セイロン、アデンに寄港し、スエズ運河経由で地中海に出た。ここまでくるともう国に帰ったような気分になった。マルセイユで一行は市内散策やショッピングを楽しんだ。ミードウ親子が買物に夢中になっている間に、テーラーとジェーンは静かに向き合っていた。時がそのままいつまでも止まっていてほしかった。ジェーンはテーラーに対する細かい心遣いの端々に愛をにじませ、ひそかにテーラーのプロポーズを待っていた。テーラーはもしプロポーズして断られたら絶望だと思い、いつまでも言い出せずにいた。自分一人ではもはや問題を乗り越えられない。ジェーンの協力がなくてはどうにもならないことを感じていたが、いま自分が考えていることをエミリーにどう説明しようかと思うと、心が千々に乱れて夜眠れなかった。しかしとうとう船上で二人は愛を確かめ合った。テーラーはロンドンに着いたらジェーンの両親に結婚の許しを得よう、そこから第二の人生が始まるのだ、と自分に言い聞かせた。

ロンドンに着くと真っ先にジェーンの両親に会いにいった。ジェーンは涙ながらにテーラーとの結婚の許しを乞い、テーラーも熱心に懇願したが、ジェーンの母親は娘の結婚は時期が早すぎると頑強に反対し、娘はもう危険な中国に出したくない、と強硬だった。テーラーはジェーンにロンドンで仕事をしてもらうと約束したので、最終的に両親は折れて許諾した。一一月二八日、リージェント・パークホテルでウイリアム・ランデール博士の媒酌で地味に挙式が行われた。

帰国後、二つの死のニュースが届いた。一つは屈辱外交を非難されてくたくたになった末の曾国藩の死であった。列国側との交渉は李鴻章が引き継ぐことになり、これは列国側に有利な環境となった。李は太平天国の鎮圧のために、執拗に列国の介入を要請し、常勝軍という外人傭兵部隊に金を出した張本人であり、列国には頭があがらない存在だったからである。

もう一つはジョージ・ダンカンの弱冠二九歳の死であった。

ダンカンはスコットランドの高地人で、普通の大人より頭ひとつが飛び出るくらい背が高く、すばらしく行動的な男だった。テーラーに心酔してからの活動ぶりは群を抜き、どんな危険をも顧みず飛び込んで行った。その彼があっけなくコレラにやられたのだった。テーラーは揚州事件のとき、ダンカンと投石の雨の中を役所に走っていったことを思い出して涙を流した。

第8章 マーガリー事件

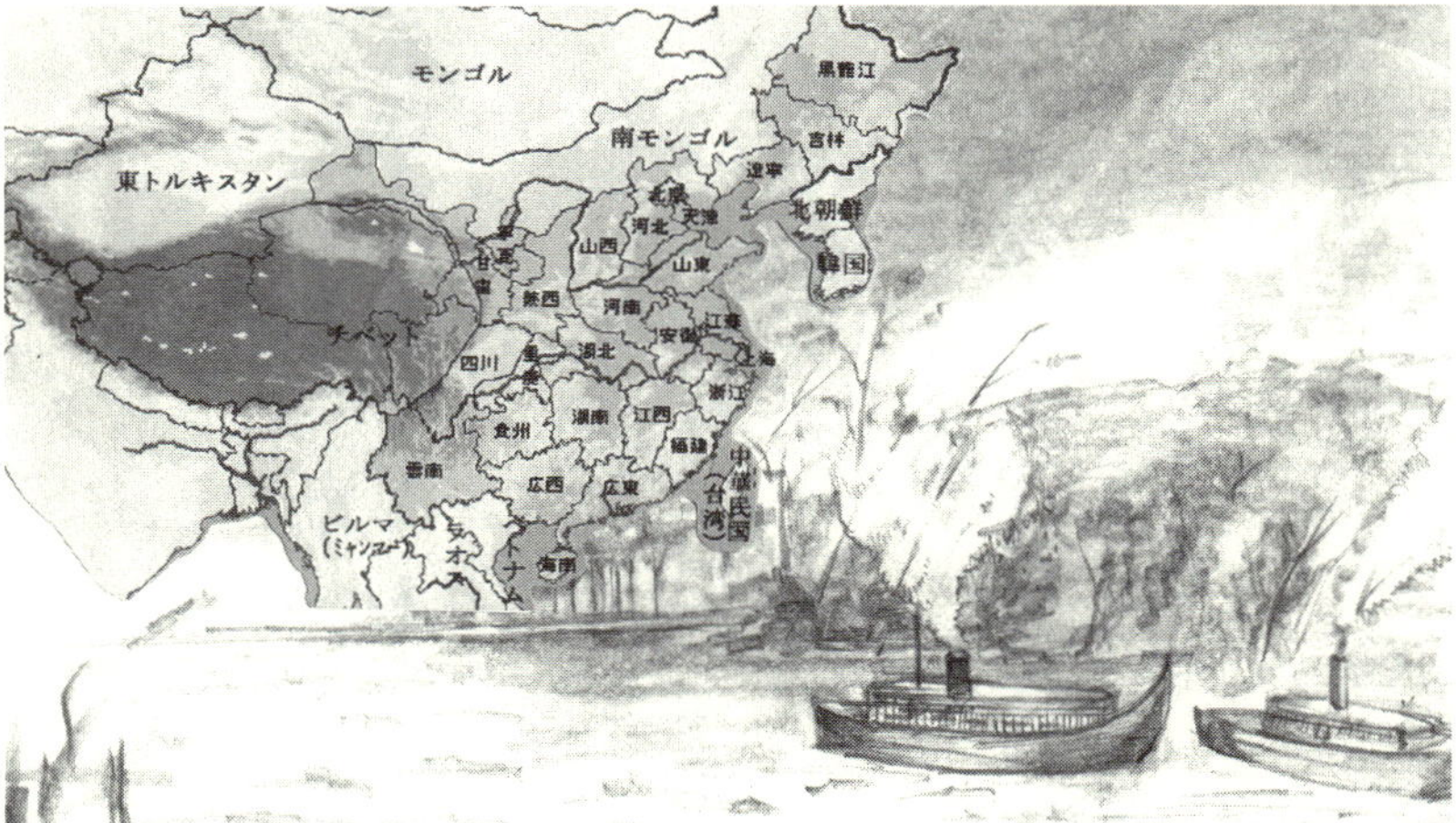
モンゴル
南モンゴル
東トルキスタン
黒龍江
吉林
遼寧
北朝鮮
韓国
天津
河北
山西
山東
陝西
チベット
河南
安徽
四川
湖北
上海
浙江
湖南
江西
貴州
福建
雲南
広西
広東
中華民国
台湾
ビルマ
(ミャンマー)
海南

テーラーは中国に戻ってから、偶然、上海のホテルのロビーでワード公使を見つけた。テーラーが挨拶すると、ワードは時計を見てすこし時間があるから、君と話そうといって貴賓室に招じ入れてくれた。

ワードはテーラーが揚州から撤退したことに好感をもっていた。しかも、テーラーの近況をよく知っていて、マリアの死にお悔やみの言葉を述べ、ジェニーとの再婚に祝いの言葉を述べた。

「君とはずいぶん長い仲だなあ。覚えているかい。僕が上海の副領事になりたての頃、君は二回も条約違反事件を起こして僕が叱ったことを。あの頃の気概をいつまでも保っている君は、言い方を変えれば偉大だ。しかし、君はなにも非合法にリスクを冒してまで内陸に入ろうとしなくても、近い将来、君がこの中国のどこへでも合法的に入れるようになるだろう。僕はイギリス政府の外交官としてそう努力している。だから焦るなと言いたい」

ワードは、二二歳の時にアヘン戦争に参加し、第二次アヘン戦争ではエルギン卿の通訳官となり天津条約の締結に功があった。のぼりつめて北京公使になり、ナイトの称号を授けられた。

ワードは漢文に通じた老練な外交官として、イギリスの国益のために、中国のどんな奥地にもイギリス商品が入りこみ、イギリス商人が安全に旅行し、営業できるようにすることが自分の使命だと信じている。とくに厘金《りきん》という省ごとに上乗せされる内国税を撤廃させない限り、イギリス商品やアヘンの流通は広まらないとして、中国側に強硬な要求をし続けていた。こういう意味では、福音をどんな奥地にまで広めたいというテーラーと目的が一致する。ワードはテーラーの首尾一貫した強固な意志を内心褒めてやりたいと思っていた。

テーラーは会の近況を話したのち、話題を卑近なものに変えた。

「公使のおかげで、内地会は布教上ずいぶん役に立っていることをご存知ですか」

「さあ、それは知らぬ」

ワードは怪訝な顔をした。

「漢字をローマ字で表現するには、二つやり方がありまして、一つは日本にいるヘボンがつくったヘボン式です。もう一つは……」と言って、テーラーはワードの顔を見た。

「それはワード式だ」

ワードは破顔一笑して、すっかりうちとけた態度に変わった。

「そうです。僕らはワード式を採用して、漢字の読めない者にローマ字を教えて聖書が読めるように指導しています」

ワードは学究的な一面があり、漢字をローマ字で表現する方法を考案し、それがワード式といわれるようになったことを誇りの一つとしていた。

「あれはずいぶん苦労して考えたんだ。君たちが使っているとは知らなかったな」

ワードは嬉しくなって、ひとくさりローマ字論をしゃべって、席を立った。


テーラーは揚州事件のあと、鎮江を本部拠点にして、そこを巡回師と聖書朗読人を育成する人材研修所にした。いずれはテーラーはこれをカレッジにしたいと夢見ていた。

テーラーが浙江省で育てた教会からたくさんの成熟したネイティブのクリスチャンと巡回師、聖書朗読人、教師が生まれていた。浙江省の方言はやはりハンディキャップにはなったが、寧波語ローマ字聖書が役に立った。

鎮江のあと、次の拠点をどこに移すかがテーラーの課題であった。すでに長江流域の大都市漢口が条約港になった。ロンドン・ミッションとウエスレリアン・メソジスト教会およびアメリカのエピスコパル教会はいち早くそこに進出した。

テーラーはすでに他のミッションが進出しているところは避けることにし、武漢は出入りのためのハブ拠点とすることにした。

ここを出発点にすると、二つの可能性が考えられる。一つは北に黄河を渡って河南省、山東省に出て気候のよい煙台を拠点にすることである。もう一つのルートは西へ、湖南、四川、貴州、雲南、さらにチベットが行く先にあった。

しかし、武漢でなかなか貸家を探すことができず、決まっても何度も追い出されるという失敗を繰り返したが、やっと一二回目の交渉で家を借りることができた。

しかしある日、思わぬ事故が起きた。テーラーが船からタラップで降りるとき、あやまって足を滑らし、岸壁の上にひどく背中を叩きつけた。早速宿舎に帰ってベッドに寝かされたが、踝から背中にかけて猛烈な痛みが止まらず、起き上がることができなくなった。このままでいるとますますひどくなる恐れがあるので、テーラーは帰国することにした。ロンドンに帰っても状態はなかなか好転せず、毎日ベッドであれこれ考えるだけの生活が続いた。

目の前に大きな中国地図が貼ってあった。以前、フレデリック・ゴウと寧波語ローマ字聖書をせっせと翻訳していたころ、この同じ地図を見あげて、おい、俺たちはこの広い大陸が相手だというのに、なぜ寧波の一点だけにこだわっているんだろう、とつぶやいて、ゴウに一喝されたことを思い出した。あれからもう一三年あまりが経っている。その間、たしかに、自分と内地会の同志たちがステーションを築いた省は九省に及んだが、まだ内地会が入っていない省が九省も残っている。テーラーはじりじりと落ちてくる自分の健康を考えると、この神の事業を一刻も早く完成させないといけない、と心が焦った。未開拓の省都にステーションを築くには最低二人のヨーロッパ人宣教師と二人のネイティブの宣教師が要る。九省なら一八人のヨーロッパ人と一八人のネイティブの宣教師が要る。一カ所の経費が一五〇ポンドかかるとして、九省なら一四〇〇ポンドかかる。テーラーはどうかこの計画が実るよう神に祈った。

思いついたらじっとしていられなくなるのがテーラーの性格だった。すぐ二つの宗教雑誌に募集記事を書いた。

この頃、テーラーが刺激を受けていたのはイタリアの英雄ガリバルディだった。彼は南米のブラジルとウルグアイの独立戦争で暴れ回り、イタリアに帰ると二度にわたってイタリア独立戦争でフランス軍を蹴散らし、アメリカで南北戦争が起こると直ちにこの戦争の正義は奴隷制度の根絶だと叫んで北軍に志願し、最後はオーストリア・ハンガリー帝国を相手に戦うなど、世界中の青年の血を沸かせていた。

僕もガリバルディ精神で若者の血を沸かしてやるぞとテーラーは勇んで筆を執った。この一八人はよそのセクトからとるのはよそう、若くて他の影響を受けていない純粋な若者がいい。そうだ、一八人だから一八歳にしよう。一八歳なら中国語もすぐ覚える。心の温かい、ビジネス知識も十分に心得ている青年がいい。大勢のお客を相手にしていて、お客がどんなことを欲しているかをよく知っている事務員や店員がいい。愛のために喜んで命と労働を差し出せる人、そんな若者がいい。信仰が厚く、勇気がある者、ガリバルディのような熱血漢が欲しい。

「もし、君たちが辛い仕事、ほとんど賞賛も得られない仕事を欲するならば、人々の非難を恐れるより、神の恩寵を求めなさい。必要だと思うなら、血で贖い、喜んで自らを捨てることをいとわないような人たちは豊かな精神の実りを刈り取ることができるし、輝きが永久に消えることのない王冠を神から授けられるであろう。もし君たちが内地会に入って働くならば、僕はあえて言う。君たちが夢見もしなかった、考えることもしなかった生きがいを発見するだろうと……」

このアピールが出ると、六〇人以上の男性と一〇人の女性が志願してきた。テーラーは時間をかけて彼らと通信し、二〇人を選びだした。しかし土壇場になってためらう者が出て、男性一四人、女性一人になった。いずれも一〇代後半から二〇代前半の青年だった。ジョージ・キング、ジョージ・ニコル、ジェームス・キャメロン、チャールズ・ブッド、ジョージ・パーカー、フランシス・ジェームス、エドモンド・ピアース、ホレース・ランデール、ジョージ・クラーク、ウイリアム・バラー、ジェームス・ブラウムトン、ヨシュア・ターナー、ジョージ・イーストン、ジョージ・クラーク、そして女性のエリザベス・ウイルソンが名を連ねた。

テーラーが未踏の省に入るという意気に応えて寄付も集まってきた。ミセス・グレースが最大の寄付をしてくれた。

「あなたたちが新しい省に入る目的だというのなら喜んで出すわ」

と彼女は四千ポンドをポンと差し出した。

残りの九省といっても、ヨーロッパとトルコを合わせたよりも広い。なかでも、内陸の奥にある四川省、貴州省、雲南省の三省は極めて到達困難なところで、一九世紀中頃まで、湖北省の宜昌以遠に行ったヨーロッパ人はいなかった。したがって物産が豊富で未開発の資源の宝庫と目されている四川、貴州、雲南の三省はヨーロッパ列強の垂涎の的であった。

マーガリー事件

この頃までにイギリスはビルマとの戦争に勝って、ビルマ南部を領有していたが、さらにビルマ北部も領有して雲南省に到達する道を探っていた。このための探索ルートとしてサルウイン河かイラワジ河をさかのぼって、バモーという中国国境に近い町から中国側に越境して騰冲から大理、昆明に至るビルマルートを早くから検討していた。一八六八年、イギリス政府はE・B・スラデン陸軍大佐の探検隊を出して越境侵入させたが、国境警備隊に撃退されて目的を果たせなかった。同じ年にメコン河をさかのぼって北上したフランスの探検隊は昆明に到達した。中国南部三省を英仏どちらの国が早く勢力圏におさえるかが激烈な競争になっていた。

イギリス政府は再度、ワード公使に中国の外務省からパスポートをとらせ、ブラウン大佐の指揮する探検隊にビルマからの雲南入りを指令した。この目的は資源探査と同時に、インドのアヘンを西部諸省に売り込むルートの開拓であった。

こういう腹黒い国家の計画とはまったく無縁のまっさらな白紙のようなクリスチャンであるアウグスト・マーガリーは、ロンドンの大学を出て通訳官になった。台湾、上海、煙台で勤務した後、ブラウン大佐の探検隊にクレメント・アレンとともに通訳官として配属された。マーガリーは煙台にいたとき、熱心なクリスチャンの同僚や長老会のジョン・ネイビスやティモシー・リチャードなどと一緒に聖書の勉強会に参加し、上海でテーラーとはたびたび会って親しい間柄になっていた。

テーラーとジェニーが帰国する時に、上海の友人たちが開いたパーティにマーガリーも参加してテーラーにこんなことを言った。

「テーラーさん。僕は今度、雲南省探検隊に配属されることになりました。今度の仕事は危険なところに行くので命がけの仕事になるかもしれません。軍人たちはビルマのラングーンからイラワジ河をさかのぼってバモーまで行きます。僕は湖南、貴州を通って雲南のビルマ国境近くまで行き、そこで軍人たちと合流します。前にテーラーさんが僕に聞いていた四川、雲南、貴州にどう入るかの件ですが、あのとき僕は答えられませんでした。しかし、今度詳しく調査しますので、こっそりテーラーさんに教えてあげられると思います」

テーラーはもっとも到達困難な雲南、貴州に入るルートを、以前、上海でマーガリーに聞いたことがあったが、マーガリーはそのとき答えられなかった。きまじめなマーガリーはそのことをずっと覚えていたのであった。

マーガリーは一八七四年八月二二日、数人の中国人部下を連れて上海を出発し、岳陽を経て洞庭湖を渡り、貴陽を経て雲南省に入り、大理、騰冲を通って蛮允まで行くという大旅行をした。数千メートル級の山また山を過ぎて、地の果てに到達したという感じだった。マーガリー一行はそこからビルマ側に越境して、イラワジ河をさかのぼってバモーにやってくるブラウン隊と合流する手筈になっていた。一行が国境付近で地図測量と写真撮影を行っていると、現地住民、警備隊と紛争になり、写真を没収されてビルマ側に追放された。

翌年二月六日、アレンを通訳官とするブラウン隊は国境を侵犯して中国側に入ったところで中国国境警備隊が動員態勢にあることを知り、マーガリーと随員数人に再び中国国境を越えて蛮允まで偵察に行かせた。そこでマーガリー小隊は再び住民と衝突し、彼ら数人を射殺したが、マーガリーたち全員が殺害されてしまった。

これがマーガリー事件として大々的に報道され、外交問題に発展することになった。北京公使のワードは書記官グロスウエナーを現地に派遣して調査に乗り出した。グロスウエナーはマーガリーのたどったルートを行き、三月二一日、バモーに入った。

テーラーはロンドンでこの事件を知ると、直ちにスコットランドに帰国中のスチーブンソンとロンドン・カウンセルのジョージ・ソルトーに有無を言わせず、グラスゴーから乗船してビルマに行けと命じた。「チャンス到来だ。この事件できっと何かが進展する。ビルマから西部三省に入るルートが開かれるはずだ。ここにいては情報が入らない。君たちはすぐ現地に行って生の情報をつかんできてくれ」

テーラーは思いつくとすぐ強引な実行を命令するので、テーラー爆弾と言われていた。それがはじけたのだった。冒険好きの血の気の多いスチーブンソンとソルトーは大乗り気で、「絶対に一番乗りを決めますよ」と胸を叩いた。

二人は五月一七日に海路ラングーンに到着し、イラワジ河を北上してマンダレーに着いた。しかし、そこから先は英領インド政府の統治が及ばない独立地域で、現地当局は通行の許可を与えなかった。二人は統治者のミンドン王に通行の許可をもらいに行ったが、だめだった。だがあきらめずに、秘密のルートで交渉して入国に成功し、一〇月三日にバモーに到着した。バモーはビルマとの密貿易の中心地で大勢の中国商人が住んでおり、彼らは自分の庭を横切るようにして国境を行ったり来たりしていた。スチーブンソンとソルトーは難なく雲南に入り、騰沖、大理、昆明、貴陽、重慶に至るルートを開拓し、再びバモーに戻ってそこを前哨地にすることに成功した。テーラーは意地でも国家の後追いをしないですんだ勝利感に喜んだ。

ワードはマーガリー事件のおとしまえをつけるために李鴻章と立ち向かうことになった。ワードにとっては、マーガリー以下六人が殺された事件は望んでいた奇貨であった。彼はイギリス外務省に交渉して、積年の問題を解決するためには駆逐艦四隻が必要だと主張し、香港から鉄の塊のような新鋭の軍艦四隻がチーフーという渤海湾に面したのどかな漁港の沖合に突如姿を現したので、地元の漁民たちは肝をつぶした。チーフーは気候がヨーロッパに似ていて観光地として優れているので、外国人の居住が増え、煙台と言われるようになった。

一八七六年八月一〇日、沖合の駆逐艦からワードが水兵とともに上陸してホテルに入った。七日遅れで李鴻章が到着した。

強面の曾国藩はすでに亡く、李は外国人に弱いと言われていたので、ワードはここぞとばかり砲艦による恫喝外交で積年の問題の決着をつけようとした。

テーラーは、矢継ぎ早に到着した新人一四人と先輩の会員たちを集めて声を張り上げた。

「皆さん、かわいそうなマーガリーが命を投げ出して、われわれのためにチャンスを与えてくれました。ワードは今度こそ、煙台でカトリックと同じ最恵国待遇を勝ち取る交渉をするでしょう。したがって、この交渉が成立するかしないかの間に、真っ先に私たち内地会はまだ入っていない九つの省に入って根拠地を建設するのです。他のセクトが来ないうちに、内地会の神の事業を完成させるのです。来たばかりの兄弟は先輩の兄弟やネイティブの兄弟たちから語学を必死に学びなさい。時間がないから、道みち伝道しながら、旅行しながら語学を学ぶのです。そして道みち新しい情報を見たり聞いたりしたならば、どんな細かなことでも電報で武漢の本部に連絡しなさい。このことがイギリスのために役立つのです。決して商人や外交官が乗るような快速艇や輿などに乗ってはいけません。急流には小さなボートで挑み、険しい山岳の道は馬かロバの背に乗って行きなさい。長い歩行で足に豆ができ、破れて血が靴を染め、雪の山道で足を凍らせることがあるかもしれないが、小さな村々を通って行きなさい。人々に笑って話しかけ、ちらしを配り、主のみ言葉を伝えなさい。

あなたがたを西洋のけだもの、鬼と罵り、石を投げ、物を奪い、襲ってくる人たちがいるでしょう。しかし、ひるんだりしてはいけません。また反対にカッとなって反抗してもいけません。私たちは神の事業を行っているのですから、恐れることはありません。神が守ってくださいます。先輩の兄弟と新しい兄弟、ネイティブの兄弟たちを組み合わせてチームを編成しますから、各チームはそれぞれ目的の省を目指してください。時間がありません。すぐ出発するのです」

こうしてネイティブの同志を伴って、ジュドは湖南、のちに貴州、河南にはヘンリー・テーラー、陝西にはバラー、キング、ブッド、甘粛にはイーストンとパーカー、山西にはターナーとジェームス、湖南にはアダム、広西にはフィッシ、湖北にはニコル、四川にはマカーシー、雲南にはスチーブンソンとソウトーが入っていった。ある者は目的地に着くまで複数の省を長途旅行し、ルートを探すために行きつ戻りつした。新人たちはいずれも目を見張る働きをし、九省に福音を伝える任務を完全にクリアした。二九歳の造船工のキャメロンは冒険好きで健脚を誇り、とうとうチベットまで足を延ばして好奇心を満足させた。

テーラーは新人たちを送り出したものの心配でたまらず、一日数時間も神に祈り続けた。

「私たちはあなたの偉大なご事業を遂行しようとしております。あなたのみ言葉を知らずに生き死んでいく三億人の民にあなたのみ言葉を届けに、会員たちが旅を続けております。どうか彼らをお守りくださいますように」

武漢に無事戻ってきたキングは、テーラーが小さなハンドオルガンを弾いて賛美歌を楽しそうに歌っているのを見て不審に思った。

「信頼と希望はしばしば試されるけれども、
私たちは主のみ力にすがって
安全、静けさ、満足を望んでいます。
彼らはサタンを恐れず、地獄も恐れません。
彼らは主が力強く救ってくださることを知っているから。
ヨルダン川を渡ることも恐れません。
主がそばにおられますから」

テーラーは口笛を吹きながら、ときどき小躍りするようにスキップした。

「テーラーさん。この難しい時になんであなたはそんなにはしゃいでいるのですか」

とキングが聞くと、テーラーは次のように答えた。

「僕は君たちを苦難の旅に出した。まだろくに言葉もしゃべれない来たばかりの若い君たちをだよ。それで悪魔が毎夜、僕を苦しめるのだ。お前は言葉もろくにしゃべれない若造を荒野に出してのたれ死にさせようとしているのかと。僕はこの苦しみの重さを軽くしてもらおうと歌を歌って神に頼んでいるのだよ」

ワードと李が煙台で会談をしている間に、内地会のメンバーは五つの省に入り、翌一八七七年中に九省すべてをクリアした。キャメロンは想定外のチベットにまで福音を届けた。国家の保護などはいらない。

国家に先んじて事を行おうとするのがテーラーの意地だった。

一八七六年九月一七日、煙台協定が妥結した。ワードが合意書にサインしてペンを置いたとき、ふと、三四年前のアヘン戦争で南京条約が成立したときの情景を思い出した。あのとき二二歳の水兵だったワードは、軍艦のマストにするするとユニオンジャックが掲げられ、一斉に勝利の汽笛が吹きならされ、将兵たちがブラボーと叫んでビールのジョッキを打ち合わせて乾杯したのだった。(注) しかし、今のワードは交渉の成果に満足せず、そのような相手の感情を傷つける行為を厳禁していた。

煙台協定で決まったことは、イギリス人は中国全土の旅行が可能になったこと、ビルマと中国との通商の自由化、マーガリー事件の賠償金二〇万テール、貿易港として宜昌、蕪湖、温州、北海の開港および長江の五港以上を開港すること、インドからチベットを経て中国に至るルートを開くこと、イギリス人商人および宣教師の安全な旅行を保証することなどで、若くて純粋な宣教師マーガリーの命がこのようなイギリスの汚れた手で過剰にあがなわれた。しかしこれでも不足だというのがイギリス国家の本音であった。

李鴻章は四川省にイギリス商人が多数入ることにより、トラブルが起こることを心配して重慶への居住を禁止したいと主張し、ワードはこれを受け入れた。しかし、宣教師の重慶入りについてはコメントはなかった。

結果として、内地会は今後中国のどこでも自由に旅行ができるようになった。

テーラーは、ワードが上海のホテルで焦るなと言った意味はこれであったのかと思い出した。

(注) アヘン戦争に勝利して南京条約をサインした時間かっきりにイギリス艦船が汽笛をならし、水兵がビールで乾杯したという記事がある。これはワードが書いたものではないが、ワードは当時水兵だった。

中国側は九月一七日、協定を批准したが、イギリス側の批准が一〇年も遅れたのは、協定外のアヘン貿易でも厘金の廃止をイギリスが求め、それを中国側が渋ったためであった。中国側が折れてこの話がついてからイギリスはやっと批准した。

うち続く砲艦外交の屈辱に、中国人の反英感情はいよいよ高まった。イギリスとの戦争を辞すべからずと満州王朝の高官までが感情を高ぶらせた。その一方で、外国人に唯々諾々と卑屈に従う地方官の群れが現れた。

こうしてハドソン・テーラーが上海に降り立った一八五三年以来三四年間で、中国全土に福音を届けるというギュツラフ以来の宿願を達成することになった。

一八七〇年代に入って内地会に入る者が急増し、初期のラムモア号のメンバーはほとんど入れ替わった。

第9章 ティモシー・リチャード

ここでもう一人の主人公を登場させる。テーラーがラムモア号乗り組みのメンバーを募集していたころ、ティモシー・リチャードと名乗る二三歳の青年がカーボンストリートのベースを訪ねてきた。テーラーが会うと、ウエールスの技術学校を卒業したらすぐ内地会に入って中国で宣教に尽くしたいという希望を述べた。黒いあご髭を生やし、端正な顔立ちをした見るからに聡明そうな青年であった。

生家はずっとバプテスト教会に属していたので、テーラーは、バプテスト教会は最近、海外布教に熱を入れだしているから、君はバプテスト教会で応募したらよいと勧めた。リチャードは残念そうな顔をして、ではそうしますと言って帰った。

リチャードはテーラーの勧めに従ってバプテスト教会の海外宣教師として応募し、煙台支部に派遣されることになった。一八六九年一一月七日、リバプール港を発ち、快速の蒸気船でスエズ運河を通って、翌年の二月一二日に上海に着いた。そこに半月ほど滞在したあと、二七日にチーフーに着いた。同僚のロートンが熱烈に歓迎してくれた。

一八六〇年にチーフーが開港すると、気候と風光がよいので、上海や寧波から移住してくる外国人が増え、バプテスト宣教会もここに支部を置いた。しかし、五人いた支部のメンバーがコレラで死んだり、三人が立て続けに帰国したので、ロートン一人きりになっていた。ところがその彼がなんと四カ月後の六月に腸チブスであっさり死んでしまった。

たった一人になったリチャードはチーフー郊外で街頭説教をしたり、朝鮮や満洲に伝道旅行をしたが、何ほどの成果も上げられなかった。やはり内陸に入るべしと決心して、チーフーから二〇マイル離れた寧海に家を借り、そこで活動を始めたが、外国人に家を貸した罰として家主が杖刑をくらい、リチャードはチーフーに戻らざるを得なくなった。

一八七五年、チーフーでマーガリー事件の決着をつけるワードと李鴻章の会談が開かれた。この長丁場の会談の間、チーフーにはイギリスや中国の軍艦が沖合に停泊し、大勢の両国の外交官や軍人が滞在した。このとき多数のマラリアや赤痢が発生した。リチャードとアシスタントの二人がミッションの病院の窓口をつとめ、国籍に関係なく入院患者にキニーネやクロロダインを服用させて治療したので、全権の李鴻章はリチャードに感謝状を贈った。

ようやく会談が済んで人々が去っていくと、リチャードは今度は失敗せずに内陸に入るには、どの地を選べばよいかを真剣に検討した。その結果、チーフーの西百マイルほどのところにある青州府に目をつけた。そこは中国の三大宗教といわれる儒教、仏教、道教の信徒が大勢おり、さらにこの三教から教えを求める学徒が大勢集まっているところだった。リチャードはこういう街ならば、キリストの教えを受け入れる可能性があるかもしれないと期待して、一四歳の少年を通訳兼身の回りの世話焼きおよび英語の個人レッスンの生徒として連れていくことにした。

一月の厳寒の時であったので、途中の歩行は難渋を極めたが、八日かけてやっと着くことができた。青州府は寧海とちがって大きな都邑だった。街は行き交う大勢の人たちで雑踏していた。洋服を着たリチャードが少年を連れて歩くと、物見高い群衆に囲まれてじろじろと見られた。リチャードは公共の場所でちらしを配り、医療奉仕をした。マラリア患者にキニーネを与えるとたちどころに効果が現れたので、次々に患者を連れた家族がやってきて、それをくれと懇願した。いちばん治療に奏功したのはクロロダインと樟脳だった。伝え聞いた警察のかなりの高官がやってきて、自分の妻が危篤状態であるから助けてくれと懇願した。自宅まで行ってみると、コレラだったので、リチャードは五分ごとに樟脳を砂糖水で溶いて飲ませた。それで高官の妻はようやく死地を脱した。この噂はあっという間に広がり、押すな押すなの患者がリチャードのところに詰めかけてきた。

この様子を見て、宿屋の主人が急に親切になり、家を探してやるといって見つけてきた。その家はなんと目抜き通りの市長の邸宅の隣だった。彼は風水からみて最高の立地だと太鼓判を押した。家賃は月九ドルであった。

リチャードはそこに落ち着いたが、相変わらず群衆が西洋人の姿を珍しがって障子に穴をあけて覗き込むので、リチャードは頭髪を剃って弁髪にし、中国服を着用することにした。その効果は著しく、リチャードは好奇心の対象でなくなり、すんなり中国人の一人になりきることができた。

宿屋の主人が、風水師に相談してこの家を決めたというが、リチャードは、この風水という迷信が何事も中国の近代化を阻んでいる元凶だと思った。それで早速風水観念の勉強を始めた。以前、イギリスの鉄道会社の技師から、鉄道を敷くのも橋を架けるのも、いちいちこの風水で反対されたり、迂回させられたりするので話にならんと聞いていたからだった。

リチャードは中国に来てから五年の経験で、聖書のたとえをひいたり、聖書に登場する外国人の名前や地名を挙げると、中国人はすぐ耳をふさいでしまうので、これが障碍だと感じていた。それでキリスト教のカテキズムを中国人の良心がすんなり受け入れるような話にするならば、たとえ文化がちがっても、相手に届くはずであると思い、ジェレミイ・テーラーの『聖なる生活』とフランシス・サレスの『敬虔なる生活』を中国語に訳して使うことにした。外国の人名や地名は省くことにした。

もう一つ、リチャードが読んでもっとも感銘したのは、エドワード・アービングの「正しい方法は異なる思想のリーダーを直接訪ねることにある」という言葉であった。

この青州府には、さまざまな宗派の聖職者がいた。リチャードは、唐の昔、洛陽の都には儒・仏・道の三教以外にネストリウス派のキリスト教徒や日本から来た空海もいて、さかんに宗論を闘わせ、学問の府として栄えたという話を思い出し、自分もそれにならってみようと思った。それでイスラム教のモスクを訪ねて話を聞き、コーランを読んだ。それから、儒者を訪ねて孔子の思想を聞き、道家の和尚を訪ね、山奥にひっそり住んでいる仏僧から話を聞いたりした。

リチャードはいきなり訪ねたりせず、前もって人をやって話を聞きたいと伝え、相手が喜んで迎えると言ってきたときだけ訪ねることにした。このため、どこからも丁重な扱いを受け、じっくり時間をかけて話を聞くことができた。

リチャードはひととおり聞いて、異教の開祖はそれぞれ偉大な思想の持ち主で、傾聴に値するものを持っていると感じた。彼は、たいていのプロテスタント宣教師が比較的下層の中国人を対象に布教するのに対して、自分は中国の高位の官僚や士紳階級をターゲットにしようとしていたので、こうした勉強が役に立つことになった。

山東の飢饉

リチャードは中国に来て六年目の春、これまで母国で見たこともない光景を見ることになった。首長が柳の葉を頭にかぶり、鎖を首、腕、足に巻きつけ、大声をあげて自らを責めさいなみながら街を練り歩き、後ろに大勢の随行員や市民の行列がとぎれることなく続いていた。いつもなら首長は四人が担ぐ輿の上に踏んぞりかえってあたりを睥睨しているのだが、その首長がよたよたしながら歩いている。自分の治世が悪かったために天帝が怒って雨を降らせず、このような事態に住民を追い込んでしまったことに対する自戒のパーフォーマンスなのだった。行列は寺院に至り、人々は境内を埋め尽くすようにひれふして呪文のようなものを合唱した。線香の煙が煙幕のように焚かれるなか、雨乞いの儀式が進行した。

首長は布告を出して、家畜の肉を食べることを控えるよう呼びかけた。雑穀の値段がみるみる高騰してきたので、首長は、今年の税金は免除し、満州と朝鮮から食糧を買って原価で放出すると布告した。

しかし、雨乞いの儀式の効果もなく、連日からからの天気が続き、恵みの雨は三月も四月も五月を過ぎてもやってこなかった。池の水は干上がり、地面がひび割れ、植物が枯死し始めた。

この分だと、最凶の年になるという見方が広がり、社会全体がパニック状態になり始めた。

多少とも余裕のある家は、衣服や家具を売り払って満州に疎開し始めた。しかし、蓄えもなく移動するあてのない貧しい人たちは街にあふれ出し、役所の前に大勢の人たちが陳情に集まった。役所は今年は税金を免除する。その税金をつかって朝鮮や満州から雑穀を輸入し、原価で販売するということを重ねて布告した。

女たちの一群が金持ちの家々を回り、ものも言わずに台所に入り込んで食物を奪い始めた。金持ちは黙ってなすにまかせていた。

リチャードは、子どもたちが野外から籠にあざみのような野草をいっぱい摘んできて運ぶのを見た。木という木の皮が食用にはがされて白い肌を残酷にむき出した。

窃盗や強盗が横行し、暴動の兆しが現れ始めたので、役所は、秩序を犯す者は厳罰に処す旨の布告を街中に貼り出した。警吏たちの動員が始まった。捕えられた者は手足を縛られて籠に入れられ、首だけが籠の上に突き出ていた。この刑は、疲れて籠の中に立ち続けていられなくなると、自然に首がしまって死に至る極めて残酷な刑であった。死ねばその首はそのままさらされた。

七月に入っていよいよ事態は深刻になった。人々の間に、鬼神が現れて年の暮れまでにこの町の三分の一の人間が死ぬだろうと予言した、という噂がこわごわと語られ始めた。

リチャードは、やつれきった感じの母親が三歳くらいの男の子を抱き、首に札を下げているのを見た。その札には「この子を売ります」と書いてあった。農民はわずかな土地を売りに出したが、かつての二〇分の一の値段にもならなかった。絶望して首をくくる者が現れた。

リチャードは、この町の役人が責任を果たす意志も能力もないことを知ると、黄色いプラカードに文字を大書して街の目抜きの場所に立てて訴えた。

「死せる偶像に頼るな。活きたキリストの神に頼め」

リチャードは今こそ、頑固な民衆をキリスト教の神に従わせる好機だと張り切って説教し始めた。人々が群がり集まってきた。

「その西洋の神を拝めば雨を降らせてくれるのか。だったら、どこに行ってどう拝めばよいのか」

リチャードはちらしを配り、「これを読みなさい。罪を反省して、心を清らかにして、キリストの神を拝みなさい。そうしたらきっと神は助けてくださる」

それで数百人の人たちがリチャードのところに集まってきて、説教を聞いた。あっという間に教会のようになった。

奇特な人がいて、持ち金を吹雪のように塀のむこうから群衆に撒いた。蔵から雑穀を山と出して配る地主もいた。しかし、そういう場合は奪い合いの修羅場になって女や子どもが踏みつぶされて死ぬ事故が相次いだ。それで役所は個人の慈善を禁じてしまった。

リチャードは、この町の役人は責任を果たす意志も能力もないことを改めて確認すると、いかにして秩序よく、自分の金を配るかを考えたうえで、役所の許可を得た。そしていちばん困っている人々のところに出かけて行った。しかし、金を全員に配ることは無理であり、同じ人に何度も配ることは避けたかった。それで、人々を一列に並ばせ、数日間、最低額の食を購うことができる紙幣を一人ずつ渡し、渡した相手の手のひらに油性のインクでしるしをつけた。そうして次の場所に行って同じことをした。数日置いて再び配る時には、掌にしるしのある人に限った。彼らの命をできるだけ長く保たせるにはこの方法しかなかった。

リチャードは次に、パニック状態を起こさずに人々に施しを与えるにはどうしたらよいかを考えた。なかなかいい考えが浮かばなかった。しかし、ある日、キリストが大勢の人たちを地面に座らせて施しを与える聖書のある一節を読んでひらめきを得た。リチャードはすぐ十人あまりのボランティアに命じて、餓えた人たちを広場に集めさせ、リチャードの周りに円陣を描いて地面に座らせた。男も女も乳のみ子を抱いた母親もそれに従った。リチャードは彼らに向かって言った。

「いいですか、皆さん。私は今少ないお金をもっています。このお金を皆さんにお分けしますが、全員に配り終えるまで、静かに座って待っていると約束してください」

一〇人のボランティアが紙幣を一人ずつ配った。全員に配り終えるまで、誰も騒いだり、立ち上がったりする者はいなかった。配り終えると、リチャードは言った。

「皆さんにわずかなお金ですが、お渡しすることができて光栄です。このように何十年に一度の大災害になると、役所が皆さんを救済することは困難です。神様が恵みの雨を降らせてくださるようお祈りするしかありません。皆さん、さあ、私と一緒にキリスト教の神にお祈りしましょう」

そう言ってリチャードはひざまずいて両手を胸の前で組み、祈りをささげた。これを見て群衆たちも見よう見まねで従い、中国式に地面に叩頭する者もいた。

リチャードが妻をコレラから助けてやった警察署長が、少数の部下と一緒にこの光景を見て感心してリチャードに言った。

「座らせるという手があったのですな。私どもは知りませんでした」

「座った人たちは決して立ち上がったりはしないものです」

リチャードのところに、次第にチーフー租界の宣教団体や商人から寄付が集まるようになり、金額も大きくなった。それで今度はチケットを発行し、チケットと引き換えに金を渡すことにした。リチャードはこの方法を実施するために、事前に困っている地域の首長に人をやって救援したいと申し入れた。許諾があると、住民の名簿をつくらせ、一軒ずつチケットを事前に配ってもらい、彼の泊まっている旅館にチケットを持ってきた者に金を与える計画を立てた。

リチャードは銀塊を鍛冶屋で平たい板に打たせてキャッシュをつくると、三輌の車に積んで出かけて行った。ボランティアが護衛についた。

ところが指定地に着くと、チケットを持っている人の数倍もの人たちが待ち構えていた。彼が到着すると、来た来た、と叫んで殺到してきた。チケットを持つ人を確認して金を渡すどころでなくなった。リチャードは人々の形相に恐れをなし、ボランティアたちと旅館に逃れ、閉じこもった。旅館の門をこじ開けようとする者、窓を割って入ろうとする者などがいて、身の危険を感じるまでになった。

リチャードはボランティアたちと相談して一策を講じた。

リチャードは表に出ていき、ゆっくりその場を離れた。纏足の婦人もついて来られるほどの速度で歩いた。チケットを持たない大勢の人たちがついてきて、チケットをくれと哀願し始めた。家には七人の子どもがいて、もう一週間も何も食べさせる物がありません、なんとか助けてください、と泣きすがる婦人や、土地も家も売り尽くしたが、以前の五分の一も金にならず、もうそれも使い果たした、などと口々に訴える老人や壮丁がすがりついてきた。

リチャードは彼らをなだめて話をした。

「ある人が喉が渇いて水を飲んでいると、次に来た人がいきなりコップを取り上げて水を飲もうとしたら、どうなりますか。まず水を飲む権利のある人が先に飲み、あとから来た人は順序を待つべきです。私が今日持ってきたお金は友人の外国人からの寄付で、私個人のものではありません。彼らは先にチケットを配って、それと引き換えにお金を渡すように私に依頼しました。もし、あなたがたが次の順序を守ってくださるなら、私は改めてあなたがたを登録して援助することを約束します」

すると、熱心にリチャードの話を聞いていた婦人がやおら立ち上がって群衆を叱りつけるように言った。

「この人の言ったことは道理にかなっている。この方が次に配ることを約束すると言っているのだから、わたしらは喜んでそれに従うことにしたらよいではないか」

「権利のある者が先にもらうのは当たり前のことだ」

と群衆は納得しておとなしく四散していった。

リチャードが旅館に戻ると、ボランティアたちはチケットを持った人たちに無事に金を渡し終えたと報告した。リチャードは、チケットを持たない人たちをうまい具合に引き離して目的を達したことに安堵した。

リチャードがもっとも気を遣ったのは、支配階層である地方官や士紳階級である。彼らの多くは外国人嫌いで、攘夷感情が強い。外国人であるリチャードが救援活動をすると、自分たちの領分になんで外国人が介入してくるのかと憤り、侵略の意図が裏にあるのではないかと疑った。

　そこでリチャードは、彼らが行っている救援活動と重複しないよう、また、それを凌駕して行わないように了解をとった。

　彼のもとには常に千人、二千人の困窮した人たちが押し寄せてきた。あなたが首領になって謀反を起こせば、何万という人たちが立ち上がります、と誘いをかけてきた男が二人も現れたが、そんな誘いに乗ったらアウトであった。そういうときにはリチャードは真っ先に姿をくらまして逃げた。

　リチャードは、中国当局とうまく協力することに意を砕いたが、同時に彼はこの機会に、彼らの外国人に対する侮蔑感をひっくり返し、外国人を再評価させるべきであると考えた。彼らの石のように固い頭を理屈で切り替えさせることは至難であるが、金の力、実績の力で目に物いわせてやろうとリチャードは奮い立った。

　チャン・ロウという地域が最悪の状態に陥った。厳しい冬になり、家を失った人たちは黄土に穴を掘って一〇人二〇人が固まって住み、飢えと寒さで毎日数人の餓死者が出た。死体は路傍に放置され、オオカミや野犬や鴉に食い荒らされるままになった。

　にもかかわらず、そこの地方官は、リチャードの救援を拒否し、外国人は余計な御世話だと言い放った。

　リチャードは上部官庁である青州府の許可をとって、救援に出かけて行った。案の状、殺気立った人たちに取り囲まれ、身の危険を感じた。リチャードはまっすぐ城門を通って役所に乗り込み、何用だと聞こうとする下級官は相手にせず、直接、救援を拒否した首長のいる官舎に入っていった。県知事らしい男が下僚と話していた。

リチャードは腕時計を見せながら言った。

「私は大勢の人に二〇分だけ時間をもらって金を積んだ車を待たしてある。もし二〇分経って何事もしないと、彼らは狼藉に及ぶでしょう。そうなれば、当地の治安を司るあなたの責任になります。すぐにわれわれを保護し、約束した人を救済できるようにしてください」

「君らが勝手にそういうことをやることについてはこちらは関知しない」と知事はまたも言い放った。

「しかし、あなたは当地の警察権を持っている。それをしないのはあなたの責任回避である。義務違反ではないか」

結局、警官が派遣されてきて、暴力沙汰は起こらずに済んだ。


一八七六年夏、リチャードは友人である上海のユニオン教会の司祭、ジェームス・トーマスに手紙を書いて、自分がやっていることを外国紙に紹介してほしいと依頼した。リチャードは、両親に死なれた孤児をひきとって孤児院を開いていたが、孤児は増える一方で、資金がいよいよ乏しくなってきたからだった。

「たった四ドルで一人の孤児が三カ月も生きていける。四百ドルだったら百人がＯＫだ」

このアピールが効いて、すぐ二百ドル寄付する人が出た。チーフー租界でも五百ドルが集まり、出入りの中国商人が二百ドルを付け加えた。

外国紙にリチャードの生々しいレポートが掲載されると、そんなことがこの世にあるのだろうかという驚きを呼び起こし、上海に山東飢饉救援委員会が設立された。それを皮切りに貿易港の外国租界に続々と救援委員会が設立され、寄付が集まり始めた。

一八七七年の秋に、中国、日本、シンガポールなどにおける外国人の寄付は約三万テールに達し、リチャードはこのうち約二万テールを分配した。彼による救援で約七万人が餓死から救われた。

イギリスでは各界の重鎮の名を連ねた中国救済基金ロンドン委員会が設立され、約三万二千ポンドを拠出した。イギリスの宗教界が独自に集めた額は一万六千ポンドに達した。このうち最大の拠出者はテーラーの内地会であった。

彼以外に目覚ましい活躍をしたのは、アメリカのプレシビテリアン教会の宣教医ネイビスで、約七千テールを三万二千人に配った。

リチャードの孤児院には主に中国人の寄付や婦人会が催すバザーの収益金が当てられ、イギリスのバプテスト教会からは一五〇〇テールが送られてきた。

秋、待望の雨が降った。秋まきの作物は生育がよく、豊作が予想された。一一月、リチャードは山東の危機はあらかた終わったと結論した。しかし、山西から伝わってくるニュースは最悪であった。

第10章 ターナーとジェームス

一八七六年九月、チーフー条約が成る前に、テーラーが着いたばかりの新人を未開拓の九省に追い立てるように送り出したことはすでに述べた。ワードに先回りしてやるのがテーラーの意地だった。基地が建設されたというニュースが入ると、すかさずテーラーが査察に訪れる計画であった。

行く先は、南方の奥地を希望する者が多かった。冬を控えていちばん寒さの厳しくなる山西省だけが残った。そしていちばん若いヨシュア・ターナーとフランシス・ジェームスが、行く先が決まらないまま残った。

「僕たちは若いのだから、これで決まったようなものだな」

とターナーがジェームスに言うと、ジェームスもうなずいた。

「神がお示しになったところへ僕らはどこへでも行こう。僕は寒さはこわくない」

こうして、二人は固く抱き合って誓いを固めた。

ターナーは中国に着いてからまだ一〇カ月しか経っていない。ジェームスも七カ月で弁髪も垂れ下がるほど伸びていない。しかし、テーラーはそんなことは留意しない。言葉がわからなければ、旅をしながら覚えろ、村々を回り人々から習え、というのが彼の流儀であった。

二人が鎮江を出発したのは一〇月一八日だった。南京を経て長江を渡り、一七〇〇マイルの長旅だった。中国人語学教師と信徒一名が同行し、三千部の聖書、一三〇〇部の小冊子とちらしをカートに積んで行った。陸行はラバにまたがるか、歩行した。あたりは太平天国の元激戦地で、廃墟と化した家が続いていた。どこまで行っても果てしなく大地が続いていた。ボロをまとった一群の難民の列とぶつかった。布団を背にくくりつけ、両手に大きな荷物を持った男、鍋釜類を下げ、髪を振り乱した女、親から離れずに必死についていく子ども、それぞれ持てるだけの物を持っていた。

「そろそろ河南省の飢饉地帯に入ります」

とヤオ教師が言った。

二九日、淮陽に着き、水路を二百マイル舟行し、開封のあたりで黄河を渡った。平底の船は人、ロバ、馬、牛、荷物で立錐の余地もなく、ターナーとジェームスは腰を下すスペースがやっと取れたほどであった。黄河の川幅は長江より広く対岸が渺茫《びょうぼう》としてかすんでいた。膨大な水の量がおそろしい速さで静かに流れていた。水が先へ先へと急いでいるようだった。再び、ロバに乗って急斜面の山道を行く。やっと山西高原の東南の端の大きな町である普城に着いた。このあたりの地層は世界でもっとも豊富な炭田が太原まで広がっているらしい。さらに北西に旅行して、臨汾に着いた。気の遠くなるほどの長い旅行であった。ターナーとジェームスは周辺の村々に布教活動を行った。言葉がわからないので、笑顔をつくってちらしを配った。数軒に一軒は人が去った後で、荒れるにまかせていた。二人はこのルートを踏破しただけで旅行は成功であった。聖書やちらしを配り果たしたので南に転じ、潼関に至り、そこから運河を南行して比較的スムースに武漢に帰り着いた。年が明けた一八七八年の一月八日だった。

二人は内地会の誰よりも長い旅行を成功させたので、テーラーから褒められて自信を得た。

「君たちが今度やったことはルートの発見だった。それを詳細に記録することが大事なのだ。すこし休んだら、またちがうルートをたどって出発してもらいたい。今度は太原まで行ってそこに永久基地をつくるのだ。バプテストのティモシー・リチャードが飢饉の救援に行くらしいから、彼と協力して活動してくれたまえ」

そう言い残すと、二日目にテーラーは武漢を発ち、キャメロンとニコル組の行った四川に向かった。片時もじっとしていない男であった。武漢がハブのようになってミッションたちが出たり入ったりするたびに、テーラーは新しい情報を記録させた。未知の九省のルートの探索と基地の建設をつくるためのめまぐるしい動きが一八八〇年まで続いた。

ターナーとジェームスは数日間の休みをとると、荷物を用意し、再び駆り立てられるように山西に向かった。

しかし、今度は何となく心が重たい。

臨汾周辺で見た恐ろしい飢饉の惨状を思い出したからだ。どの家も人がいなくなり、家という家は梁や窓枠まで材木が取り外されていた。すべてはわずかな食糧と交換するために自分の家を壊して材木を燃料に売った跡だった。

予想したとおり、今度は難儀な旅であった。ハン川を航行中、舟が岩に衝突してほとんどの資料類が水中に没した。残った荷物も水浸しになった。さらに海賊に連行されたが、二人がパスポートを見せると、洋鬼子には手をつけるなとボスらしい男が言ったので、二人は放免された。陸行は手押し車を雇って潼関を目指したが、イカサマをされて金を搾り取られたので、牛車に乗り換え、どこまでも続く河南省の平原を過ぎ、黄河を渡って山西省に入った。

あたりは、土が乾いてひび割れ、草も立ち枯れていた。土の細粒が舞い上がって吹雪のように視界を遮った。

イナゴの群れのようなおびただしい飢民と行き合った。ほとんど女と子どもで、彼らは大仰に泣き声を上げて金をくれとせがんだ。何本もの焦げ茶色に日焼けした腕が突き出された。黙って椀をさし出す者もいた。若干の施しをして押し通るしかなかった。

ラバの曳く車に大勢の女が荷物のように乗せられていくのとすれちがった。彼らは長江の南の地区に売られていくのだとヤオが言った。

ターナーは彼らにどんな運命が待っているのかを想像して暗澹たる思いがした。

人間が一生の間に見る自然は緑一色が普通だが、今見る自然は木も草も赤褐色に変わっており、大地はからからに乾いてひび割れていた。赤地万里という形容は見た者でなければわからない恐ろしさであった。野犬やハゲタカが真っ黒に群がっている光景は、おそらく死者の人肉をむさぼっているのであろう。ターナーとジェームスは根底から立ち上ってくる恐怖感で押し黙ってしまった。

太原に着いたのは四月二四日だった。四日ほど休養をとってから、二カ月ほどにわたって市内や周辺の村を回って聖書やちらしを配った。餓死寸前の若者がよれよれと酔っぱらいのように歩き、すぐバランスを失って倒れた。家にいたままその場から立ち上がれなくなった大勢の人々を見た。そうして人々は次々に死んでいくのだった。

ターナーとジェームスはこんな恐ろしい光景を見たことがなかった。ターナーが人気《ひとけ》を感じてある家に入ろうとした時、急にそれをためらわせる予感がして逃げ戻った。カニバリズムを想像しただけで、二人は心が沈んでしまい、何事もしたくなくなった。二人は太原から二〇マイルほど南に晋詞という泉の湧く静謐《せいひつ》な町に逃避して、やっと自分自身を取り戻した。

「ターナー、こんなところでキリストの言葉を語ったところで無意味だな」とジェームスが言うと、ターナーも「でも、お金を渡したときはニッコリしてくれたよ」と答えるのが精一杯だった。二人はこぎれいな宿屋にこもりきりになり、外に出ること自体が恐怖だった。

六月になって金もちらし類も底をついてしまった。しかも、二人とも飢饉病といわれる腸チブスにかかってしまった。ひどい下痢に苦しめられた。ターナーは比較的軽く済んだが、ジェームスは重体になり、数日間生死をさまよった。もう帰るしかなくなったので、ターナーはジェームスがやっと旅行に耐える程度に回復したのを機に、太原に戻り、一一月二八日に太原を発って、北京街道を天津に向かった。そこからイギリス船で上海に行き、翌年一月二二日にほうほうの体で武漢にたどり着いた。とうとうリチャードには会えずに終わった。

山西の飢饉

一八七七年秋、リチャードは上海の飢饉救済委員会のムアヘッドから、実は山西が大変だ、もし君さえ同意するなら、早速山西に行ってもらいたい。パスポートは李鴻章からもらってある、救援金も用意した、という連絡を受けた。

内地会からも、ヨシュア・ターナーとフランシス・ジェームスという若手が現地にいるから君と協力させるという連絡があったよ、とムアヘッドは付け加えた。

山西行きにリチャードに異存はなかった。それは神の声だった。青州の教会を司祭の陳氏にまかせて、一一月、着いたばかりの同僚のアルフレッド・ジョーンズと出かけることにした。大勢の信徒が同行を願い出たが、君たちは地元の布教活動と孤児院の運営を一生懸命やってほしいと言い残して、従者二名を連れて出発した。

河北省境をすぎて山岳地帯に入ると、とたんに行路は困難を増した。岩だらけの悪路をラバに乗って行った。ラバはロバの雄と馬の雌との雑種でロバより一回り大きく力が強いだけ、気性も荒かった。手綱が気に入らないと首をよじり、前足をあげて乗者を振り落とそうとするので、騎乗はかなりの慣れが必要であった。一一月はもう酷寒で、吐く息が白く、足先が凍るように痛かった。おびただしいラバ、ロバ、ラクダの隊列が救援の雑穀の荷を積んで連なっていた。狭い道では帰りの隊列とすれちがうのが大変で時間がかかった。

日暮れると黄土を深く掘った横穴に設けた宿屋に泊った。穴の奥は意外と暖かく、石炭を焚いたカンの上の寝床でぐっすり眠った。数日を費やして太原府に着いた。ここは海抜三千フィートの高原にある大きな城市であった。

行路中、路傍で餓死者の死体にたかって肉を引きちぎっている野犬やオオカミの光景を見て、二人の従者は恐怖にすくんでしまい、こんなところには一刻もおれないから、帰らせてほしいと言い出した。それなら帰るがよかろう、とリチャードは二人を帰した。しかし、彼らは主人を残して逃げ帰ってきたことを仲間たちからさんざん叩かれて、半月ほど経って戻ってきた。

リチャードは太原府の巡撫で曾国藩の実弟である曾国筌と面会し、李鴻章の認可のあるパスポートを見せた上で、二千テールを困窮した人たちに配りたいと申し出た。曾は露骨に不機嫌な顔をして対応した。曾にかぎらず中国の高官は外国人すなわち夷が内政に干渉してくることを極端に嫌う。曾は、この夷はいかなる侵略的な動機を秘めてこんなことを申し出るのか疑惑の目で見た。民衆を煽って叛乱を起こされてはかなわぬ、とくにこの夷は山東で二度も叛乱の首魁に誘われたことがある男だ。何をしでかすかわからないと思い、却下しようとしたが、このとき、曾は兄の曾国藩が常づね言っていた「夷には彼に敵対する夷を当てよ、そうすれば、彼らは互いに争って力を相殺して当方の労を省く」という言葉を思い出した。

キリスト教には二つの宗派があり、カトリックとプロテスタントはとくに仲が悪い。この手を応用すれば、こちらの労を省くと思い、「それならば、天主教の宣教師が孤児院に食糧を提供したいと言ってきたから、その金を彼らに渡せばよかろう」と言った。

リチャードが、では早速そうしましょうとあっさり言ったので、曾はこの夷は変わっているな、と違和感を覚えた。その話のあとで、リチャードは今後、英米の団体が救援活動をしたいが、どのようにすればよいかご相談したいと続けて言ったので、曾は警戒してあとで回答すると返事した。リチャードはやむなく辞した。

曾国筌からの回答がなかなか来なかったので、リチャードはラバに乗って従者と太原市内と周辺の町村を一週間ほど回って調べた。その惨禍は山東と比すべきもない予想をはるかに超える状態だった。

樹木は樹皮を天辺近くまではがされて生木の白い肌をさらしていた。家々の戸も窓枠の木も壊されて取り去られていた。路傍のいたるところで死体を見た。ほとんどは裸体であった。中には衣服をまとった貧民らしからぬ死体もあった。

あちこちで葬儀が行われていた。死体引取所に泣きながら死児を抱いてゆく女たちを見た。そこでは死体は雪の上に並べられていた。男たちが運んでそれを埋めていた。それもごく浅い掘り方なのでびっくりした。

郊外に出ると、遺棄死体は見るに堪えなかった。野犬やオオカミに食い荒らされて、身体が半分になっているのを、餓えた野犬が引きずっているのを見た時は、身体中が戦慄するのを覚えた。

柔らかい石を削って粉にしている石屋があった。それを何にするのかと聞くと、雑穀にまぜて売るのだという。リチャードがなめてみると、粘土のような味がした。得体の知れぬものを食べて顔が風船のように腫れた子どもを見た。

三日目早朝に見た光景は、人類が記憶しないはるか古代に行われた寓話の世界を垣間見たようであった。リチャードが市の大門の広場に行ってみると、夜のうちに集められた死体が二カ所に積まれていた。頭、足を交互に積み重ね、ほとんどが裸体であった。衣服はすべてはぎとられて食糧に充てられていた。一方が男で、一方が女の山であった。それを苦力たちが手押し車に乗せて運び、城外の掘った穴の中に埋めていた。いったいどれくらいの人たちが死んだのだろう。リチャードが聞いたところによると、ある県では二五万いた人口のうち一五万が死んだという。太原周辺の通算では死亡率は七五％に達しているという。カニバリズムが行われていることを否定する者はいなかった。死んだ赤ん坊はすぐ食われた。自分の子どもを食うのは忍びないので、他人の子どもと交換するのだという。

市内のいたるところで布告が貼り出されていた。叛乱を起こす者、暴力で他人の財を奪う者は直ちに斬刑に処すとあった。そして目立つ場所に罪人の籠があった。籠の上からもがき苦しんだ末に死んだ蒼白な顔がのっかっていた。

リチャードはカトリックの司祭に会い、こちら側の人間の関与を条件に寄付金を渡したいと言った。司祭はリチャードと曾国筌との協議の結果そうなったのかと聞いたので、リチャードはそうだと答え、メモランダムのコピーを改めて送ると言って辞した。司祭はメモランダムの内容を確認した上で、喜んで協力しましょうと返事してきた。

リチャードは計画を実施するにあたっては、山西省にはプロテスタントの宣教師が一人もいないので、あなたのところの宣教師にデータを調べてもらい報告してほしいと依頼した。調査項目は、飢饉前の平常時の雑穀の平均価格と飢饉発生後の異常高騰価格、人口中の餓死者の比率および流出した人口の比率、食べられずに残っている牛の頭数は何頭か、どのくらいの女性が売られていなくなったかなどの比率であった。

リチャードはカトリック宣教師が調べてくれたデータを受け取ると、自身が見聞した生々しい日記を添えて上海の救援委員会に送った。その報告はロンドンに伝えられて主要紙に記事がのったので、波紋が広がった。

「このままではブリティン島とアイルランドを合わせた人口が確実に消え失せる！」というメディアの記事に、人々は信じられない思いがした。

リチャードは、英米の団体からの救援の承認について曾国筌の返事が来ないので催促し、いちばん酷い地域に行って救援金を配りたいから五日以内に返事をくれと下僚に伝えた。するとすぐ役人二名がやってきた。彼らは村の世帯別名簿を持参して、案内人を派遣して実施に協力する旨を約束した。彼らは太原や周辺の町で二万人に粥を提供しているが、地方には雑穀を給付したいと言った。リチャードは、雑穀の提供は輸送ルートがネックになって、狭い悪路では六、七頭のラバに積んでも一日半トンしか運べず、すれちがうこともままならない、しかも運んできたラバやロバはすぐ住民に殺されて食われてしまうから、頭数が激減して輸送は困難だ、と反論した。当方としては銀塊を輸送し、これを通貨に換えて配りたい、そのためには輸送を警護する兵士をつけてもらいたいと言った。

一八七八年四月二日に、ウエスレー宣教会のダビッド・ヒル、アメリカ長老会のアルバート・ホワイティングおよび内地会のターナーが、約三万テール相当の銀のインゴットを上海の救援委員会から携えてきた。数人の兵士の護衛付きであった。

着いたインゴットは太原中の鍛冶屋にシートに打ち延ばして、それを等片に細分してキャッシュにして配ることにした。単位は一日当たり最低生命維持可能な額とし、それを数日おきに繰り返すことにする。役人が持参した所帯数で割りだすと、その額はイギリスの通貨に換算して約一ペニーであった。

中国側はまとめて地区の代表者に渡す、いわばホールセールシステムを提案してきたが、リチャードは直接各戸を回るリテールシステムを主張した。宣教師として金ばかりでなく神の声を伝えなければならないから当然であった。

救援許可地域は太原市と周辺村落に限られた。ホワイティングが飢饉病にかかって倒れ、四月二五日に死んだので、リチャード、ヒル、ターナーの三人は地域を三つに分けて分担した。名簿をもった役人が三人に同行して地区に行くと、地区の代表者が案内して一軒一軒回り、名簿と付け合わせて生存者を確認して家族分のチケットを渡した。

チケットを寺まで持ってきた者は、受付で名を名乗らせ、名簿と照らし合わせて家族分のキャッシュを与えた。

しかし、この作業は、取りに来る者が襲われる危険があるので、直接キャッシュを配る方式に切り替えた。こうしてリチャード、ヒル、ターナーの三人は朝から日暮れるまで寸時の休みもなくキャッシュを配り続けた。配り終えるまでに死人が出るから一刻も猶予はできなかった。

リチャードは太原市で、ターナーとヒルは郡部で四七〇〇世帯、一万六千人に一人当たり月百キャッシュを与え、それが尽きるころに再び訪れて同じことを繰り返した。

外国人たちが非常に熱心で、寄付額が中国側が驚くほどの高額だったので、リチャードはたちまち、鬼子大人とあがめられた。曾国筌のリチャードに対する態度が一八〇度変わった。

リチャードは遠慮なく曾国筌にものを言った。

「鉄道があれば、物資の輸送は簡単です。天津からここまで三日で物を運べます。すぐにでも鉄道の建設にかかりませんか。そうすれば困った人たちの仕事も生み出せます。それから満州は食料が豊富で安い。どんどんそこに移民させたらどうです。また飢饉の被害を受けていない地域の住民には税金をかけて救援金に使ったらどうですか」

リチャードはアイルランドで三〇年前にジャガイモ飢饉が起き、百万人が餓死し、六〇万人がカナダやアメリカに移住したこと、その後、イギリス政府が協力して鉄道の建設に多数の難民を使って雇用を生み出したことなどを話した。曾国筌はさすがに切れ者なので、鉄道の建設に興味を示し、イギリスではそれがどの位敷設されているかと聞いた。リチャードは、イギリスは石炭が豊富なので鉄道はずいぶん早くから発達し、今では山西省とほぼ同じ面積のブリティン王国のどこへでも半日以内に行くことができると話した。そして太原は世界有数の石炭産地だから、石炭を外国に売れば鉄道の建設費は賄えるはずだと言った。曾国筌はうなずき、この夷は少々図々しいが、傾聴に値することを言うと感心した。今は間に合わないが、飢饉後の課題として下僚に研究させると答えた。

街には両親を失った孤児が大量に発生し、路頭に迷っていた。少女はすぐにでも救出しないと売られるので、リチャードは山東でやったように彼らを引き取り、七カ所に孤児院をつくって収容した。しかし、人手が足りない。リチャードは、エジンバラからチーフーにやってきたばかりの恋人のミス・マーチンを呼ぼうと思った。

同時に、内地会にSOSを出すと、打てば響くように、イギリスで育児に専念していた元ジェニー・ホールデンのテーラー夫人が直ちに資金を募集して同志を連れて駆けつけるという手紙が入った。


五月に入って臨汾が全滅の危機にあるというニュースが入り、ヒルはすぐそちらに移ると言い出した。レスラーのようにいかつい体のヒルには破竹の進撃という言葉がふさわしかった。

ターナーも一緒に行くことになり、新たに送られてきた五万テールを投入することにした。リチャードも曽から同地域の活動許可をとって出かけることにした。臨汾を中心に半径三千里の地域の死亡率は七三％に達し、臨汾県、ヒントン県、ウエンシー県では住民二五万人中一五万人が死に絶えていた。中国側は中央のセンターでチケット交換方式で金を与えるホールセール方式を主張したが、リチャード側は各戸訪問のリテール方式を強く主張した。なぜなら、中国側の住民名簿は正確度が低く、縁故のある住民を優先するなどの不正が絶えなかったからだ。

三人は一世帯月五百キャッシュを目指したが、この額では、脱穀したヌカや草の種、柳の葉を買ってからのようにして食べるのが精一杯であった。三人がいくらキャッシュを配っても焼け石に水の状態は変わらなかった。

三人は基地に帰ってくると、疲れでどっと倒れこんだ。

「この前お金を渡して喜んでもらった家族が、今日行ったら三人とも並んで死んでいました。ああ、何と言ったらいいのでしょうか。僕はキリストのように人を救えません」

ターナーはテーブルを叩いて泣きじゃくった。

ヒルが言った。「泣くな、ターナー。とにかく来春に恵みの雨が降り、実りの秋がくるまで、人々の命を永らえさせるのだ。それしか僕らにはできないのだ」

リチャードが言った。

「この国に必要なのはキリストの言葉よりも鉄道だ。僕は飢饉が終わったらすぐ鉄道の建設を説いて回るつもりだ」

五月の末から三カ月間に三人は一四五カ村で活動し、約一〇万人に五万三千テールを配った。しかし、一人当たり一カ月生存に必要な額の八百テールのうち、配れたのは二百テールにしかすぎなかった。住民は感謝して金を押し戴いた。何度も何度も頭をさげた。

「このお金は私たちから差し上げるお金ではありません。神が私たちに配ることを命じられたお金です。感謝するならば、神に感謝してください」

三人はそれぞれの地域で、金とともにキリスト教のちらしを渡した。新婚のジェームス夫妻も加わった。リチャードは太原に戻り、八二二人の孤児と三三四人の老人、寡婦を孤児院に収容した。六年前に天津でフランス神父が捨て子を収容したときに、子どもの目玉をくりぬくとか心臓を薬用にするとかのデマを流され、大変な事件になったが、ここでは問題にならなかった。

一〇月中旬、空が真っ黒にかき曇って、車軸を流す大雨になった。人々は一斉に表に出て雨の中を狂ったように踊りまわった。雨は大地をうるおし、家々の屋根を濡らし、木々をよみがえらせ、奔流となってひび割れた畑の中に流れ込み、地中に吸い込まれた。雨脚の中で喜び合う人々の姿が夢幻のように見えた。

一八七九年一〇月、リチャードはミス・マーチンと結婚するために、チーフーに戻った。

マーチンはどんなことをさせてもうまくやりこなす魅力的な女性だった。

「太原で孤児院をマネージするためには君の力が必要だ」

「私を呼ぶために帰ってきたのね」

「そのためには君と結婚する必要がある」

「孤児院が先にあって、結婚が後なのね。あなたという人はいつもそうなのね」

とマーチンは笑った。

「いいわよ。私はエジンバラの商業学校で教えていたし、音楽だって得意だから孤児の教育にはうってつけだわ」

「テーラー夫人もやってくるから、一緒にやってほしいのだ」

二人はチーフーのバプテスト教会で式を挙げた。大勢の英米人や信徒たちが祝福した。

リチャードが太原を留守にしている間に、ジェニー一行が到着した。保育婦役をかって出たミス・ホーンとミス・クリックメイにバラーがつき添ってきた。一行はリチャードの家に滞在し、リチャード夫妻が帰ってくると、他に家を借りて住んだ。

ジェニーの働きは目を見張るようであった。基金を使ってたちまち孤児院用に借りた邸宅を改造させ、要員を倍増させた。孤児を男女一緒に住まわせることを避けるために、少女の孤児はジェニーが引き取り、少年の孤児をマーチンが引き取った。

第11章 リチャードとテーラー

ティモシー・リチャードは宣教師としての布教活動では七百人余りの信徒を獲得したにすぎなかったが、宣教師の存在を中国側に再認識させた貢献は絶大であった。これまで外国人宣教師やキリスト教徒は、中国政府および地方官の嫌悪の的であり、インテリ層である士紳階級にとっては排除すべき仇敵であった。中国人一般も、キリスト教宣教師の後ろには外国の侵略国家がついていて、何かあると砲艦の大砲が火を噴くという恐怖がつきまとっていた。

地方官も士紳階級も、無知な貧民が宣教師の無料の医療行為にとりこまれて、反国家の非服従者が増えてゆくことに危機感を増し、宣教師は幼児を誘拐して目玉をくりぬき、婦女子の肝臓を抜き取って薬の原料にするという迷信を流し続けた。カトリックは国の奥深く入り込んで治外法権の面積を広げ、中華の国の中に外国の国をつくる獅子身中の虫であるとみなしていた。

したがって、飢饉の救済に外国が関与してきたとき、彼らには不純な動機が込められていると見、外夷の援助は不要、ノーサンキュウの態度を示したが、事態の深刻化がそれを許さなくなった。ここにティモシー・リチャードの活動が一躍、認識されることになった。

リチャードは中国のキリスト教化を行うにあたって、支配層である官僚、士紳階級の取り込みが不可欠と考え、彼らへのアプローチに最初から執拗に取り組んだ。いくらキリストの愛を述べても理論を言っても聞かない頑固派に対しては、金の力も必要であるとしたのは卓見であった。こうして山東、山西大飢饉という状況が彼にチャンスを与えたのだった。

「完全にこの国の官僚とコラボレートする体制をつくることに成功した」

山西巡撫《じゅんぶ》の曾国筌が彼の援助地域を大幅に認めたとき、彼は心の中でバンザイを叫んだ。

彼の働きで、華北では外国人、宣教師に対する偏見がかなり変わったのは事実であった。地方官のリチャードに対するマナー、態度が柔らかくなった。太原市の中心にリチャードの記念碑を建てたいという申し出には、リチャードはあっさり断った。

リチャードの評価が圧倒的に高まり、彼の影響が宣教師を二分する勢いになった。

一八七七年、第二回上海キリスト教連合会が開かれた。中国全土に散っているプロテスタントの外国人聖職者、宣教師、一般クリスチャンが三年に一度のこの大会に集まってくる。借り切った上海のホテルの会場に論壇が据えられ、ゲストのスピーチが行われたあと、テーブルごとにディベートが行われ、そのあと親睦パーティが催されるのが恒例であった。

山西の飢饉救援活動で、リチャードやアレンらが行った活動が大きく局面を変えたことが評価されて、今年の大会は「山西スピリット」というキーワードが全面に押し出された。

統一研究テーマは「中国側の高級官僚や士紳階級のキリスト教宣教師に対する敵視的態度の考察について」であった。

冒頭でティモシー・リチャードがメインスピーチをした。

要旨は、「山西飢饉の救済に対して欧米諸国が投じた基金の額は合計二〇万五四六〇テールに達した。この額の大きさが中国側の予想を大きく超え、救済活動に赴いた宣教師たちの真摯な態度が彼ら地方官の敵視的な態度を柔軟化させるのに大いに役立った。彼らとコラボレートする体制をつくることに成功した。

山東・山西の飢饉救済活動を通して痛切に感じたことは、この国の民を救うにはキリストの言葉とともに、われわれ欧米人が築いてきた科学技術をこの国の有為な士紳階級に注入し、この国を自立させることが欧米人の責務であり、それこそが中国人のもっとも歓迎するところである。一五〇〇万人が死んだ山西の飢饉は鉄道の敷設によって解決できる。われわれがキリストの愛において、科学技術を教えることによってこの国を救うことが大事である」とアピールした。

次に、アメリカ長老会のA・T・マーチンは中国人の祖先崇拝について新解釈を行った。

「……いつもわれわれクリスチャンがどう解釈してよいのか困惑を感じている偶像崇拝と中国人の祖先崇拝との関係について述べよう。われわれが異教の仏や神の偶像を拝むことを禁止するのは当然であるが、中国人が春秋の季節ごとに祖先の霊を迎えて祝い、叩頭礼拝することが偶像崇拝に当たるのか否か、あるいは家族、親族の法事において先祖の墓や位牌に向かって香を焚き、眠気を誘うお経を長々と読み、礼拝することが偶像崇拝に当たるのか否かは、いまだに結論が出ない問題である。すでに何度も言ってきたことだが、この祖先崇拝行為は偶像崇拝行為と重なったものとしてみるのではなく、分けて考えなくてはならない。偶像崇拝はキリスト教の容認せざるものであることは自明であるが、中国人が亡き親や親族に対する尊崇の念が厚いことは非常に立派であり、これは民族の風習と解釈して容認しなければならない。ヨーロッパにおける感謝祭やクリスマスと同列に置いて差し支えない」

終わると、すぐ若い宣教師が手をあげて発言した。

「改宗した者の家にある異教の痕跡を消し去るために、仏壇をはじめ、お札の類、異教的書物や画像などは焼かねばなりませんが、先祖の位牌だけは除外する必要があります。この位牌を焼くことはものすごく彼らの心理的抵抗を招き、宗族からの非難を受けるからです。中国人が改宗して宗族の祭祀や葬儀、法事に出なくなると、彼、彼女は家族、親戚からつまはじきにされ、勘当同然、追い出しを食らいます。結局、家を捨てなければならなくなります。自分の信仰と民族の習慣とを妥協させることは実に困難です」

中国人信徒がリチャードの発言を求めた。

「位牌を焼くという行為は中国人は絶対に容認できません。位牌そのものは死んだ親の象徴です。いや親そのものです。リチャードさん、このことについてどう考えますか」

リチャードが答えた。

「位牌を焼くことはできても、位牌とともに飾ってある親の写真を焼くことができるかだ。位牌も写真も中国人にとっては同じようなものです」

リチャードはいつもの持論を展開した。

「なぜキリスト教が中国人の中に入っていきにくいのか、その主な理由は中国人が伝統的にもっている東洋的な価値観に対する欧米人宣教師の無理解や不勉強のための不適切な対応である。イスラム教でも儒教でも仏教でも道教でもそれぞれの高い価値観をもっていることを中国人は認め、尊敬している。彼らがキリスト教を容認するのもそういう常識に依っている。したがってわれわれは、キリスト教のカテキズムを彼らが受け入れやすいように仕立て、彼らが子どもの時からなじんできた儒教や道教の教えと背反するようなものでないことを教えれば、彼らは安心して受け入れる。そこで、私はジェレミー・テーラーの『救済の哲学』や『聖なる生活』から外国風の表現をできるだけ取り除いてトラクトをつくったところ、かなり理解された。ドクター・ネイヴィスは私の考えを取り入れた「ネイヴィスの宣教方法」で成功し、広く普及させた。

要するに、われわれ宣教師は、キリストの神は彼らが敬っている天帝と共通したものであることを感じとらせることで、まず彼らを安心させ、できるだけ外国風の表現や言葉を避けて、この国になじんだ比喩を用いて宣教を行うことが大切だ」

すると、演壇にいちばん近い席を占めていた中年の宣教師が反論した。

「それはとどのつまり、マテオリッチと同じことではないですか。マテオリッチはプロテスタントでもまちがいであるとけりがついています。だから、われわれはこの問題についてはもはや立ち戻れない」

会場ががやがやと騒々しくなったので、司会者は例年のようにテーブルごとに議論してよい結論を出してください、と促した。

窓際のテーブルでは、ジャーデンマジソンの社員だという男が自分の学識をひけらかせていた。

「中国人がどうして祖先を崇拝するか。われわれ西洋人は人間が死んだら霊魂などは残らないと思っている。しかし、この国では死後も人間の霊魂があの世から季節の節句ごとに子孫のところに戻ってくるんだ。いいかい。まじめに生きた奴は成仏して、天国で円満に過ごしている。彼らは子孫の安全と幸福を願い、災厄から守ってくれるありがたい存在だ。だから尊崇される。しかしだよ。失意で死んだり、恨みを抱いて死んだ奴は成仏していないから、いつまでもこの世にとりついて生者に禍をもたらす。それが災害であったり、病気であったり、不慮の死であったりするんだ。つまり自分が生前不幸であったことへの復讐を遂げようとするんだ。だから、子どもや孫たちは最大限の礼儀を尽くして不幸な死者を慰める、どうか禍をもたらさないでくださいとね」

「そうですよ。この国は死者に対する祭祀に満ちみちているんです」と別の者が応じた。

「実は昨日、白装束をまとった長い葬式パレードを見たんです。先頭から最後尾まで一マイルも続くかと思うくらいでした。見世物ではあるまいし、交通を妨害するにもほどがある。いちばんあとに泣き女と泣き男がぞろぞろついて、泣き方が大げさなほどいい手当がつくとのことです。まるで古代のおとぎ話の世界を垣間見たようです」

「俺にはこんなことがあった」と第二次アヘン戦争に参加した元兵士だという男が得意そうに話しだした。

「田舎に行くと一エーカーに二つも三つも土饅頭があるだろ。あれは何だと思ったら墓なんだ。ジジババが死ぬと畑の中に棺桶が隠れるくらいに土をかぶせて小さなピラミッドをつくる。何年も経って棺桶が腐るころになると、またちがう身内が死ぬ。すると、すこし離してピラミッドをつくる。こうして何百年も何千年も経ったらどうなると思うかい。一フィート四方の土の下にすべて人間の骨が埋まっていることになるんだ。だから中華帝国は悠久の先祖が築いた神聖なる母国だというのは口先だけの文句でなく、こういう具体的な意味がこもっているんだ。俺がこの小ピラミッドに寄りかかって眠っておったら、住民がものすごい剣幕で怒ってきた。あとでその理屈を聞いてわかったんだ」

どのテーブルも議論ではなく雑談に終始した。

リチャードとアレン、マーチンの主張は、マテオリッチの亜流であり、すでにカトリックもプロテスタントも決着をつけている問題をいまさら蒸し返すことはできない、という雰囲気がどのテーブルディスカッションでも大勢を占めたが、リチャードやアレンの功績を尊重して、大会の結論は回りくどいものになった。

「キリスト教と異なるのは異教のどのような部分であるのかについての意見の差が、中国人の信仰と祭祀の行為をどう理解するかについて異なった解釈を生む」

「キリスト教の神に祈るのと、中国人が偶像あるいは祖先を崇拝するのとどうちがうのか、キリスト教の神に対する礼拝は根源的に深いものに対する畏敬であるが、偶像崇拝や祖先崇拝は懼れに対する畏怖と嘆願である。しばしばそれには神秘主義や迷信がつきまとっている、それが中国人の基本的な宗教とみなされる」

以上が全体の討論の総括となった。最後に、「中国人の慣習である祖先崇拝行為に対して不必要な攻撃や過剰な介入はつつしむべきである」ということが結論になった。

テーラーはこの会議には出席しなかった。彼はリチャードやアレンの説は完全に誤りであることを会員に通達した。

「われわれは神の事業がこの国で行われることを手伝いに来たのであって、教育をするとか、鉄道を敷くとかいうこととは関係ないことです。目的と手段をまちがえないように」

テーラーは、リチャードの影響が内地会を大きくかき乱していることに困惑していた。山西飢饉のとき、内地会から五〇名近くの会員が救援に赴き、山西を知らなくては神を語れない、とまで言われるようになった。とくにリチャードがプロテスタント統一教会というものを唱えていて、山西で内地会のジェニーが経営している少女孤児院とバプテストが経営している少年孤児院とを統一経営したいと熱心に働きかけてきた。テーラーはこれに一切返事をしなかった。テーラーは、内地会の会員のハートを奪ってゆくリチャードに協力したくなかった。

リチャードはなんとか妥結したいと、チーフーのテーラーの本部を訪れた。

そのとき、テーラーは夏の花が咲き乱れている庭を見下ろすテラスでギターを弾きながら賛美歌を歌っていた。リチャードが現れると立ち上がって手を差し出した。

「ウエルカム、リチャード。しばらくだったね」

「あなたもお元気で何よりです。しばらく会わない間にずいぶんギターが上達されましたね」

「僕はこうしてギターを奏でて神と楽しんでいるんだよ。神と戯れているといったほうがよいかな」

リチャードはめっきり白髪の増えたテーラーの顔に刻まれた深い皺を見ながら、最近、組織の運営で苦悩している彼の心境を思った。

「君が来てくれたのだから、イギリスから届いたばかりのワインを御馳走しよう」

とテーラーはワインの栓を抜いて注いでくれた。

　話が核心に入り、二人の間で次のようなやりとりが行われた。

「どうしても孤児院の合同が無理なら、僕は僕の孤児院を内地会に渡します。僕と妻のマーチンはちがう道に行って働きます。しかしその条件として、武漢のステーションとエリアをバプテスト会と交換しませんか。その代わり山西で僕が築いた信用とエリアを内地会に渡してもいいですよ」

　リチャードは内地会が湖北で激しい攘夷運動に遭い、撤退に追い詰められている状況を知った上での提案であった。

「君が行ったところで、あそこは無理だよ」

「僕はあそこの士紳階級からこの国を変えようと思っています。あの地はそういう意味でこの国を変えるエンジンになるところです。僕は湖南の師範学校で教えながら、僕のやり方でやるつもりです」

「君がこの国で近代教育をしようとしているのは立派な考えだよ。しかし、そういうことはこの国の人がすることだよ。われわれクリスチャンが関与するべきことではない」

「でも、あなたはアヘン貿易禁止運動に熱心ではないですか」

「ロンドンのベンジャミンが熱心だからな。君が鉄道を敷けというのは立派な考えだよ。僕は山西の土地であんなに広くアヘンを栽培していることが食糧の備蓄を妨げたと思っている。貴州でも雲南でも四川でも同じだ。この国の人はキリストを知らないからアヘンの悪に弱すぎるのだよ。だからいつまでも立ち直れないのだ。それもイギリスの商人がアヘン貿易をやっているからだ。イギリス政府がそれを禁止しないからだ。その結果、ますます多くの地域でアヘン栽培が広がっている。だから僕の目指しているのは、キリスト教の普及の障害になっているアヘン貿易をまずやめさせることがまっさきに大切なことだと思っている。ベンジャミンがロンドンで一生懸命それをやっている」

「あなたのなさっていることはまったく正しいことです」

「僕と君との考え方のちがいははっきりしているよ」

「それはどういう点ですか」

「君は世俗の世界に入りこんでいる。鉄道を敷けなどというが、それはかならずこの国の人を俗流に引き込むだけで終わる。彼らの精神を変えることにはならない。僕は精神世界の中だけに生きている人間だよ。神のお示しのとおりに動く人間なのだ。まずこの国の隅々まで福音を届け、この国の人の精神を変えることが、神が僕に与えた使命なのだ。わかってくれたまえ」

「僕も神のご意思を感じればこそ、今の行動をしています。その点ではあなたと同じですよ」

「神のご意思の感じ方は君と僕とではちがう。今日の話の結論は、君との合同はできないということだよ。バプテストの方でも受け入れないよ。このことはジェニーにも伝えてある」

リチャードはがっかりして立ち上がった。

「久しぶりに来たのだから、今工事が進んでいるところを見ていってほしい。これができたら、バプテストの君たちにも開放するよ。息子のハーバートも、もうすぐここのスタッフとしてやってくるんだ」とテーラーは嬉しそうに言った。

テーラーがヨーロッパに似た気候のこの地に居場所を移したのは、自分の悪化した健康のためだが、長江以南のすさまじく高まってきた攘夷運動から避けるためだった。

テーラーはリチャードを資材が次々に運ばれてくる現場に案内した。

「僕はここに来てから、実にうまいチャンスが訪れた。隣接している土地が安く手に入ったんだ。僕はここに、海の見える見晴らしのよい丘の上に教会、診療所とならんでサナトリウムを建てたいんだ。仕事の疲れや病気から休養を必要とする宣教師が毎年大勢出る。彼らをここでゆっくり休ませてやりたいんだ。ここだけは、母国の雰囲気を出してやりたいと思って考えたんだが、ヨーロッパ風にするには、石も煉瓦も材木も遠方から取り寄せるとすごく高くつく。それで一計を考えたんだよ。石は近くの峡谷から直接切り出してくることにした。ところが材木はどうしたと思う」

テーラーは子どものように目を輝かせながら言った。嬉しくてうれしくてたまらないといった表情だった。

「沖の方に数カ月前に座礁して廃棄された帆船があったんだよ。僕は早速それを買い取った。持ち運べる大部分のものは外されて持ち去られていたが、甲板や竜骨まで壊して運ぶ者はいない。船を解体して床板や壁材に使うつもりだよ。そうしたらもう一つの廃船からもオファーがあったんだ。煉瓦は近くで焼いて作らせることにした。できたら教会、病院、学校は租界の一般の人たちにも開放するつもりだよ」

嬉々として説明するテーラーの目には完成したイメージが出来上がっているようだった。

この計画はモートンとオーウエンの相続遺産の寄贈があってこそできたのだが、そんなことはリチャードには言わなかった。

リチャードはふと、ロンドンのカボーンハウスで内地会に入りたいと申し込み、テーラーから君はもともとバプテストなのだから、バプテストのルートで海外布教の志願をしなさいと言われてがっかりしたことを思い出した。

別れ際に、テーラーが言った。

「君の思う道を進みたまえ。君の成功を祈っているよ」

山西飢饉が過ぎると、リチャードは山西のあちこちで講演会を開き、ヨーロッパの科学技術の話をし、中国が強い国になるには、近代科学の導入から始めなければならないと説いた。小中学校の生徒には理科の実験までしてみせた。イギリスで小学教員をしていたのでこういうことはお手の物だった。

官僚や士紳階級に対しては飢饉対策の話から始めた。

「太陽系の変動や気象の変化により、飢饉などの自然災害は地球のあらゆる表面に発生する。しかし、それに対抗する準備さえあればそれを克服するのは難しくない。まず鉄道を敷くことである。天津から太原まで鉄道を引けば一三〇〇里しかないから一日で到着する。ロバの背中に乗せて山道を行く必要はない。満洲の安い穀物を直ちに供給できる。

また平時には、逆に太原の豊富な石炭を全国に売って山西省を富ますことができる。しかも鉄道の敷設作業には大勢の被災住民を雇用できる。

次に大事なのは通信である。すでに電信は中国でも主要都市の間で使えるようになったが、まだまだ足りない。この広い中国のあちこちのポイントで気象を観測して迅速に通信できれば、災害の予測は簡単にできる。それには近代的な気象学が必要である。

次に大切なのは、セフティネットの構築である。備蓄食糧を常に蓄えておき、緊急のときの輸送計画を立てておけばよい」

最後にリチャードは声をはりあげて強調した。

「あなたがたがいちばんいけないのは風水師の存在を許していることです。鉄道を敷き、電線を張ろうとすると、風水師がでてきて、方角が悪い、迂回せよなど、ああだこうだと反対して計画をつぶしてしまう。一八七六年に上海―呉松間で鉄道が開通して立派な業績を上げたにもかかわらず、人身事故が起きたことを理由に、風水師が天の報いだといってつぶしてしまいましたね。何という愚かなことでしょう。今度の大災害で大勢の人を死なせたのは、風水師の横暴を許した儒家の怠慢、仏家の無知、道家の罪悪にほかなりません。鉄道を敷くには、鉄の生産が必要であり、石炭を掘り出す鉱山学が要り、近代科学による工業化わけても知識と技術が必要です。このためには中国で近代的な科学教育を全国津々浦々で興さねばなりません」

リチャードは、つまるところ「教育」が核心だと言って、進歩的な士紳階級の熱狂的な拍手を浴びた。曾国荃の後任として山西巡撫に就任した張之洞はリチャードの学識を認め、洋学の顧問として招聘した。攘夷思想がもっとも強い湖南省からもリチャードに教育のお呼びがかかった。

湖南省は近代化、自強運動にもっとも熱心な省だった。リチャードがテーラーに武漢のステーションとエリアをバプテスト宣教会にくれませんか、と言ったのはこのような背景があったからであった。

リチャードはイギリスに帰国すると、中国一八省に高等師範学校を設立して、イギリスから科学技術の専門家を講師にして近代教育を振興する案をバプテスト教会に申し入れたが、「突飛な考え」として却下された。

一八七九年、リチャードは中国側に働きかけた。北京、天津で中国当局の有力者を回って山東省の済南市に西洋の科学技術教育をカリキュラムに取り入れた大学を建てる案を示したが、北京の朝廷はにべなく却下した。

リチャードは傷心して山西を去り、妻のマーチンを連れて天津に行き華字紙「時報」の主筆に招聘された。創業者のイギリス人アレキサンダー・ウイリアムソンが死ぬと、彼は総編集局長となって西洋文化の紹介に全力をあげ、たくさんの翻訳書と自著を著した。また「万国公報」を発行して、新しい時代の鐘を打ち鳴らし続けた。

日清戦争で中国が敗れると、中国の官僚や士紳階級の間で危機感がつのり、国家の自立自強論が燃え上がった。リチャードはやがて革新派の康有為や梁啓超と交流するようになり、光緒帝の戊戌の改革に影響を与え、マテオリッチと並んで中国人が敬愛する二人目の宣教師となった。

第12章 内地会はどこに行く

山西飢饉救援活動でプロテスタント諸派が熱心に活動し、それをリードしたのはバプテスト会のリチャードと内地会のジェニーら数十人の会員だった。テーラーはそれを冷ややかに眺めていた。テーラーは内地会のメンバーが山西に活動拠点を移すにつれ、彼らがリチャードに影響されることを好まず、リチャードの提唱する汎プロテスタント同盟構想を無視し続けた。リチャードに心酔したターナー、ジェームス、ドレークの三人は内地会から脱退し、バプテスト会に移った。ほかに山西にいた数名が内地会を去った。

「キリストの言葉より〝教育〟あるいは鉄道だ」

「山西に来た者でなければわからない」

という言葉は圧倒的な響きをもって内地会を打ち壊した。精神主義的なことしか言わないテーラーに失望する者が相次いだ。中国人信徒たちはどちらが正しいのか混乱に巻き込まれた。キングは自分が四川につくったステーションの建設に二度も失敗したのは、テーラーの独裁が原因だとして、テーラーを非難して辞めた。輝かしかった一八人のうち三人が二年以内にあっさり辞めてしまった。

テーラーはこれはリチャードの影響というものではなく、内地会員の精神の弱さがもたらしたものであるとし、こんな弱い連中だったのかと改めて失望した。山西スピリットが大きく掲げられる中で、内地会は崩壊状態といってもよい局面に立ち至った。

一八八〇年代に入ると、内地会に対する寄付金額は毎年千ポンド以上減少し、ついに組織の維持費が必要額の半分以下になった。テーラーはベッドで寝たり起きたりの状態で、そのわずかな資金を七〇カ所のステーションに配りながら巡回監督することはできなくなった。

こうなると何が起こるか。内地会は創立以来、決まった給与額を定めず、神が与えた寄付の範囲内というのが原則であったが、会員の生活が立ちゆかなくなれば失業状態にほかならない。結束の固い一部の会員は極度に生活費を落とし、中国人信徒のわずかな献金で支えたが、多くの会員はやむを得ず異なるセクトに行って生活を続けるか、近くの租界に行って商社に雇われたり、税関のアルバイトをした。租界では、中国語が堪能で内陸のことに詳しい宣教師は歓迎されたので、仕事はいくらでもあった。さらに誘惑の手を伸ばしてくるのが中国系の会社であった。

「合弁会社の社長になってくださいませんか。いえ、名前を貸してくださるだけでいいんですよ。月に一ぺん来るだけで、給料はうんと差し上げます」

つまり彼らはイギリス籍の会社になるだけで、イギリスの貿易特権を行使してもうけることができるから、会社の名目的なトップは言うことをきくイギリス人であれば、誰でもいいのであった。

「なるほど、そんなおいしい話があったのか」と気づいた者は、聖職の世界から上海や漢口や天津の世俗の世界に移っていった。

他のセクトに依存するようになるとさまざまな弊害が起こった。内地会より豊かで、規律のゆるいところでは再び洋服に戻り、中国人を見下す植民地ふうの傲岸な風に染まる。任地を長いこと放棄し、内地会の活動をせず、内地会の施設を他のセクトに使わせているうちに業績をのっとられてしまうケースまで起こった。中国本部は任地を離れる者があまりにも多くなったので、他の伝道会の名簿を取り寄せてみると、内地会とダブルブッキングしていた者が少なくなかった。あまりにも悪質な者は除名するしかなかった。

温州のストットは中仏戦争のあおりを受けて教会を焼かれた時に、中国側から損害額を実損よりはるかに上回る賠償をもぎとって私物化し、王侯のような生活をしていた。スチーブンソンが何度警告してもきかなかった。ジャクソンが台州からやってきてそこに入り浸り、放埒な生活をして借金づけになっていた。

一方で、若い男性が悶々とするのは性的な満足を得られないことであった。内地会の規定では、任地に来て二年間は語学の習得に力を注ぎ、その間は結婚を禁止していた。結婚するとどうしても活動に注ぐエネルギーがそがれるからである。この規定のため、最初からペアで任地に来なかった者はイギリスにいる恋人を呼ぶことができず不満がつのった。それで恋人がいない者は女性の新人が来るのを待ち望んでいた。彼女たちが任地に来ると、すぐ恋愛が成立して、女性の奪い合いになった。他のセクトに女を探しに行く者も絶えなかった。女性を得ると今度は中国本部の理事たちに相談もせずに結婚し、理事たちは個人的なトラブルを処理するために忙殺されることになった。

ロンドン・カウンセルのベンジャミンは、いったい現地はどうなってしまったのかと危惧をもった。ロンドンの理事たちが選考して送り出した新人が現地に着いて任地に配属されると、あまりにもロンドンで想像してきたこととちがうことにとまどった。先輩たちが情熱に燃えて伝道に精出しているというイメージはあっさり裏切られた。彼らはその失望や不満を今度は中国本部の理事には言わず、ロンドンの理事に手紙で訴えた。

一方で、テーラーはロンドンに大きな不満を感じていた。

バーガーがリタイアしてからは、バーガー自身の寄付は三分の一に減少し、ロンドン・スタッフの寄付金の集め方がさっぱり下手になり、いつ送金してくるのかわからなくなった。額も激減した。

本部が人選してリクルートしてくる人員も使えない者ばかりだった。人材の質は驚くほど低下した。ただ珍しい国に行ってみようという程度の動機で来る者はすぐ落伍し、定められた二年間の語学習得期間が終わるとすぐ辞めていった。

ひどいのは着いたとたんに環境不適合を起こして病気になるか、精神異常をきたした。テーラーはこうした不適格者はすぐ帰国させた。

「どうしてこんな連中しか人選できないのか。バーガーさんは人を見る目があったが、ベンはだめだ。アヘン貿易禁止運動ばかりやっているからではないのか」

ヘンリー・テーラーが中国人を殴って暴動が起きる寸前までいったことがワード公使の耳に入り、それがロンドンの外務省に報告されて、内地会のロンドン支部に厳重注意が来た。ワードは各地の領事に通達して、内地会会員の内陸旅行と新しい開拓地に居住するパスポートの発行を一時禁止した。数人のまじめな会員は免除になったが、ロンドン支部も中国本部も青天の霹靂となり、重大な決断を強いられることになった。

テーラーは辞めた者、病死した者の補充も含めて、堕落した者、精神の薄弱な者の総入れ替えを計画した。一八八一年一〇月、ジェニーは三年にわたる山西での活動を終えて帰国することになった。この三年間、テーラーとジェニーはそれこそ一心同体のように過ごしてきただけに、テーラーは左腕がもぎ取られたような悲哀を味わった。

テーラーは彼女を上海まで送っていく間に、ふと、彼女と再び会えることはもうないのではないかという思いがよぎった。上海で彼女と別れた後、テーラーは武昌に行った。

一八八一年一一月二五日、テーラーは人事担当幹部のパロットを散策に誘って、武昌の本部建物の近くの丘に登った。そこから雄大な長江が見渡せた。テーラーは歩きながら、パロットと内地会の人員入れ替えと拡充について議論した。

「パロット、神は僕にこうお告げになった。汝の天幕を大きくせよ。退いてはならぬ。汝の縄を先に延ばせ。汝の杖を強くせよ。さすれば、汝は右に左に限りなく広がるであろう。恐れずに進めと。神がこうおっしゃるのだから、ファイナンスの問題で悩むことはない。もっともっと人員を増やさなければならない。そこで、君はどれくらいの増員をすべきだと思うか」

テーラーの性格を知りぬいているパロットはすぐさま答えた。

「今の内地会の人員は九六名、そのうち家族が二六人です。したがって活動家は七〇名。ここ六年間に毎年一〇人から一二人来ていますが、辞めていく者も増えています。したがって少なくとも五〇名から六〇名は必要です」

このときテーラーにルカ伝一〇章一節の言葉が浮かんだ。

「主は七二人を任命されたとある。そうだ、七〇人というのがいいのではないか」

パロットはすぐに答えた。

「男四二人、女二八人でちょうど七〇人です」

「そうだね。君の言うとおりだ。しかし、今の苦しい時期にそれをどうやるか……」

とテーラーが言い淀んでいると、パロットの足が草むら中の固い物を蹴とばした。パロットが拾い上げてみると、それは銅銭の穴に紐を通して棒状にしたもので、誰かが落としたものらしかった。テーラーがお金の話をしようとしたときに、パロットが蹴とばしたものがお金であったので、テーラーは「主は迷わず、進めなさいとおっしゃっておられるのだ」と直感し、二人はすぐ本部に帰って計画を練った。

「全員が、神にこの増員を実現してくださるようにお祈りキャンペーンを始めよう」

とテーラーはお祈り大作戦のプランを書き上げた。

中国本部の幹部のドワードとキッドも賛成したので、彼らは早速ステーションを回って一斉にお祈り作戦を指導する計画にかかった。

テーラーを突き動かしているのは、ギュッラフの大風呂敷というか、中国の隅々にいたるまで福音を届け、それを広める教会を建てることである。中国人自身にバトンを渡し、彼ら自身でキリスト教化を進めさせることが究極の目的である。そのためにはキャメロンとかドワードのような冒険旅行家にチベットやモンゴル、新疆省や満州まで足を伸ばさせた。

しかし、それをよしとしない意見があった。

「内地会のように拡散することばかりしていては、大海に砂をまくようなもので、効率的ではない。もっと固定した地域で伝道を根づかせるべきではないか」

山西飢饉救済活動で内地会とともに働いたバプテスト会のダビッド・ヒルはそう批判し、ワードのような外務官僚たちも同じような勧告をした。

「中国のほとんどの都市で外国人の居住や不動産の取得も条約上可能になった。イギリス人宣教師はそのような安全な地域で活動すべきであり、わざわざ危険な地域に行ってトラブルに巻き込まれるようなことは避けるべきである」

ワードにとっては、攘夷思想がますます高まっているときに、自国民がトラブルに巻き込まれれば、暴動の原因になり、それだけ外交の負担が増えるからであった。

しかし、この考えはテーラーにとってまったく正反対であった。彼はこの広い大陸のどんなに僻遠の一点にも福音を到達させることが、自分が神から与えられた使命であり、一粒の種が砂漠の地に落ちたにせよ、そこから根が生えないと誰が言いえよう。したがってこの使命の貫徹のためには七〇人でも千人でも足りない。

テーラーは七〇人増員の計画が決まると、直ちにスタッフとネイティブの活動家、信徒たちを集めて熱弁をふるった。

「内地会は旅行ばかりしている、もっと一カ所に集中して伝道してはどうかという意見がありますが、これは内地会の根本理念に反しているし、事実にも反しています。われわれはすでに長江地域において定着した活動を積み重ねてきました。そしてさらに広くこの中国の隅々にまで福音を届けることこそ、私たちが神から与えられた使命です。このことに際限はあり得ません。このことを皆さんはもう一度心してください。

神のご事業を進めるためには、もっともっとしもべが必要です。私はさらに七〇人の仲間を三年間で呼び寄せる計画を決めました」

テーラーがこう言った時、一同の間にざわめきが起こった。今、財政が破綻し、かなりの者が脱退し、志気も最低の状態にある時に、七〇人も増員するということはいかにも唐突で不自然に思われたからであった。無謀というに等しかった。

九省に二名ずつ一八人という増員は控えめな数字だったので比較的たやすく実現できたが、今度の七〇名という数字はいかにも過大な数字である。

「明日から私たちは祈りのキャンペーンを広げましょう。イギリス人スタッフとその家族、ネイティブの会員とクリスチャンたちには一斉に祈りをささげてもらいます。ロンドンをはじめプロテスタントのすべての仲間にも祈ってもらいます。主よ、どうか七〇人のしもべをお遣わしください、と。祈りが神に届けば、神にとっては七〇人の増員など他愛ないことです。祈り、祈り、祈り、明日から全員でお祈りを始めることにします」

増員には旅費以外に年間四千ポンドが必要である。そんなことが一体できるだろうか。いや、できる！熱心に祈れば、神はドナーを動かして拠金をさせてくださるであろう。このためには広く深く祈りをささげて神を動かさねばならない、というのがお祈り作戦の趣旨であった。

最終的にスタッフ全員が賛成したので、幹部がステーションを回ってお祈り運動を始める手筈を整えた。テーラーは組織全員に通達を出して実行に入らせ、自分は毎日二時間から半日を祈りの時間にあてた。

テーラーは一八八二年三月のミリオン誌で、

「私たちは四二人の男性と二八人の女性のしもべを求めています。派遣費用と活動費用の心配はありません。すべては神のみわざによって成し遂げられます。しかし、現地における活動は並大抵の困難ではなく、単なるロマンチシズムで来る人はすぐつぶれますが、過酷な環境にあっても、忍耐と努力で乗り越えてゆく人は真性のクリスチャンであり、神の恩寵を得る人であります」とイングランドとアイルランドのすべてのクリスチャンに訴えた。

しかし反応は鈍く、ロンドンの理事たちは動かなかった。著名な宗教人やドナーたちからも何のハッピーニュースも送られてこなかった。いつもは内地会に協力的なラドストック卿でさえ、「イギリス人は中国などにもう関心がないんだよ。キリスト教自身が自己満足的な宗教になってしまったのだから、遠い他国にわざわざ苦労をしに行く人間なんかもういないよ」とつぶやいた。

一八八三年一年間でたった八人の応募しかなかった。寄付も集まらず減る一方だった。

テーラーは祈りに入ると食事も水も取らなかった。ピゴットは、ひざまずいて何時間も微動にもしないテーラーの姿を見て、彼が石像と化してしまったのではないかと一瞬疑った。

「どうして神は祈りをかなえてくださらないのだろうか。どうしてこの五年もの間、私たちをお苦しめ続けられるのだろうか。私たちは何か神のお怒りをかうようなことをしでかしたのだろうか、あるいは、神は何か深遠なことをおはかりになっておられるのだろうか。神よ、どうかみこころをお明かしください」とテーラーは一心に祈り続けた。

ある日、ピゴットは祈り疲れたのか床に倒れているテーラーを助け起こした。テーラーはピゴットにギターを持ってくるように言い、テーラーはギターを受け取ると、静かにかき鳴らしながら歌い始めた。

貧しい寡婦は油と食事でエリシャをもてなした
小さな蓄えもつきることがない
日々、人は食べ、そして死にゆく
神はかくれた方法で小さな幸せをながつづきさせてくださる

恐れるな、うろたえるな
神は言われた
壺と湯呑は人々を生かすために涸れることはない

ピゴットが歌の意味を聞くと、テーラーは預言者エリシャの話をして聞かせた。

正しい行いをしている貧しい者がますます貧しくなり、よこしまな行いをしている富める者がますます富むのを、どうして神はお許しになっているのだろうかとある青年が聖者に質問した。聖者は次のように話し始めた。

預言者エリシャがある貧しい村を訪ねて一夜の宿を乞うと、あるじ夫妻は喜んでエリシャをもてなした。油をたくさん使って部屋を明るくし、持てるだけの材料を使って料理をつくった。エリシャは感謝して翌朝出立した。その日、その一家が唯一の宝にしている牝牛が死んだ。

青年は、なぜ神はそんなむごい仕打ちを善良な夫妻に課したのかと問うと、聖者はその理由を明かした。

「本当はのう。あの日、貧者の妻が死ぬ運命だったのをエリシャが神にたのんで牝牛に変えてもらったのじゃ。だから事実の裏には深い摂理が潜んでおり、表面的なことだけ見て判断してはならぬ。神はこうして正しい者を救ってくださる。富んだよこしまな者はやがて堕落して消え去る」

テーラーはピゴットに、エリシャの話の意味することを教えた。

「いま、うちは大変な試練に遭っている。でも、神は試練を与えてだめな者は去るようにしむけてくださっているのさ。こうして本当に正しい者のみが残る。それでいいのではないか。僕は喜んでいるのだよ」

神が与える恩寵はいつも遅ればせにやってくる

テーラーが懐かしい寧波や杭州など浙江省の教会やステーションを訪れた時、人々の心が信仰から離れてしまっているのを感じた。あれほど力を入れた山西も失敗だった。

何かが内部でぽっきり折れたような気がした。

ある夜、テーラーは身体の状態が次第に悪化していくことを感じた。もう組織も自分も持たないのではないかと突然覚えるようになった。一八五三年にはじめて上海に来たことも、上海城の戦争も、バーンズとスワトウに行ったことも、寧波でマリアと結婚したことも、ラムネアパーティをひきいて杭州で活動を開始したことも、揚州事件に遭ったことも、最愛のマリアに死なれたことも、一八人のプロジェクトで成功したことも、すべては遠く過ぎ去ったことのように思われた。

「私は私の旅する日々がほとんど終わったような気がする」

「神はもうすぐ、お前はもう十分やったから、本当の休みに入れとおっしゃる時がきたのだ」

慰めはギターを弾いて歌うことだけである。

神よ、なぜあなたは私どもの祈りをお聞き届けくださらないのですか。

これほどまでも心をこめて祈り続けているのに。

テーラーはソロモンの歌を歌った。


どうか、あなたのお口で私に口づけしてください。

あなたの愛は葡萄酒の豊潤、あなたの香油はこの上なく芳香。

それゆえ、娘たちはあなたを愛します。

あなたの後について行かせてください。

私たちは急いで参ります。


「内地会の活動もこれで終わりか。おそらく私は七〇人がやってくるのを見とどけた後、バーンズリーに帰ることになるだろう。そして中国には二度と来ないだろう。そうだ、七〇人までもうすこし頑張ろう。僕もジェニーもそれが最後のおつとめだ。元気を出せ！」

「一〇月になると、私はさらに老け、弱くなった。ローソクがいよいよ燃え尽きようとして最後の炎がわずかに燃え上がっている。神様、どうかこの亡びようとしている弱い者をお助けください」

僕はもうイギリスに帰ろう。

ジェニーとゆっくりパリで暮らそう。

テーラーの決断は早かった。チーフーに帰ると、土地の代金の支払いをすませて身の回りの始末をした。あとは息子のハーバートにここをまかせることにしよう。

荷物をまとめて香港から出るフランス快速船を予約し、チーフーを後にした。フランスの快速船は海上をすべるように走って、美しいサイゴン港に入った。このときになっても、テーラーがいつもは敏感に感じる予兆を感じなかったのは、よほど心身が疲れているせいだった。アデンで朗報が彼を待っていた。「二月二日、匿名のドナーから三千ポンドの寄付あり。さらに一千ポンドが追加される予定」と電報に打たれていた。五〇年後に明らかになった匿名の主は、モルガン商会のロバート・スコットだった。

船がマルセイユに着くとジェニーが迎えに来ていた。それから二人でパリに行った。パリはテーラーとジェニーがゆっくり話せる最適の街だった。

テーラーは三千ポンドの寄付でとにかく窮地に一生を得た。神様、あなたはようやく目をお覚ましになりましたね。でもすこし遅すぎはしませんでしたか、とテーラーはなじりたい気持ちだった。

パリですっかり生気を取り戻すと、二人はカンヌにバーガーを訪ねた。バーガーは冬の間はこの暖かい南仏で余生を過ごしていた。

バーガーは二人を温かく迎え、君たちはずいぶん苦労しているようだが、僕はちっとも助けてあげられず申し訳ないと言い、五百ポンドの小切手をきってくれた。テーラーはありがたく押し戴いた。

ロンドンに着くと、ベンジャミンは七〇人のうち二〇人は集めたよ、と嬉しそうに言った。神が与える恩寵は常にまったく思いもかけないところから現れてくるものである。それはまるで時間と空間の糸を巧みに織り込んでゆっくりと仕立てていくかのようだった。

一八八〇年一一月、ハロルド・スコフィールドという二九歳の外科医が内地会のために尽くしたいと、チーフーのテーラーのところに突然やってきた。この人は一流大学を出たバリバリの名医で、露土戦争のとき、赤十字の派遣医師としてトルコ軍の野戦病院で目覚ましい働きをしたことで有名になっていた。その後、山西の飢饉に心を打たれて、太原で働きたいとはるばる海を越えてやってきたのだった。

こんなエリートがわざわざ内地会の現場にやってきて奉仕をしたいなどということは、今まであり得なかったことだったのでテーラーはすっかり驚いてしまった。その上、ひと月ほどいる間に、彼は不自由しないほど中国語を覚えてしまったことにまたもや驚いた。まさに天才としか言いようがなかった。彼は勇んで太原に行き、最初の一八カ月間に約三千人の患者を診療し、一八回の奇跡を思わせる名手術を行った。二年目にはアメリカの五人の女医を使って六六三一人の患者を治療し、二九二回の外科手術を行った。その業はまるで神が遣わした天才を思わせた。彼はそればかりでなく宣教活動も行った。

しかし、悪性のジフテリア患者を治療したときに不幸にして感染し、空しく三三歳の若さで逝った。死ぬ間際に、「僕が太原で過ごした二年間は、僕の人生で最高に幸福な時間でしたよ」とにっこり笑って逝った。

テーラーは彼が死ぬ前に帰国して、イギリス各地を回って熱心に七〇人アピールをしていた。反アヘン貿易の大野外集会、救世軍、国教会、福音連盟、悪徳を告発する機構、宗教トラクト会、ＹＭＣＡなどありとあらゆる集会を回って演説したので、反響が盛り上がり、はやばやと二〇人の派遣が決定した。三年目の一八八四年には志願者が倍増し、寄付金も十分賄えるほどに集まった。

さて、神が結びつけたとしかいいようのない不思議な出会いは、ディクソン・ホストという青年が内地会に志願してきた時から始まった。

ほどなく、テーラーとは二五年に及ぶ長い付き合いのサポーターの一人であるラドストック男爵の長男であるグランビルが訪ねてきた。子どもの時から知っていた彼はケンブリッジ大学のクリスチャンユニオンのリーダーになっていた。用件は、ノーサンバランドのチリングハム城で行われる教区集会で講演をしてほしいという話であった。テーラーは快く引き受けた。

この二人とも、スコフィールドの美挙に動かされたことを話した。

テーラーが約束した講演を終えたときに、スコフィールド医師急死のニュースが入り、テーラーは頭が割れるような激しい頭痛に襲われた。テーラーはすぐロンドンに帰り、ドナーのグラタン・ギネスの家で、スコフィールドを悼んでイザヤ書五八章の一節を引いて、スコフィールドは「水の涸れない泉」になったという話をした。

一八八三年が押し詰まった頃、テーラーはケンブリッジ大学の卒業生だという著名な外科医の息子のスタンレイ・スミスから中国行きを志願したいという手紙をもらった。年が明けて彼と会ったところ、スコフィールドの再来かと思われるほど、酷似したタイプの青年が目の前に現れた。それから数カ月の間に水の涸れない泉になったスコフィールドが結びつけたかのように、驚天動地の出来事が続けざまに起こった。

スミス、ホスト、ビューチャンプ、スタッド、セシルとアーサーのポルフィル兄弟、カッセルら計七人のケンブリッジ大学卒業のエリートが次々に内地会に入会して、中国に行きたいと申し出たのであった。

内地会にはオクスフォード大学を出たランデールが一人いただけで、後は学歴のない会員であり、それは設立当初から内地会の宿命であった。それが新たに申し込んできた七人はケンブリッジという名門大学出の上流階級の子弟であり、王立陸軍大学に所属する将校であったり、近衛の竜騎兵であったりした。家庭はすべて貴族か名門家であり、七人に共通する性格はブライト・アンド・ブリリアントという形容がぴったりであった。毛並みの良さ、高い学歴、優れた頭脳に加えて、全員が明るい性格のスポーツマンであることも共通していた。

スタッドは名クリケッターとして知られ、スミスはケンブリッジ・エイトの一人、ホストは王立アーチエリーオフィサーであり、カッセルはフットボール選手、スミス、ビューチャンプはボート・レーサー、セシル・ポリフィルは馬術に長じていた。

このような将来の地位も名誉も富も約束されていた青年たちが、数カ月にわたる討論の末に、単に短期間中国に渡って奉仕するというのでなく、私欲を投げ棄てて、一生、中国でキリストの道に身を捧げるという決意をし、その意志の固さが確認されたのであるから、イギリス宗教界の歴史でも稀有の出来事として、あらゆるメディアがこぞって大々的に報道した。イギリス全土で人々の話題を独占し、賛仰の嵐となった。

二〇年前にテーラーが内地会を立ち上げ、最初のラムネアパーティを組織して出帆した時には、しがない職人や労働者、店員などの下層の階級に属する人たちの集まりでしかなかった。上海に着いてからはあらゆる罵倒の対象になった。ところが今や、国教会の大物聖職者や錚々たる政財界の貴顕紳士がテーラーを対等に遇するようになった。

ケンブリッジ・セブンと称されるようになった七人はそれからというもの、それぞれの出身校やスポーツ界での盛大な壮行会に出るために息つく暇もないほどになった。

スコットランドのエジンバラでスチーブンソンが設営したスミスとスタッドの壮行会には、千人の学生が集まり、高らかに賛美歌を歌い、ステッキを打ちならし、あたかも一八五七年、ダヴィッド・リビングストンのアピールで中央アフリカに出発する大学宣教派遣隊の壮行パーティを思わせるほどの熱狂ぶりを示した。

いよいよ出航が近づいた一八八五年二月四日、ロンドンのエクスターホールにはかつてないほどの大群衆が続々と詰めかけた。ロンドン市長、貴族院・衆議院の議員、国教会をはじめ宗教界のトップメンバーがずらりと顔をそろえた。七人の家族や同窓生、軍関係者、スポーツ界のグループをはじめとする若い男女が大勢詰めかけたので、大会場はギャラリーも柱廊も通路も立錐の余地もなくなった。建物に入りきれない人たちは場外の広場に雨に打たれながら立っていた。タイムスの報道によると、約三五〇〇人がケンブリッジ・セブンの雄姿を見ようと集まって来たのだった。

会場正面の壁には中国の大地図が飾られ、両側にはイギリス国旗とケンブリッジ紋章旗が下げられていた。ベンジャミンの司会で始まり、最初のお祈りの後、スタンレイ・スミスが七人を代表してスピーチを行った。彼のユーモアを交えたスピーチがいかに会場を魅了したかは、その場にいた者でなければ語れないであろう。その後、六人それぞれが立って中国行きを決心した気持ち、そこまでいくまでの迷い、それを乗り越えて、断固として神の使命を果たすために決意を固めたこと、一生涯そのために身を捧げることに迷いはないことなどを、まるで明日ピクニックにでも行くかのようにユーモラスにスピーチした。一人が話し終えるたびに満場が笑いと野次と拍手に湧いた。最後にホストが、軍隊時代はキリストの教えにはまったく関心がなかったが、今は目が開け、「ゴー」あるのみですと両手を高々と上げてしめくくった時には、会場は割れんばかりの拍手になった。いつまでも鳴りやまなかった。

七人の挨拶が終わると、大司教の説教が行われ、フィナーレは聖歌隊の混声合唱、会場全体を巻き込んでの賛美歌の大合唱で幕を閉じた。ブラボー、ブラボーの声がやまず、誰しも感激と興奮で頬を赤く染めていた。涙を流している者もいた。終わると、別室の受付に人々が押し寄せて寄付を申し出た。大口の寄付のみならず、小口の寄付の多さが目立った。一シリング貨を握りしめてやってきた少女もいた。

テーラーは七〇人の増員を苦もなく実現した。寄付金は前年の倍も集まり、ベンジャミンの発行するクリスチャン・マインド紙は、二万二千部から一挙に倍の五万部に倍増した。

七人の果たしたPR効果はものすごく、内地会は宗教界に確固たる地位を築き、誰知らぬ者のない存在になった。敵意のある団体は、テーラーはケンブリッジ・セブンを不当に誘惑して自分たちの窮境を脱する道具にしたと攻撃した。

さらに百人を

一八八三年末までに七〇人の中の二〇人が出発し、四二人は翌年の出発が決まった。

しかし、七〇人が全部派遣されたにしても、内地会は一四省に六四カ所のベースをもち、一一〇カ所の祈祷所、六六カ所の教会、三つの病院、一六カ所のアヘン患者治療所をもっていたから、分散してしまえば、一カ所に一人くらいの増員が関の山であった。ケンブリッジ効果で、ロンドンでは次々に志願者が押し寄せ、寄付の集まりもうなぎ上りになったので、マンパワーの確保は十分であった。

一八八五年五月二六日までに四〇人の新人が中国に発ち、一八八六年末までに一九人が志願してきた。スチーブンソンはこの高まりの中でさらに百人の派遣は難なくいけますとテーラーに進言すると、テーラーは苦もなく同意した。そしてそれが既成の計画であるかのように百人祈願キャンペーンを開始した。それもできるだけ早く一八八七年の末までに実現したかった。

百人キャンペーンの説明会はどこの会場も人でいっぱいになった。なかでもグラスゴウの高まりはすごく、そこだけで六〇人が志願してきた。男よりも女が多かった。テーラーは四〇人に会い、三〇人を認可した。彼らの旅費として二五〇〇ポンドの寄付が集まった。エジンバラでは二〇人の志願者が待っていた。統一長老教会のホールには一六〇〇人が集まり、エクスバート教会では二五〇〇人がテーラーの話を聞いた後、一二〇人の若者がその場でどんな僻地でも構いませんと志願してきた。

ひとたび聖霊の息吹が高まってくると、ひたひたと満ちてきて所定の潮位を軽く超えてしまうのだった。テーラーは神の力の偉大さにひれ伏す思いであった。

組織の再構築

テーラーは崩壊同然の現地の組織の立て直しに早速とりかかることになった。

中国に戻ると、総支配人として、山のように堆積した仕事を数人のスタッフに分担させることから始めた。上海を中心とした長江地域の業務はダルジルに、中国西部および西南部地域の業務はコールサールに、チーフー本部の連絡業務をパロットに分担させた。それでも、山のような複雑な雑務が残った。テーラーは下部組織として、省を担当するシニア監督を置き、省以下の地域には地域監督を置いて、ステーション、教会、アヘン患者治療所、学校などの管理を行わせた。それぞれの宣教師は互いに情報を交換して助け合い、上級の者は働き手を抑圧的に扱ってはならないと命じた。一方ロンドン本部に対しては、C・G・ムーアを代表幹事に、チャーレス・フィシュを会計担当に、カードウエルをベンジャミンの助手に、ロバート・ランデールをチャイナ・ミリオンの編集担当に命じた。また、女性の志願者に対応する婦人部も作った。テーラーはベンジャミンを諸雑務から解放して、もっと公的な業務につき、とくにケンブリッジ・セブンを十分にマネージしろ、と命じた。

規律の回復は血の出るほどの痛みを伴った。最大の規律違反者は温州のストットだった。彼は温州教会を大きくし、信徒を増やし、女子学校を創設して名士になっていた。信者数に関しては、もっとも成功した功労者と言われたが、彼はそれに胡坐をかき、中仏戦争の時に攘夷派により教会が焼かれた時、過大な賠償金を奪い取って傲慢にふるまうようになった。ジャクソンはストットのところに入り浸り、多額の借金を返さなかったので中国人から訴えられ、領事裁判にかけられたので、テーラーは彼を首にして帰国させた。

テーラーはストットを解任することを決意し、足しげく通ったが、ストットは傲然とふんぞり返って従わなかった。この叛乱軍のような存在にテーラーは悩みぬいたが、ストットの急死で問題は自然に解決した。テーラーは病身を押して六〇カ所のステーションを回り、給与をもとに戻したので、ようやく組織は旧に戻ったが、すでに三〇名あまりが組織を離れていた。

テーラーはケンブリッジの七人を四川方面と山西に分けて派遣し、ベテランの会員をつけた。ケンブリッジ効果は中国でも続き、どこに行っても盛大に歓迎され、大勢のファンが集まった。彼らはまさに内地会の広告塔だった。テーラーは彼らにかなり自由に活動させたので、ポリフィル兄弟などは救世軍式の楽隊つきの伝道までにぎやかにやった。

ケンブリッジの七人はいわばお客様のような存在で、会員たちに二言目には、神が、信仰が、とのたまうテーラーのコピーのような存在に映った。

志願者はどんどん増えて一八八七年末には優に百人を超え、翌年、六百名以上の者が中国伝道を申し込んできた。寄付も右肩上がり増え続け、あれほど苦しんだ財政の困窮は過去の話になった。

アメリカ本土に宣教熱が伝播する

イギリスで起こったことは、大西洋を越えてわずか二週間後にアメリカでも起こるといわれていることが起こった。ケンブリッジ・セブンが巻き起こした大学の宣教熱は直ちにアメリカの諸大学のキャンパスに燃え移った。

アメリカのプリンストン大学の卒業生だというジョン・N・フォーマンという若者が、アメリカでも同じような運動をしたいとテーラーを訪れてきた。彼はテーラーに同行してオクスフォード、ケンブリッジ、ダブリンなどの大学を回り、英米学生の連帯をアピールした。同じころ、同じプリンストン大学の在学生ヘンリー・ウエストン・フロストと名乗る青年がテーラーを訪ねてきたが、テーラーが留守のため、近くにたむろして帰りを待っていた。テーラーが帰ってくると、彼はすぐにもアメリカに内地会の支部をつくりたいと申し出た。

テーラーはアメリカから多くの若者が内地会に参加することを歓迎したが、支部を外国につくるという考えはなかった。スウェーデンからも支部を設立したいという問い合わせが以前からきていたが、そのときも支部の設立という考えはなかった。

テーラーはベンジャミンが猛烈に反対するだろうと思うと、外国に支部をつくることを独断で決めることはできなかった。アメリカが独自の団体をつくってそれが内地会の路線に沿って動くというのがもっとも妥当であろうなと思った。

テーラーはフロストに色よい返事を与えなかったので、フロストはがっかりした。何でロンドンで何日もテーラーの帰りを待っていたのか、と考えると泣きたい気持ちになった。それで言い方を変えて、「ぜひアメリカに来ていただけませんか」とお願いすると、テーラーが快諾したので、勇んでアメリカに帰り、フロストが属している〝信者の聖書研究会〟から早速テーラーに招待状を送った。テーラーは長い間の盟友であるレギナルド・ラドクリフを誘って訪米することにした。

アメリカ合衆国が極東に目を向け始めたのは、南北戦争が終わって、ハワイとフィリピンを手中におさめ、政治的にも経済的にも余裕と力が生じ、行きついたフロンティアの向こうに広がっているのが無辺際《むへんさい》のアジアであることを認識したからであった。国家と密接な関係にある宗教界も同様にそこに目を向けた。

テーラーは私設秘書のホワイトハウスと息子のハワード・テーラーを伴い、ラドクリフ夫妻とともにリバプールからエトルリア号で出帆した。

フロストはニューヨークの波止場で一行を出迎え、マジソン街の父の豪邸に案内した。フロストの父は技術者から身を起こした鉄道会社のオーナーであり、立志伝中の人物だった。都市ガスと水道会社も経営し、財力は申し分のないほどで、クリスチャンとしても篤実であった。

翌日、一行はマサチュウセッツ州ノースフィールドにあるムーディのマウント・ハーモンのキャンパスを訪れた。九〇の専門校から集まってきた大勢の学生たちがテーラーとラドクリフの講演を聞いた。それを皮きりに、一行はニュージャージーのブリッジトン会議に招かれた。そこでラドクリフは雷のような蛮声をはりあげて宣教のすばらしさを訴え、テーラーは対照的に落ち着いた静かな声で講演を行った。

一行はナイヤガラ湖からオンタリオ湖周辺の市を回り、アメリカやカナダの遠くの地方からわざわざやってきたイギリスではもはや少数者になった信仰心の篤い宗教家や活動家に会い、温かい歓迎を受けた。どこの会場でも、テーラーの講演が終わると、何人もの人が立ち上がって、私はこの身を二四時間中国のために捧げたいと申し出た。ある会場では一〇人ほどの若い女性がフロストに向かって、それぞれ二五ドルずつ寄付させてくださいと申し出た。これが引き金になって聴衆たちは我も我もと寄付を申し出た。別に大口の寄付をしたいという申し出もあった。その額を合計すると五百ドルを超えた。

ラドクリフ夫人は、「この国は大きな心と大きなガマ口があるの。そしてこの国の人たちはじっくり考えたら、あとは猛烈に動いて絶対にやりとおしてしまう人たちなのよ」とジェニーに書き送った。

ニューヨーク近郊の海岸リゾートであるオーシャン・グローブのエピスコパル教会キャンプでは、夏中を通して別荘やテントに二万から三万の人が集まる。テーラーは七月末から八月初めにかけてそこで数回説教を行った。

息子のハワードはあまりの盛況に興奮して父に言った。「絶対にアメリカ支部をやるべきだよ。毎日三千人から四千人が集まっていたから、おそらく全部で三万人以上の人がお父さんの説教を聞いたと思うよ。もし僕がその気になってキャンペーンを張ったら寄付はすぐ集まり、男も女も志願者はワンサと集まってくるだろうな。まるで神様がアメリカとカナダの人間を中国に派遣するようにおはからいになっているみたいだ」

テーラーが黙って聞いていると、ハワードはさらに続けた。

「でも、誰が一体いい人間を選抜してスムースに送りだすことができるのかな。フロストにはできないと思うよ。だって彼らには経験がないんだもの。ここで迷わないで思い切って支部をつくって内地会がマネージするのがよいと思うよ」

同じことをイギリスに帰ってからハワードがムーディや先輩たちに言うと、そんななまやさしいことではないぞ、とたしなめられた。

テーラーが北米に滞在中になんと四二人が中国派遣を申し出た。テーラーはそのうちから十七、八人を内地会に受け入れることにした。六人の男子と八人の女子が一〇月に中国に派遣されることが決まった。フロストには残りの人にもできるだけ希望がかなうようベストを尽くすと言った。

フロスト親子はかさねてアメリカ支部をつくらせてほしいと懇願したが、テーラーは、アメリカは支部にせず、内地会の支持母体であったほうがいいと考え、フロストには決定を保留した。

今度のアメリカとカナダの旅で、テーラーの中にとてつもなく大きな構想が生まれようとしていた。つまり全世界から宣教師を集める偉大な内地会の構想である。神はそのことを求めておられる。それは神の声だ、とテーラーは直感した。


一八八八年、六月九日から二〇日まで第三回国際キリスト者会議がロンドンのエクスターホールで開かれた。数年ごとに開かれるこの会議の主要な議題は、「不正なアヘン貿易根絶のためにクリスチャンはいかに戦うべきか」というテーマであった。主催者側のもっとも戦闘的なメンバーはイギリスのプレシビテリアン教会のジェームス・マクセルのほか、ベンジャミン・ブルームホールとW・A・P・マーチンであった。

この日、ベンジャミンは演壇に立って中国税関長のロバート・ハートが出したデータを読み上げて、演説した。

「一八七九年における中国の全輸出は一〇億ドルであるが、中国のアヘン輸入はそれより二〇億ドルも多い。これによって中国人の健康が悪化し、モラルが低下し、アヘン中毒患者の家庭は崩壊して女子どもが売りに出されている。一方、これによっておびただしい富を築いているのがイギリス・インド政府であり、イギリスのマーチャントである。これは著しく正義に反するイギリス国家の大罪である。われわれはもう何十年も反対運動を続けてきた。議会にもおびただしい陳情を行った。にもかかわらず、議会は常にこの問題を先送りしてきた。イギリス・インド政府がアヘン生産の廃止を決断すればよいにもかかわらず、彼らはいつまでも実行しようとしない。

なんとしてでも、われわれは粘り強く何回でも何十回でも関係閣僚や業界に陳情攻勢をかけねばならない」とベンジャミンは激しい怒りを表してアピールを行った。

しかし、キリスト教界の言い分は、そういう議題は宗教者会議のメインテーマとしてふさわしくない、われわれは政治にかかわるようなことは避けるべきだ、中国人のアヘン吸飲習慣については別の見方がある、政治に関する事項を攻撃すると、政府を攻撃することになり、キリスト教界全体のハーモニーが乱れる、というような理屈をならべた。こうして一八八八年の会議でも、この議題は議決せずに却下された。

ベンジャミンは悔しさのあまり、帰ってくると、アメリアの差し出したハンケチで涙をぬぐった。

「これほど明々白々にイギリス国家の不正義が行われているのに、宗教界はこれに目をつぶっているんだよ。いったい宗教界はどうなってしまったのだ。これはまさしくイギリス宗教界の堕落だ、敗北だ」

激してくるとベンジャミンは机を叩き、ウオーッと猛獣のような唸り声をあげた。

渡米したテーラーが太平洋を渡って上海に戻り、中国本部でアメリカ旅行の報告を行った。アメリカ支部はつくらず、大陸も支持母体に含めるという提案を行うと、全会一致で承認された。

これでもう金も人間の心配もいらない。まるでナイヤガラの滝みたいに金も人もどんどん集まってくる。内地会は国際組織となってますます発展する、という楽観論が入道雲のようにもくもくと盛り上がり、メンバーたちは有頂天になった。

「神のご意思に従い、われわれは飽くことなく前進しよう。神の栄光をたたえよう。アーメン」

ハドソンとベンジャミン

しかし、案の定、ニュースを聞きつけたロンドン本部からアメリカ支部設立について疑問、不同意の連絡が来た。宣教組織の生い立ちも国民性も、伝道の方法も異なる外国の宣教師が多数内地会に入ってくるとさまざまな問題が発生して、イギリス生まれの内地会を危機に陥れるのは明白である。絶対に同意できない。さらにアメリカ支部がチャイナ・カウンセルの下部機構ないし付属機構だとすると、それはロンドンとはどういう関係になるのか、もしロンドンの意思が反映しない場合には、由々しき問題が起こる。まったく性格の異なる組織から人選されてやってくる人員は内地会とはおよそちがったポリシーの下に動くだろうから、そういう人たちが人数的にも、資金的にも内地会のメンバーを凌駕するようになると、いったいどういうことになるのか、テーラー会長はこの問題を解決する自信があるのか、という鋭い疑問を矢のように突き付けてきた。

最後に、テーラーがロンドンに事前の相談もなく渡米してとりきめてきたこと自体、重大な組織への背信である、という極めつきの言葉が含まれていたのは今までにないことであった。

テーラーはロンドンを説得すべく、ヨーロッパに向かった。マルセイユで上陸し、カンヌでバーガーに相談すると、バーガーは「ベンジャミンは君の幼い時から心を許しあった友人だし、妹の夫でもあり、何十年もの間、内地会の仕事をよくやってきた男ではないか。言葉のゆきちがいということがあるから、誠心誠意話しあって誤解を解いたらよい」と忠告した。

そして、ここまで来たのは長い間一生懸命尽くしてきた会員のおかげだ、帰国する人たちの慰労金にしてほしい、と三千ポンドの小切手をきってくれた。

ロンドンに着くと、ゆっくり話そうとテーラーはベンジャミンを食事に誘った。一人でテーブルで待っていると、ベンジャミンの足音が聞こえてきた。テーラーはさすがに緊張して足が震えた。

ベンジャミンの不機嫌な顔は、アヘン貿易禁止のアピールがさきの国際宗教会議で却下されたことに対する怒りがまだ残っていたからでもあったが、真から愛想の良い紳士であり、テーラーの妹の夫であるベンジャミンはまずテーラーの健康のことを尋ね、それからテーラーの言葉を待った。

「アメリカには何かあるだろうと思って軽い気持ちで行ったんだ。僕は足も軽いが気も軽いからな。そうしたらすごいポテンシャルの世界を発見した。フロストに案内されてミシガン湖やオンタリオ湖周辺を回ったのだが、どこもここも人、人、人だよ。人の嵐だった。ちょうどわが国の六〇年代そっくりで、今あの国で本格的に福音運動が盛り上がっているんだ」

「それで金も人もいくらでも来る、と思ったのか」

「そういう言い方はするな。とにかくとてつもない大きな国だと思った」

「僕も最初は喜んでいたんだよ。人も金も調達できる偉大な開拓先ができたと思ってね。ところが支部にしてほしいと言ってきたそうだな。君は決めたわけではないというが、向こうとしては当然の要求だと思うよ」

「支部にはしない。大陸も含めた拡大した内地会にするのだ」

「そんな勝手なことができると思うか」

ベンジャミンはテーラーをたしなめた。

「いいかい、ハドソン。こんな重大な問題をなぜ僕に相談しなかったんだ。もう内地会はかつてのように君を教父のようになついて集まった家族的な集団ではなくなったのだ。僕らはエリートたちから鼻もひっかけられない小さな集団から出発したよな。いい人材は集まらず、ノンセクトの、無学だが、唯一の取り柄はまじめで信仰心の厚い職人や事務員たちを集めて出発した。それでずいぶん馬鹿にされ、相手にされなかった。しかし、今ではケンブリッジ出の国教会の貴族のエリートまで加わって、堂々たる宣教会に変身した。今や国家と国教会のバックも期待できる存在なのだ。それが、中国という離れたところで、君が独裁的に物事を決める。それも現実を無視したような決定ばかりするから統制がとれない。その苦情は僕のところにやってくるのだ。これはどうしたって問題だ。組織全体がばらばらで有能なリーダーがいない羊の群れになってしまったんだ。一刻も早く円滑に動く機能的な集団にしないといけない」

「内地会全体がマシーンみたいになれとでもいうのか」

「組織の全員が納得できるプリンシプルをつくれというのだ」

「プリンシプル？」

「君のプリンシプルはわかっているよ。君自身がプリンシプルだからな。しかしプリンシプルは理解可能な言葉になっていないといけない。君みたいに神のお告げだ、テーラー爆弾が爆発したと突然言い出されたって皆わからないよ。今度のアメリカ支部の話にしても、いったい君の脳の中でどういうアイデアで突然そういうことが出てきたのかわからない。なぜ向こうにいる間に勝手に決めてしまうのだ。あまりにも独裁者じゃあないか。それではまったく困るのだ」

ベンジャミンは机を叩いて、テーラーをにらみつけて言った。

テーラーは押し黙ったのち、ポツリと言った。

「僕はアメリカで偉大なエネルギーがほとばしっているのを発見したんだ。神はそれを用いなさいと僕に示された。僕は神の導かれるままにずっと歩んでいる」

ベンジャミンはこういう相手をどう説得したらいいのかわからなくなり、苦り切って口を閉じた。気まずい沈黙が続いたあと、ベンジャミンはすこし落ち着いた声で言った。

「君はアメリカという国を理解していない。彼らはようやく西部のフロンティアに達して、南北戦争が終わって、これからアジアに進出しようとしている。彼らのやり方は徹底しているのだ。アメリカ支部を商人と国家が後押ししてくるだろう。そうしたら、君も僕ももう全体を仕切れなくなるのは目に見えている。君は内地会をアメリカに引き渡してもかまわないつもりなのか。君がどうしても今のやり方を反省しないなら、僕はロンドンを掌握できない。僕は辞めざるを得ない。これで君との間もおしまいだよ」

「これから内地会が国際組織になって大発展するという矢先に、辞めるなんて言いだしては困る。ベンジャミンは内地会の宝物じゃあないか」

「アメリカという国家主義の強いところと組んだら、内地会はたちまち向こうに吸収されて消滅する。僕はそういう知恵のない決定には与したくないのだ」

テーラーとベンジャミンとの対立は組織を危機的な状況に導いた。

ロンドン本部のメンバーたちはなんとか局面をおさめようと奔走した。シオドール・ハワードはテーラーに、神がお与えくださったベンジャミンという無二のパートナーを失うべきではないと強くいさめ、ドナーのウイリアム・シャープは、二人とも過激すぎるから、すぐ行くところまで行ってしまうと嘆いた。

ついにバーガーが乗り出し、テーラーに忠告した。

「神の摂理に対する君の受け止め方に問題なしとは言えない。神はお導きにも一定の幅をもうけてくださり、人間の叡智を併用するようにさせてくださる。人間の叡智が神のお導きの上に立ってこそ物事は円満に運ぶのだ。君とベンジャミンとの仲が決裂して、彼とアメリアとの離婚にまで発展したら本当に僕は嘆き悲しむ」

リチャード・ヒルはベンジャミンが辞めたら、僕も辞めると言い出し、フィッシュもベンジャミンがいなくなったロンドン本部はもう誰も寄りつかない、この際だから、政治的な妥協を図るしかないと言った。

スチーブンソンはテーラーのサブとしていつも会全体の統一と団結に腐心してきたが、彼は四〇年間の経験でテーラーには選択肢というものがないことを知っていた。祈りによって神の摂理を感じるや否や、テーラーは直ちにそれを実行に移し、人知を加えるということがなかった。神の摂理に背くことは自分自身の否定そのものだったからである。

ケンブリッジ・セブンの一人であるディクソン・ホストはすでにテーラーに次ぐ重みを持ち始めていたが、彼は「イノベーターは常に誤解され、反対される宿命にありますよ」とあっさり言ってのけた。

ロンドン本部は費用を工面してベンジャミンをアメリカとカナダに出張させ、現地を視察させた。

ベンジャミンは北アメリカの現地を見て、最終的にロンドン・スタッフの多数意見に合意したが、自分はもうやる意思がないと言って、辞表を出した。

内部統制はますます困難化する

内地会は北アメリカ支部以外にオーストラリア支部、スウェーデン支部、ドイツ支部も承認した。内地会が国際化すると、どっと外国籍の宣教師が押し寄せてきた。アメリカ、オーストラリアの英語圏以外にオランダ、フィンランド、ノルウェー、スウェーデンなどの北欧勢が加わってきた。案の定、国により性格もやり方もちがい、言葉は通じず、中国本部による統制は困難になった。

なかでもアメリカは人数がイギリスと同じくらいになり、しかも彼らの学歴は高く、多くは大学出であったので、イギリス勢より頭脳優秀でアグレッシブな者が多かった。思考はストイックで極めて原理主義が強かった。宗教界のみならず政官財が支援した。

彼らがとくに目をつけたのは、中国内陸部の都市からも電信が打てるようになってから、内地会が採用していた電信コードであった。このコードは中国人が漢字を数字の組み合わせで表して打電していたことにならって、常用的なフレーズをアルファベットと数字の組み合わせで暗号にし、奥地のステーションから上海の本部に通信していたのだが、通信の内容は奥地で見たり知ったりしたあらゆる情報を含んでいた。情報を得た地点や時期、情報の信憑性、情報源は誰か、情報の重要度などを連絡することが決められていた。この情報の中で奥地の地勢、天候、産業や資源や市場情報、農作物の生育状況などビジネスに有用な情報はテーラーが上海の産業界に伝え、それがイギリスにも伝えられて、見返りの献金になっていた。

アメリカサイドはこれをさらに徹底し、宣教師は伝道のみならず貴重な情報連絡者とみなしてコードをつくりなおした。彼らが見聞きした情報は商人のみならず、アメリカ国務省まで伝えられた。中国人が宣教師をスパイ同然とみなしたのは無理からぬことであった。しかし、欧米人の情報性向は彼らの体質であり、当時の宗教者たちはこれを国益にかなうものと考え、違和感を覚える者は誰もいなかった。

深まる意識のずれ

話を戻すと、テーラーは勢いにのって千人派遣を唱え始めると、ロンドンと中国本部との意識のずれと確執がますます高じて泥沼化してきた。

ロンドンからみると、中国本部はお話にならないほど無能な存在に映った。

ほとんどの宣教団体は本国に本部を置き、現地は出先である。これはこれで本部と出先とのずれが発生する。内地会の場合は、最初からテーラーは教父的な存在として独裁権を与えられていた。テーラーは中国現地におり、したがって指導部は現地にある。伝道は現地が行い、ロンドンは人と金の補給、広報などを受け持った。

こういうあり方にロンドンは深刻な不満をもち、ロンドンに権力を移行すべきであると主張して抗争は泥沼化していた。現地に指導権があることは創立以来のプリンシプル・アンド・プラクティス、つまり理念と実践という規約に決められている。これに同意する者だけで会を形成することが決められている。ブック・オブ・ザ・アレンジメントという小冊子はこれをまとめたものであり、会員がバイブルのようにしてそれに従った。

内地会はもともといろいろなセクトから来た者の集合体であるから、言葉としての定義の明確な理念を掲げず、規約も言葉の上であいまいにしておく必要があった。プリンシプルといっても抽象的に書かれたもので、テーラーの精神的純粋主義、神に対する信仰の深さを説いたものであった。テーラーが会員に日々口癖のように言うのは、信仰を深めよ、神を信ぜよ、という言葉である。キリストが膝下の十二使徒を指導するにはそれで十分であったが、遠隔の者やテーラーに接する時間の少ない者にその精神主義を維持させ、信仰を持続させるにはどうしたらいいのであろうか。常に精神主義の刺激とボルテージの充電が必要であるが、人間はそれが時によって弱まることを防ぎきれない。

ロンドンは中国本部を家族主義的集団とみなし、テーラーの独裁に多少とも幅を持たせる進言もできないスチーブンソン以下の理事たちを無能呼ばわりした。

まず、ほとんどの宣教団体は面の開拓を重視し、固定した地域の伝道を重んじていた。しかし内地会は遠隔の地まで人を送り、拡散した点を広げるギュッラフ以来の方針を優先した。八三カ所もの広がった多数のステーションをテーラーがロバに乗って巡回し、精神主義を補給し、同時に給与も届けるということはもはや不可能であった。このようなやり方では、ステーションの教会化が進まず、洗礼者を増加させることが難しかった。

さらにロンドンは、単純労働者的な人員を多数送るよりも熟練したビジネスマンと医者が必要であると主張したが、テーラーは霊性の低い者がいくら多く来ても本当のキリスト化はできないとして、医療技術さえも、それは手段にすぎない、手段に依存しすぎると、真の目的を閑却するという意識が底にあった。リチャードのような政治的な方向にそれることを極端に嫌い、リチャードに従って脱会したターナー、ジェームスらを不良分子とののしった。

しかし山西省に行った者は、「現場に行った者でないとわからない」と言い、テーラーに幻滅する者が多く出た。

しかし、実際に派遣されてくる者はロンドンで人選された者であり、彼らが現地に来て配属されると、とたんに違和感を味わった。不満をもつ者はロンドンの理事であるウイリアム・シャープに手紙を書いて訴えた。それでシャープはテーラーにあなた自身の後継者を指名しなさいと勧告し、人情味に欠け、マネージメントの下手なスチーブンソンを更迭してはどうかと勧めた。シャープはスチーブンソンの代わりになる者はフロストがいいなと思ったが、やはりフロストは若すぎて経験不足だなと思い直した。

テーラーは相変わらず霊性のある者を重視し、そうした人選能力がロンドンにないとわかると、自ら帰国し、右腕のスチーブンソンをスコットランドに帰国させて直接人選にあたらせた。こういうことが積み重なって現地とロンドンの溝がますます深まるようになった。

ただ、いくら亀裂が深まろうと、テーラー自身に対する抗議や告発はなかった。テーラーはあくまでも別格であり、教父であり、神聖不可侵だった。

だが、それでも、すべてのリーダーは選挙で決めたらよいという意見がでてきた。現地の会員たちはそこまでは望まず、テーラーの指導性の維持を求めた。

テーラーはこうした不協和音に終止符を打つべく、人事の刷新を断行した。まず中国本部の理事は、副代表にスチーブンソン、財務会計にブロームトン、浙江省担当にミードウ、副監督にウイリアムソン、安徽省担当にクーパー、そしてクーパーとバラーに組織マネージメント、バラーとマリアンヌに男女それぞれの語学研修所の所長を命じた。

さらにロンドンの理事については、スローアンをベンジャミンの後継の上級セクレタリに任命したほか、担当者の総入れ替えを行った。

中国現地、イギリス、アメリカの位置づけについては、中国本部にいるジェネラルマネージャーであるテーラーが最高決定権をもち、ロンドン本部はイギリスにおける代表として位置づけた。イギリスとアメリカの本部は対等であり、そのどちらかが上位につくということはないという最終決定を全会一致で行った。

この七年間に及ぶ紛争の解決に物理的に寄与したのが、アメリカ本部のフロストであった。アメリカサイドのパワーがイギリスのそれを凌ぐほどになったので、ロンドンは今の位置を維持するためには、妥協するしかなくなった。

プリンシプル・アンド・プラクティスについては、ロンドンのスタッフが中国現地における判断と彼らの判断がいかに食いちがっていたかを認識することによって、また現地におけるスタッフがその継続性を支持することによって、妥協をみた。ブック・オブ・ザ・アレンジメントは廃止し、新人むけのマニュアル本のみに限定した。

テーラーは自分の後継者に若手のウイリアム・クーパーをひそかに内定し、彼に帝王学を学ばせるためにロンドンから中国に異動させた。クーパーと拮抗できる者は、ディクソン・ホストしかいなかった。

義和団事件

一八九四年から五年にかけて日清戦争が起こり、中国は大敗を喫した。北洋艦隊は全滅し、李鴻章が大見えをきってすすめた自強運動は頓挫した。中国はまったくの弱者であることが国際的に暴露された。この結果、列強は中国分割に乗り出した。ロシアは満州を、イギリスは長江をはさんだ中部地域を、フランスは南方の諸省を、ドイツは山東地域を、日本は台湾、福建省を、それぞれ支配地域におさめようとした。イタリアもどこかに食い込もうと中国を恫喝してきた。

中国は第二のアフリカになろうとしていた。さしもの頑迷な北京朝廷や官僚たちも、あの小国日本に負けた屈辱でようやく目を覚ました。地方官、士紳階級の間で猛烈な救国運動が吹きあがり、攘夷のみでなく近代的な改革熱が高まってきた。

ティモシー・リチャードやアレキサンダー・ウイリアムソン、ヤング・アレンのような宣教師は、天津や北京でこの流れの中にどっぷりつかることになった。彼らは新聞を発行してさかんに中国の覚醒を煽った。リチャードは日本でいえば幕末の志士のような康有為や梁啓超と付き合い、康や梁はやがて光緒帝をかついで西太后排除のクーデターを行ったが、袁世凱の裏切りによって敗れた。一方で、華北の下層農民や小市民の間で大動乱が始まっていた。

一九〇〇年五月三一日、北京—保定間の鉄道と電信線が突然破壊された。北京と天津間の鉄道も破壊されて不通となった。このとき三〇人のベルギー、ギリシア、イタリアの鉄道技師団が天津に向かっていたが、予定の時間に天津に着かず、まったく行方がわからなくなったので、租界は大騒ぎになった。

上海でテーラーの代理として留守を預かっていたスチーブンソンは、毎日が恐怖の連続であった。山西省、河北省、河南省にいる会員と家族の生命財産はいったいどうなっているのか通信がなく、まったくわからなかった。

保定のステーションにいるバグナルのところにクーパーが巡回に行くという連絡があったばかりであったが、それは安否が問われている鉄道技師団のいた地区である。スチーブンソンは北京、天津の領事館や新聞社に何度も問い合わせたが、連絡はないという。スチーブンソンは最悪のニュースが頭をかすめようとするのを何度も振り払った。

神を信じよ。神はかならずお守りくださるはずではないか！

ロンドンからは矢継ぎ早に問い合わせがくるが、スチーブンソンは答えられない。

数日経って、ようやく技師団の情報が伝えられた。彼らは襲撃を受けて三日間ピストルで戦い、危地を脱したが、九名が行方不明になり、残りが義勇団によって救出された。無傷の者はわずか九名であった。クーパーはどうなったかはわからないままだった。同じ保定にいた福音伝道会の宣教師ロビンソンとノーマンは役所がもうけた避難所に逃れたが、義和団に引き出せと脅かされ、裏門から逃げた。二人は寺に隠れたが、捕えられて殺されたという情報が入った。スチーブンソンは内地会のバグナルとクーパーの安否がいよいよ心配になった。

六月二五日になってやっとクーパーから電信が入った。危険なのでここから動けないが、安全であるから憂慮しなくてもよい、という内容だった。

しかし、それから一カ月後、スチーブンソンは、信ずべき情報によればと前置きして、六月三〇日と七月一日にバグナルとクーパーを含む保定の外国人は全員が殺害された、とロンドンに電報を打った。

電信が途絶えてから二カ月半も経って、山西や河北から安全な河南省に徒歩で生還した宣教師やビジネスマンからの情報がぽつぽつと伝わってきた。

それらの情報を総合すると、北京朝廷から外国人皆殺しの布令を受けた地方官は三様の対応をした。一つは布令どおりに外国人殺害を実行した者、二つ目は布令に従わず、外国人を特定の官舎に避難させて保護した者、三つ目は保護せず、勝手に逃げろとした者の三つである。三つ目の場合、外国人たちは身の回りの貴重品を持って夜間に歩行で逃避行し、昼間は洞窟のようなところに潜んで、夜、逃避を続けたが、途中で山賊に出会い身ぐるみはがされ、寒さでぶるぶる震えながら過ごした。ある者は親切な中国人に食物をもらい、かくまってもらうことができた。

ただし、最悪の一つ目の場合は太原で、巡撫の厳命によってすべての外国人が、女子どもの別なく斬首された。

結局、義和団動乱で何人の外国人が殺されたか。最終的な統計は太原に集中していた内地会の会員と家族が七九人、それ以外のミッションは家族を含めて一〇九人であった。地域別にいうと、山西省とモンゴルの国境付近で一五九名、河北省一七名、その他一二名。

国籍別にいうと、イギリス人百名、スウェーデン人五六名、アメリカ人三二名であった。

この数字は山西省巡憮の思想的な報復という要素が強く、それを除けばあれだけの大動乱でありながら、義和団が外国人に加えた殺害行為は少なかったともいえる。逃亡中に中国人に食物をもらったり、かくまってもらったりして命を助けられたという話がたくさん出ている。

スチーブンソンから殉教の報告が届いた時、テーラーはスイスのダボスで療養中であった。体はほとんど動かすことができず、脈拍は八〇から四〇に下がり、ほとんど寝たきりの状態であった。テーラーは電報を見て力なく叫んだ。

「もう読むことはできない。考えることもできない。神を信じるしかない」


一九〇二年、テーラーは会長の職を退き、ホストがその後を継いだ。

一九〇三年、ジェニーは腹部に癌ができ、一〇カ月で腫瘍がみるみる肥大化した。テーラーがアメリカから著名な外科医を招いて治療を頼んだが、手術しても手遅れであるという診断であった。翌年七月三〇日、彼女は逝った。

義和団事件の賠償金支払いの交渉が始まった時、連合国の戦費以外に、被害にあった関係者の物的、人的被害に関する賠償金の見積もり作業が始まり、宣教団体はそれぞれの損失を申告するように命じられた。テーラーは殉教者の生命を金銭で計ることはできないとして、負傷者の治療費やその他一切の物的賠償も含めて辞退した。クーパー亡き後、後継者に決まったホストも同意した。殉教に流した尊い血は、新しい教会の種になること以外には求めないとして全会一位で決定した。

一九〇五年、テーラーは健康が若干回復したのを機に、次男のハワードを連れて久しぶりに中国を訪れた。四月一七日に上海に着き、そこで中国本部の春季例会に出席した。そこでホスト、スチーブンソン、寧波から汽車でやってきたミードウなどの新旧の会員たちに囲まれて懐旧の談話に花を咲かせた。その後、復活祭をミス・ミュウレイと過ごすために揚州に行った。そこは内地会を一躍有名にした場所であった。それから対岸の鎮江に出た。ここは一時根拠地を構えたところで、思い出多い場所であった。新しく建ったミッションハウスからほど遠くない長江を見はらす高台の墓地に、故マリアの墓に並んで四人の実子の墓があった。ハワードは実母マリアとグレイシア、サムエル、ジェーン、ノエルの四人のきょうだいの墓に花を献げた。テーラーは往事のことをまざまざと思い出した。マリアや子どもたちの笑っている顔が突然幻影に現れてテーラーに語りかけた。テーラーがその場に居た時間は十数分にすぎなかったが、何十時間も経過したように思われた。

鎮江を後にして快速船で漢口に行き、そこで老友のグリフス・ジョンとW・A・P・マーチンとテーラーの三老がそろって、三日間で語り尽くせないほどの親愛な会話の時間をもった。豊かに白髭を蓄えた三人はサンタクロースそっくりであった。

それから汽車で河南に行き、ベルギーミッションのステーションを訪問し、五月二六日、再び漢口に戻って、ラムネア号上陸三九周年記念日を祝う小パーティに出席した。二九日、洞庭湖を渡って六月一日、長沙に着いた。長沙は攘夷運動がもっとも強かった湖南省の省都で、一八九九年まで内地会がどうしてもベースを築けなかった最後の地であった。このためテーラーは是が非でも訪れたかった。

翌日、雨のためホテルで過ごし、午後、長沙城などの名勝を見学した。翌土曜日は、中国人クリスチャンに講話し、午後茶会に出て、長沙の各ミッションの人たちと親しく交歓した。

夜は疲れたので、宴会を途中で退席し、ハワードは父をホテルの部屋で休ませた。嫁のジェラルディンがテーラーに若干の食を与えようとして、話しかけようとした瞬間、テーラーは頭をがっくり垂れ、息づかいが激しくなった。まもなく意識を失った。嫁がハワードを呼びに行き、ハワードとケラー医師が駆け込んできた時にテーラーの息が絶えた。

テーラーの遺体は、長沙の中国人クリスチャン団体から贈られた最高の材質の棺に入れられて鎮江に運ばれ、元妻のマリアと四人の子どもの墓に並べて埋葬された。

テーラーの死で波乱の多い個性的な内地会の歴史は終わった。テーラーが一八五四年に二三歳で上海に上陸してから五一年が経っていた。この半世紀の間に、テーラーはギュツラフが果たせなかった中国の全省とチベット、モンゴルまでくまなく福音を届け、テーラーが神に約束した事業を完成させた。日中戦争、第二次大戦および毛沢東革命以前の内地会が最盛期を迎えていたころの一九三六年、内地会が中国に建てた教会は一二三三カ所、祈祷所二二六一カ所、信徒約九万人、宣教師一三三六人（全プロテスタント宣教師の二三%）、運営する小学校は三三〇校、中学校は一〇校、医院一六カ所、診療所一七カ所に及び、中国における最大の宣教会を誇った。

ミードウとターナー

ジェームス・ミードウはテーラーが死んだ翌年、自分も七三歳になったので引退することにした。あまりにも長くイギリスを留守にしたので、バーンズリーの故郷には肉親も知人もいなくなり、そこに帰っても意味をなさなかったので、このまま寧波で生涯を終えてもよいと思ったが、二度目の妻のローズを思うと、やはり白人社会に帰してやりたかった。そこでフロストに相談すると、アメリカが住みよいと聞かされ、フロストの世話でアメリカの西海岸で余生を過ごすことにした。

だがアメリカに行く前に、一度も行かなかった北京と日本をローズとゆっくり見物しようと思い、北京に行った。しかし北京は生々しい義和団戦争と略奪の痕がいたるところに刻みつけられ、外国人を見る中国人の目が険しく、楽しむどころではなかった。逃げるようにして汽車で天津に出、イギリス租界のアスターホテルに投宿した。この界隈はロンドンそっくりで、まるでイギリスに帰ったような気分を味わった。四〇年間たまった中国の垢を洗い落として、天津から日本の神戸に渡り、横浜に出てそこから太平洋航路ではるばる未知の国に行くと思うと、四〇年前にはじめて中国に行った時のように胸が高鳴る思いがした。

ホテルのロビーにはひっきりなしにイギリス人やアメリカ人の旅行者が、船会社のラベルをべたべた貼った皮トランクを重そうに下げて出入りしていた。

ミードウはふとその中で見たことのある顔を見つけた。しかし、それが誰であるかどうしても思い出せなかった。そこでおそるおそる近づいて尋ねてみた。

「あなたはどこかでお見かけしたような気がします。はなはだ失礼ですが、私は年をとってしまいましたので、どうしてもお名前を思い出せません。私の名前はジェームス・ミードウと申します」

そう告げると、相手は顔全体に驚きを表して言った。

「僕はヨシュア・ターナーです。あなたは内地会のミードウさんですね。僕は寧波や安慶であなたのご指導を受けたことがありますよ」

「すると、あの山西省に行った……」

「そうです。エイティーンの一人です。会長からは首になりましたがね……」

ミードウはやっと思い出した。ジェームスという学者っぽい若者とペアを組んでいた男だ。

「久しぶりに今夜は時間が空いておりますので、ゆっくり食事をしながら、お話しませんか。これは妻のクリックメイです。ジェニー夫人に連れられて一緒に山西で仕事をしたときに結婚しました」

とターナーは隣にいた背の高い夫人を紹介した。

その夜、ミードウ夫妻とターナー夫妻は内地会に属していた時期の共通の話題で、夜更けまで話が途切れることなくはずんだ。ミードウはカクテルを何度もおかわりした。

ミードウはテーラーと出会ってからの五〇年間の話をし、ターナーは山西でリチャードとアレンの三人で救援活動をした日々のことを話した。妻たちも苦労した日々のことを話し、思い出す人々のことを訊ねあった。

「ところで、あなたの相棒だったフランシス・ジェームスさんはどうなりましたか」とミードウが聞くと、ターナーはがっくり肩を落とした。

「あの男は優秀でした。僕と別れてから北京大学に入り、そこで中国研究に打ち込み、教授の地位まで昇りました。北京籠城が始まったとき、彼は三千人のクリスチャンを公使館区に入れて保護することに成功しました。しかし、ある日外出したまま帰らなくなったんです。おそらく義和団に殺されたのだと思います。僕は今回ここに来てかなり調べましたが、とうとうわかりませんでした」

「ずいぶんいろいろなことがあったのですね」

「おそらく中国の歴史でいちばん激動の時代にわたしたちは遭遇したようです」

「ところで、あなたはこれからどうするつもりですか？」

「僕は新しくできる山西大学で英語を教えるつもりです。ところで、あなたは？」

「はい、アメリカに渡って静かに余生を過ごすつもりです」

二人はそれぞれ仕えたテーラーとリチャードのことを熱っぽく話し合ったあとで、どうしてもわからない疑問が残った。

「テーラー会長とリチャードさんはとうとう意見が合いませんでしたね。いったいこの二人はどこがどうちがったのでしょうか」

「さあ、それは僕も長らく考えてきたことですが、わかりません」

「ところで、今夜はしたたか酔いましたな。それでターナーさん、明日また朝食をご一緒しましょう。その時までに、テーラー会長とティモシー・リチャードさんのちがいについて結論を考えておきませんか」

とミードウが言うと、ターナーは笑った。

「まるでミドルスクールの宿題みたいですな。でもそうしましょう。朝食は八時にしますか」

その夜、ミードウの頭は酔いにもかかわらず冴えていた。二六歳の時、同郷のテーラーと知り合い、内地会にリクルート第一号として入会した。王来君から語学のレッスンを受けた。テーラーからは散々どやされながら、東ロンドンで伝道訓練を受け、二七歳で寧波に渡った。ろくに中国語も話せずに苦労の連続だった。ジョーンズという親切な先輩がとてもよく世話をしてくれた。しかし、ご夫婦とも亡くなった。忘れられないのは元テーラー夫人のマリアで、繕いものをしてくれたり、洗濯をしてくれた。いつも元気を出しなさいと励ましてくれた。

太平天国の乱がおさまってから、テーラー会長のラムモア一行がやってきた。あれから揚州事件が起きた。南中国では攘夷運動が熾烈化してとうとう内地会の中心は北中国に移動せざるを得なくなった。寄付が途絶えて会が重大な危機に陥った。その後、ケンブリッジ・セブンという自分からみたら雲の上のようなエリートの人たち、でもお客さんみたいな人たちがやってきてから、会の雰囲気が変わった。もっと変わったのは、九〇年代にアメリカ人がどんどん増えだしてからだ。テーラー会長を中心に十二使徒みたいなファミリーの雰囲気はなくなった。あれからちっとも面白くなくなった。自分はいちばん古い宣教師だからいわばミッションの歴史を全部みてきた。なんと変化の激しい時代だったことだろう。自分は会の中枢にはおらず、寧波や安慶で傍役で長くいたのは、スチーブンソンのように教養も能力もあまりなかったし、ダンカンやマカーシーのようなファイトがなかったからだろう。

攘夷運動がひどくなったとき、安全のために洋服に着替えたら、会長からお前はクビだとどやされたことがあったな。あの人はとてもこわかった。でも自分はいちばんの古手だったから皆からは一目置かれていた……。

ところで明朝までの宿題にどう答えるかな。そのとき、テーラーがブライトンの海岸で突然、これは神の事業だから神の責任である、自分が悩む必要はない、という考えがひらめいたという有名な話を思い出した。

眠い。とにかく寝よう。あす朝まではなんとかいい答えが浮かぶだろう……。

一方のターナーは興奮してなかなか寝付かれなかった。自分が内地会に属していたのは、わずか四年たらずだったが、自分の一生はあの山西にいた間に決まってしまったように思える。リチャード、アレンと一緒に毎日十数時間も飢えた人たちにキャッシュを配り続けた。目を細めて受けとってくれた老夫妻がいた。四日経って行ったときに、その夫妻は並んで死んでいた。自分は泣きじゃくって「キリストにはなれない」と言って机を叩き続けたことを思い出した。自分はジェームスとドレークと一緒にリチャードについて内地会を出た。あれからずいぶん多くの者がテーラーに批判的になって離れていった。テーラー夫人のジェニーでさえ、そう感じたのではないかな。なにしろ「山西に来なくてはわからない」と誰しもが言っていたからな。テーラー夫人と一緒にやってきたクリックメイが僕の妻になった。プロポーズしたのは孤児院をやっていたときだった。

さて、宿題だが、自分はやはりリチャードが好きだ。リチャードは中国人地方官からも絶大な信頼を得ていた。そしてとうとう山西大学をつくって自分の夢を実現した。なんとなく、結論が喉元まで出かけてきたぞ……。

もう三時だ。とにかくひと寝入りしよう。

翌朝八時かっきりにターナー夫妻がダイニングルームに下りて行くと、ミードウ夫妻が威儀を正して待っていた。四人は朝のコーヒーを飲んだ。そして二人は宿題の答えを書いた紙を見せ合った。

ミードウ「テーラーは神を愛した。そして神に愛された男だった」

ターナー「リチャードは中国人を愛した。そして中国人に愛された男だった」

四人はにっこり笑ってうなずきあった。

「これでやっと結論が出ましたね」

「宿題としてはまあ満点ですよ」

朝の光がダイニングルームいっぱいに満ち、隣接したビクトリア公園の木立から小鳥のさえずりが絶えまなく聞こえた。四人は至福の時間に包まれたように満足していた。


（終）

ハドソン・テーラー略歴

1832年5月21日　イギリス、ヨークシャー州バーンズリーにて生まれる
1849年6月　最初の回心を経験する
1850年5月　ハルで開業しているハーディ医師のもとで助手として修業する
1852年9月　ロンドンに出て、ロンドン病院で医学の実習を始める。解剖実習のとき、感染して重体化するが、死地を脱する。
1853年9月19日　中国伝道協会から中国に派遣される。小刀会上海城占領事件
1854年3月1日　テーラー、上海に到着
1854年―55年　4回にわたる伝道旅行を行う
1855年1月　単独で奥地伝道
1855年4月　ジョン・バートンと崇明島で伝道し、条約違反を起こす
　崇明島で開業し、2度目の条約違反を起こす
1855年8月　テーラー、中国装になる
1855年12月　ウィリアム・バーンズと知り合い共同行動
1856年3月　バーンズと汕頭で伝道
1856年10月　寧波に移動。第2次アヘン戦争中、上海に避難

１８５８年１月	マリア・ダイヤーと結婚
１８６０年夏	寧波の診療所を一時たたんで帰国
１８６０年―１８６６年	ロンドン病院で免許取得など内地会立ち上げまでの準備
１８６２年１月	ミードウ夫妻出航
１８６４年	太平天国の乱終結
１８６５年９月	テーラー、スコットランド第３回教研大会に乗り込む
１８６５年６月25日	ブライトンの渚で回心
１８６６年５月26日	ラムモア号出航、９月30日、上海到着。
１８６７年２月	杭州に診療所開設
１８６７年８月23日	長女グレイシアの死
１８６８年８月22―23日	揚州に移した診療所が略奪・破壊される
11月	メドハースト砲艦外交を開始
１８７０年６月23日	マリア死す
１８７２年	テーラー帰国してホールデンと再婚
１８７５年２月	マーガリー事件
１８７６年夏	山西大飢饉
１８７６年９月	テーラー、18歳の新人を未開拓の９省に派遣
１８７７年秋	リチャード、ターナー、ジェームス、山西に入る
１８７８年	ジェニーほか内地会会員山西に集まって活躍

｜ハドソン・テーラー略歴｜

１８８０年　内地会、深刻な危機

１８８１年11月　70人派遣お祈りキャンペーン開始

１８８２年10月　テーラー傷心して帰国

１８８３年　ケンブリッジ大学のスタンレイ・スミスら７人が内地会に入会

１８８４年２月４日　ケンブリッジ・セブンの出発祝賀会盛大に開かれる

１８８５年２月５日　ケンブリッジ・セブンほか40人の先発隊出発

１８８８年夏　テーラー、渡米し、ミシガン湖周辺を視察

１８９９―１９００年　義和団の乱、山西省で内地会会員多数が殉難

１９０３年　テーラー、会長職をひき、ホストが継ぐ

１９０４年　ジェニー、子宮がんでスイスで死去

１９０５年６月　テーラー、湖南省で死去

主要参考文献

〈日本語資料〉
旧約聖書
新約聖書
『マテオ・リッチ伝1、2、4』平川祐弘
『ジョン・ウエスレーの生涯』ジョン・テルフォード、深町正信訳

〈中国語資料〉
「戴徳生傳」胡宣明訳
「伝教士与近代中国」顧長声
「上海小刀会起義史」郭豫明
「華工出国史料　第四集」
「中国基督教史綱」王治平
「基督教入華七〇年記念集」王治平編
「太平軍在上海」北華捷報選訳

〈英語資料〉

Taylor, Dr., and Mrs. Howards, *Hudson Taylor and the China Inland Mission.*

A.J.Broomhall, "The Shaping of Modern China 1,2", *Hudson Taylor's Life and Legacy.*

John Pollock, *Hudson Taylor and Maria.*

John Scarth, *Twelve years in China.*

Gutzlaff,K, *Journal of Three Voyages Along the Coast of China.*

Missionaris. イギリス議会報告

Inland residence of English Missionaries in China. イギリス議会報告

Attack on English Protestant Missionaries at Yang-chow-Foo, August. イギリス議会報告

Timothy Richard, *Forty five years in China.*

Famine in China and Missionary, North China Famine committee reports.

あとがき

ハドソン・テーラーについて調べ始めたのはおよそ二五年くらい前である。

もともとの動機は、ヨーロッパがなぜ五〇〇年も早くからアジアを侵略し、その文明を浸透させてきた原動力は何だったのかということを調べていくうちに、宣教師という存在がなかなかの重要性をもっていたことを知った。それで宣教師制度や他の宣教師について調べたが、そのうちにハドソン・テーラーに関する伝記が量的にも質的にも圧倒的に豊富であることを知った。

ハワード・テーラー氏の著書は舟喜信氏によって訳されているが、A・J・ブルームホール氏の英文書はあまりにも長大にすぎて、日本人で読んだ人はほとんどいないと言ってよいのではないか。しかし、テーラーは英米圏はもちろんアジアでも台湾、香港、シンガポールでも信奉者が多い。内地会ができてから一五〇年目の記念行事が、後身のＯＭＦインターナショナルによって今年世界中で行われ、ディズニー映画社がテーラーの映画化を進めている。

これほどハドソン・テーラーは世界的に敬愛されているが、日本ではほとんど知られていない。したがって、私の本は日本で初めてのハドソン・テーラーの紹介書ということになろう。

私のもう一つの動機は、学生時代に西洋の理想主義や合理主義はなんとか理屈で理解できても、どうしても理解できなかったのはキリスト教だった。いろいろな牧師の方から聖書を読んでとにかく信仰しなさいと言われた。しかし、キリストが水の上を歩くとか、奇跡を起こすとかいうのをいきなり信じろと言われても無理だった。

それで、神に愛されたというテーラーの伝記を読めば、何かがわかると思い、テーラーの伝記に挑戦することにした。

まず東京女子大学の図書館にあったハワード・テーラー氏の分厚い英文書を何日も通ってコピーした。実際に読むのは大変でなかなかページが進まなかった。

次にブルームホール氏の七巻本に挑戦しようと思ってミッション系の大学の図書館でコピーしようと思ったが、七巻そろっているところはなかった。どこも何巻目かが抜けていた。とにかくどうしてもそろえたいので、ハドソン・テーラーの郷里バーンズリーまで行ったときにロンドンの本屋で探したが、とうに絶版で、ないという返事だった。そこでロンドン大学の図書館に行ってみたら一揃えしかなく、コピーなどする気力がなえて帰国した。

絶望的な気持ちになって、市川にある内地会の後身であるＯＭＦ日本委員会に相談すると、シンガポールの本部から分厚い二巻にしたものを取り寄せてくださった。天にものぼる気持ちだった。

こうして細かい活字が二段にぎっしり詰まったこの分厚い二巻ものと、二年半に亘って格闘することになった。

私は中国・天津で生まれ、中国語が専門なので、テーラーの伝記類にあまり書かれていない当時の中国の歴史状況を中国語史料をつかって補うことにした。顧長声氏や郭豫明氏の著作は、まるで英文書にない穴を埋めるように中国におけるテーラーの時代を浮かび上がらせてくれた。

また、ティモシー・リチャードの『中国滞在記』の部分も挿入することにした。

この本は宗教書ではなく、普通の方がたのために書いたノンフィクションである。この本を読まれる方は、ハドソン・テーラーのみならず、当時の中国事情や列国外交の機微な部分、宣教師制度なども知ることができると思う。

私はこの本を書くことでキリスト教をようやく〝わかる〟ことができた。したがって、キリスト教をわかりたいと思っておられる方は、この本を読めば、キリスト教とはどういう宗教であるかがつかめるであろう。

二〇一五年二月

八木哲郎

【著者】八木哲郎（やぎ・てつろう）
作家。1931 年天津生まれ。東京外国語大学中国学科卒業。味の素勤務を経て、1970 年に知的生産の技術研究会を設立し、セミナー運営、執筆、編集のかたわら、中国の近代史研究を行う。
現在　知的生産の技術研究会会長。
著書：『大器の条件』（日本能率協会マネジメントセンター）、『ボランティアに生きる』（東洋経済新報社）、『モノと頭の整理術』（日本実業出版社）、『ボランティアが世界を変えた』（法蔵館）、『天津の日本少年』（草思社）、『わたしの知的生産の技術』3 巻（編著・講談社）など。

編　集：中村　克己
装　丁：桂川　潤
挿　絵：野口　大地

19 世紀の聖人　ハドソン・テーラーとその時代

2015 年 3 月 25 日　第 1 版第 1 刷発行

著　者　八木哲郎
発行所　キリスト新聞社
〒 162-0814　東京都新宿区新小川町 9-1
〒 351-0114　埼玉県和光市本町 15-51
和光プラザ 2 階
電話 048(424)2067
URL. http://www.kirishin.com
E-Mail. support@kirishin.com
印刷所　モリモト印刷

ISBN978-4-87395-666-4　C0023（日キ販）
Printed in Japan